Le Livre de Raison

du peintre

HYACINTHE RIGAUD

GRENOBLE, IMPRIMERIE ALLIER FRÈRES

Le Livre de Raison

du peintre

HYACINTHE RIGAUD

PUBLIÉ

avec une introduction et des notes

PAR

J. ROMAN

CORRESPONDANT DE L'INSTITUT

PARIS

HENRI LAURENS, ÉDITEUR

6, RUE DE TOURNON, 6

1919

INTRODUCTION

Je n'ai pas l'intention de faire, à l'occasion du *Livre de raison* de Rigaud, une étude d'ensemble sur la vie et les œuvres de ce peintre célèbre; plus d'un critique d'art s'étant déjà occupé de celui qu'on a nommé, non sans raison, le Van-Dyck français, ce serait s'attarder à des redites. Mon ambition est autre; je veux montrer seulement quel parti on peut tirer du document que je publie pour procéder au classement chronologique des portraits peints par Rigaud et pour juger de leur authenticité. Je veux surtout faire toucher du doigt son procédé de travail, et démontrer que la plupart de ses œuvres, même les plus célèbres, sont dues à une collaboration permanente entre le maître, ses élèves et un certain nombre de spécialistes, peintres de batailles, de paysage, de fleurs et d'ornement.

Les peintres qui ont joui d'une grande vogue n'ont, du reste, jamais procédé autrement; un bon nombre de tableaux de maîtres sont dus à des collaborations très reconnaissables.

C'est au surplus un fait hors de doute que de la plupart des tableaux qui ont eu du succès, leurs auteurs, à quelque école qu'ils appartiennent, ont fait des répétitions qui valent parfois les originaux.

Seulement souvent on ne peut le démontrer avec certitude et on discute encore à perte de vue sur la part qui revient légitimement, dans certains tableaux, au peintre sous le nom duquel ils sont connus. En ce qui concerne Rigaud on pourra, à l'aide de son livre de raison, démêler le plus souvent ce qui est son œuvre propre et ce qui doit être, au contraire, restitué à ses collaborateurs dans ses tableaux même les plus célèbres.

La famille de Rigaud.

Qu'on me permette tout d'abord de donner sur Rigaud et sa famille quelques notes dans lesquelles on trouvera condensé ce qu'on connaît sur eux et quelques renseignements nouveaux.

Rigaud appartenait à une vieille famille de peintres roussillonnais. Dans la deuxième moitié du seizième siècle, Honorat Rigau, son bisaïeul, était peintre et citoyen de Perpignan. Les deux fils d'Honorat, Hyacinthe et Honorat, l'étaient également [1].

---

[1] Pour plus de clarté, voici l'arbre généalogique de la famille **Rigaud** :

Honorat Rigau, peintre à Perpignan vers 1570.

Hyacinthe Rigau, peintre vers 1600-1630. *Honorat Rigau,* peintre vers 1600.

Mathias Rigau, tailleur, épouse en 1655 *Marie Serra,* meurt en 1669.

Hyacinthe Rigau dit Rigaud, né en 1659, épouse en 1710 *Elisabeth-Marguerite de Houllei de Gouy,* meurt en 1743.

Gaspard Rigau dit Rigaud, né en 1661, mort en 1705.

Claire-Marie-Madeleine Rigau, née en 1663, épouse de N. Laffita.

Hyacinthe Rigaud, mort sans alliance.

Marguerite-Elisabeth Rigaud, née en 1697, épouse en 1715 *Jean Ranc,* peintre.

N. Laffita épouse *N Conil.*

Thérèse Laffita épouse *N. Xoupy.*

Hyacinthe Laffita épouse *N Lenquine.*

Les armoiries d'Hyacinthe Rigaud, telles qu'elles sont reproduites au bas de la gravure de P. Drevet qui le représente assis devant une toile, sont les suivantes : *A une croix d'or, cantonnée au 1ᵉʳ d'argent à une vigne de sinople sur une terrasse de même; au 2ᵉ d'or à un arbre de sinople sur une terrasse de même; au 3ᵉ d'or à trois fasces ondées d'azur accompagnées en chef d'un crabe de gueules; au 4ᵉ d'argent à un demi ours de sable issant de dextre; le tout dans une bordure d'or.* Ces armoiries, qui renferment un grand nombre de fautes héraldiques, ont dû être gravées inexactement.

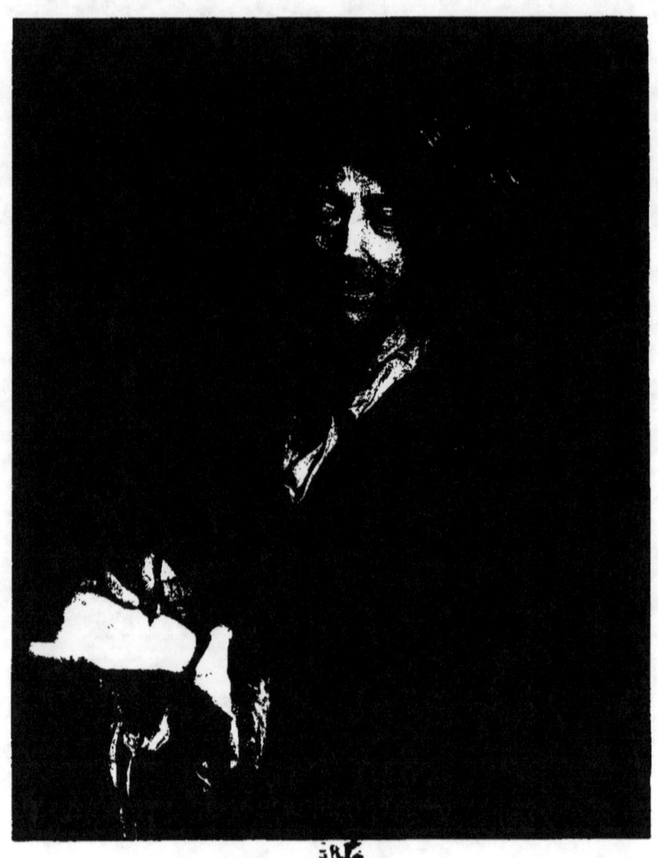

Hyacinthe Rigaud
par lui-même
MUSÉE DU LOUVRE

Hyacinthe, l'aîné, fut père de Mathias, qui embrassa la profession de tailleur d'habits, épousa, le 20 décembre 1655, Marie Serre ou Serra, fille d'un marchand de Perpignan, et mourut prématurément en 1669.

De ce mariage vinrent trois enfants : l'aîné fut le peintre Hyacinthe Rigaud. Le second fut Gaspard, né le 1er juin 1661, mort le 28 mars 1705, il fut peintre aussi et travailla dans l'atelier de son frère. Il eut un fils nommé Hyacinthe, mort entre 1715 et 1741 sans s'être marié, et une fille nommée Marguerite-Élisabeth, née le 21 juillet 1697. Elle épousa, le 17 juillet 1715 le peintre Jean Ranc et vivait encore en 1743.

Le dernier enfant de Mathias Rigau et de Marie Serra était une fille nommée Claire-Marie-Madeleine-Géronime, née en 1663, morte avant 1715. Elle épousa le sieur Laffite ou Laffita, bailli royal de Perpignan, et eut trois filles. L'aînée épousa un sieur Conil et mourut sans postérité avant 1715 ; la seconde, nommée Thérèse, épousa le sieur Xoupy, qui succéda à son beau-père dans la charge de bailli royal de Perpignan ; la troisième, nommée Hyacinthe, épousa le sieur Lenquine, receveur des fermes à Collioures.

Hyacinthe-François-Honoré-Mathias-Pierre martyr-André-Jean Rigau y Ros, dit Rigaud, l'aîné des enfants de Mathias Rigau et de Marie Serra, naquit à Perpignan le 18 juillet 1659. Il entra comme élève dans l'atelier d'Antoine Ranc (1634?-1716), travailla beaucoup d'après Van Dyck, quitta Perpignan pour Paris en 1680 et ne tarda pas à acquérir une réputation européenne. En 1703 sa fortune était évaluée à 74.500 livres, soit à plus de trois cent mille livres à la puissance actuelle de l'argent. Mais quelques années plus tard le système de Law lui fut fatal comme à bien d'autres ; il spécula sur les actions du Mississipi et perdit une partie de son avoir.

En 1709 il fut anobli à la demande des états de Roussillon et le 22 juillet 1727 créé chevalier de Saint-Michel.

Au mois de mai 1710 il épousa Marguerite-Élisabeth de Houllei de Gouy, fille de Jacques de Houllei de Gouy, conseiller au parlement de Rouen, et veuve de Jean Le Juge, huissier au grand conseil. De son premier mariage elle avait une fille nommée Charlotte qui ne paraît pas s'être mariée ; elle n'eut aucun enfant de son second mariage et mourut le 15 mars 1743 à l'âge de 75 ans. Hyacinthe Rigaud ne tarda pas à la suivre dans la tombe ; il mourut le 29 décembre de la même année.

Par son testament daté du 9 avril 1741 il faisait héritiers ses deux nièces Thérèse et Marguerite Laffita et son filleul Hyacinthe Collin de Vermont, peintre de talent ; il donnait à l'Académie des Beaux-Arts le buste de sa mère par Coyzevox, le double portrait de la même peint par lui ; à Desjardins fils celui de son père le sculpteur et au roi son tableau de la Présentation de la Vierge au Temple. Il modifia ce testament dans quelques-unes de ses dispositions par un testament postérieur qui n'a pas été retrouvé.

Les manuscrits du Livre de raison de Rigaud.

Le *Livre de raison* que je publie existe en deux copies, l'une complète, l'autre partielle.

La copie complète est conservée dans la Bibliothèque de l'Institut et se compose de deux minces volumes reliés en parchemin et cotés 624 et 625 dans le catalogue des manuscrits de cette bibliothèque. Avant d'en faire partie ils avaient appartenu à la Bibliothèque de la ville de Paris ; ils furent donnés à l'Institut au commencement du premier Empire. Plus anciennement encore ils étaient la propriété d'Antoine Moriau, procureur du roi et de la ville de Paris, comme en témoigne l'inscription suivante timbrée en rouge autour d'un écu armorié sur chacun des volumes : *Ex bibliotheca Antonii Moriau procuratoris et advocati regis et urbis*[1].

---

[1] Beaucoup de volumes provenant de la bibliothèque de ce magistrat sont passés dans la bibliothèque de l'Institut et portent le même cachet.

Le premier volume ne porte aucun titre et renferme la nomenclature année par année des portraits peints par Rigaud de 1681 à 1743, c'est-à-dire depuis son arrivée à Paris jusqu'à sa mort. En face de chaque nom est inscrit le prix qu'a coûté le portrait; à la suite sont énumérées les copies qui ont été faites dans le cours de la même année dans l'atelier de Rigaud, accompagnées également des prix qu'elles ont été payées.

Une main différente de celle qui a écrit le volume, mais toujours la même, a annoté et corrigé certains passages de ce *Livre de raison*, modifiant l'orthographe des noms lorsqu'elle était jugée irrégulière, intercalant l'indication de certains détails techniques et de quelques gravures faites d'après les portraits mentionnés, ajoutant l'indication de certaines peintures de Rigaud non enregistrées à leur ordre chronologique. Ces notes deviennent de plus en plus nombreuses à mesure qu'on avance dans le cours du dix-huitième siècle et à partir de 1736 le manuscrit est entièrement écrit de la main de l'annotateur; Rigaud n'en est plus l'auteur.

Je n'ai pu déterminer avec une certitude absolue quel était le rédacteur de ces corrections et de ce complément, mais si l'on compare l'écriture de ces notes avec celle des manuscrits de Hulst, associé de l'Académie (1684-1754) dont il fut l'historien, manuscrits conservés à l'École des Beaux-Arts, on est très porté à croire qu'elles sont toutes deux de la même main, l'identité est presque absolue; seulement l'écriture est plus cursive et moins soignée dans le manuscrit de la Bibliothèque de l'Institut.

Le deuxième volume a pour titre *Mémoire de l'argent que j'ai donné des copies que j'ay fait faire,* titre inexact et incomplet, car il s'agit des paiements faits par Rigaud, non seulement pour des copies, mais aussi pour des peintures originales. Ce volume embrasse une période écoulée de 1694 à 1726.

Pendant ces trente-trois ans un certain nombre de peintres

sont énumérés année par année et au-dessous de leur nom sont indiqués les travaux de peinture qu'ils ont faits pour le compte de Rigaud dans le cours d'une année et le prix qui leur a été payé pour cela. Cette deuxième partie du *Livre de raison* ne porte aucune annotation due à une main étrangère.

Ces deux volumes ont été publiés par Mʳ Paul Eudel, en 1910[1]. Il vaut mieux passer cette publication sous silence.

La copie partielle du *Livre de raison* de Rigaud est conservée dans la Bibliothèque de l'École des Beaux-Arts, parmi les papiers de Hulst, membre associé et historien de l'Académie. Elle est d'une écriture très soignée et évidemment due à un copiste à gages. Les annotations sont en très petits caractères. Elle a été certainement faite par les ordres de Hulst qui se met au moins une fois en scène dans une note : « Mʳ Rigaud *m'avait dit lui-même,* fait-il écrire en 1685 à l'occasion du portrait de l'archevêque d'Albi, *que c'était le premier portrait qu'il fit de cette grandeur,* etc. »

Cette copie comprend la période écoulée entre 1681 et 1698, et on y constate de nombreuses différences avec le manuscrit de la Bibliothèque de l'Institut, soit dans l'orthographe des noms, soit dans le texte lui-même dont les éléments sont souvent intervertis et les articles dédoublés, surtout lorsqu'il s'agit de portraits de conjoints ou de parents que le manuscrit de l'Institut groupe souvent dans un article unique. De plus, on y trouve un certain nombre d'indications sur le nombre de copies retouchées par Rigaud qui ne figurent pas dans le manuscrit de l'Institut.

Ce manuscrit de l'École des Beaux-Arts a été publié sans notes ni commentaire dans l'édition donnée en 1854 des *Mémoires*

---

[1] Paris, Lesoudier, in-12. Déjà en 1907, le même auteur avait donné dans son ouvrage intitulé *Trucs et truqueurs* (p. 444) un extrait du *Mémoire de l'argent que j'ai donné,* etc. Il y est question de *la cuirasse de mademoiselle de Vendome* (textuel).

sur les membres de l'ancienne Académie, par Mrs de Montaiglon, Paul Mants, etc. (t. II, p. 142)[1].

Ni l'un ni l'autre de ces manuscrits n'est l'original écrit au jour le jour de la main de Rigaud, c'est évident. En ce qui concerne le manuscrit de la Bibliothèque des Beaux-Arts, il n'y a pas de doute; en effet nous y lisons à la date 1685 : « *Quoique ce portrait soit placé ici dans le registre original il y a lieu de croire qu'il est plus ancien.* » Ce manuscrit est donc une copie du registre original ou prétendu tel.

Pour le manuscrit de la Bibliothèque de l'Institut, je pourrais grouper un certain nombre de mentions dans lesquelles les dates et les titres donnés aux personnages cités ne concordent pas. Par exemple, en 1691 on a ajouté au nom du Prince de Danemarck les mots « *à présent roi* » et il ne fut roi qu'en 1699. En 1699 le marquis de Ximénès est qualifié de « *lieutenant général* » et il n'obtint ce titre qu'en 1701. Et ainsi de suite. Ces diverses mentions rajeunissent singulièrement la rédaction de ce manuscrit.

Il a probablement été rédigé au moyen de notes antérieures par Rigaud lui-même, qui se met quelquefois en scène : « *Fait un dessin de mon portrait,* écrit-il en 1700 ; *trois copies de mon portrait* en 1701 ; *retouché trois de mes portraits, quatre de mes portraits* en 1704; *une copie de mon portrait* en 1705, etc.* »

Il en est de même pour les comptes des collaborateurs de Rigaud; ils ont été rédigés à l'aide des notes que ces peintres présentaient, on les a même copiées parfois textuellement puisque dans certains cas ce sont ces peintres eux-mêmes qui parlent : « *Ébauché deux bustes,* écrit La Panaye, *dont il y en a un que j'ai ébauché deux fois, sur quoi j'ai mis cinq jours.*

---

[1] *Mémoires inédits sur la vie et les ouvrages des membres de l'Académie royale,* par Dussieux, Soulier, Chennevières, Paul Mantz et Montaiglon. Paris, Dumoulin, 1854, 2 vol. in-8°.

Retouché une grande copie de M^r le duc d'Antin faite par le sieur Lecomte où j'ai demeuré dix-sept jours. L'habillement du buste de M^r l'évêque de Troye que je n'ai pas entièrement fait (1718), etc. » Le *Livre de raison* est donc un tableau fidèle de ce qui se passait dans l'atelier de Rigaud, puisé dans les notes journalières qu'il tenait ou que tenaient ses collaborateurs.

Ces deux manuscrits n'ont pas été copiés l'un sur l'autre, mais vraisemblablement sur un manuscrit original qui a disparu. Peut-être faudrait-il l'identifier avec un petit volume à reliure ancienne qui appartenait, il y a quarante ans environ, à Mgr Tolras de Bordas, aux Illes (Pyrénées-Orientales), et qui renfermait aussi le *Livre de raison* de Rigaud. Ce volume, qui était peut-être précieux, a été vendu à Lyon après la mort de son possesseur et la trace en est actuellement perdue.

Le *Livre de raison* de Rigaud est incomplet ; il ne renferme pas l'énumération de tous les portraits que le maître a peints ; en voici la preuve.

Rigaud, dans la *Notice autobiographique* qui a été publiée dans les *Mémoires des membres de l'ancienne Académie*[1], dit avoir peint le portrait de Santeuil et il n'est fait aucune mention de ce portrait dans son *Livre de raison*.

De plus, un certain nombre de portraits ont été gravés de son vivant par ses graveurs ordinaires et portent son nom, sans cependant être mentionnés dans ce livre. Ce sont ceux de Jean-François-de-Paule de Créquy-Lesdiguières, gravé par Drevet en 1691 et dont l'original existe dans le musée du Louvre ; d'Antoine Coyzevox, le sculpteur, gravé en 1708 par Audran et qui existe en original ou répétition au musée de Besançon et existait autrefois chez Mrs Marcille et Gréau ; d'Antoine Chevalart, prêtre, gravé par Drevet en 1708 ; de Mme de Céreste, gravé par Drevet en 1728 ; du peintre Sébastien Bourdon, gravé en 1733 par Laurent Cars ; de René de Beauvau,

---

[1] T. II, p. 114.

archevêque de Narbonne, gravé en 1738 par C.-F. Schmidt; de Charles-Nicolas Taffoureau des Fontaines, évêque d'Alet, gravé par Chéreau; du duc de Berry, gravé par Suzanne Sylvestre Le Moine, tous deux sans date; enfin d'Élisabeth de Gouy, la propre femme de Rigaud, gravé par Wille en 1743. On n'eût pas osé graver du vivant du peintre et sous son nom des portraits qui n'étaient pas son œuvre[1].

Un autre portrait gravé en 1744, un an après la mort de Rigaud, doit être classé dans la même catégorie, quoiqu'il n'en soit pas fait mention dans son *Livre de raison*; c'est celui de Charles de Saint-Simon, évêque de Metz, dont l'original existe au musée de Grenoble. Il a été gravé par Daullé avec un arrangement différent dans les vêtements.

De plus, le *Livre de raison* énumère un certain nombre de copies dont les originaux ne sont pas indiqués à la place qu'ils devraient occuper. Ces oublis sont assez nombreux et plusieurs s'expliquent par ce fait que Rigaud avait peint un certain nombre de portraits gratuitement pour ses amis ou ses protecteurs, et n'avait nul intérêt, en conséquence, à les inscrire dans son livre de compte. Mais tous ne sont pas dans ce cas et ces oublis concernent parfois des personnages de la plus haute importance.

Ce sont, par exemple, le duc d'Antin dont des copies ont été faites dans l'atelier de Rigaud en 1710 et 1711, qui a été gravé par Audran, Chéreau et Tardieu, et dont des répétitions, peut-être même l'original, existent dans les musées de Versailles et de Châteauroux et autrefois existaient chez Mr Marcille; Pierre

---

[1] Après la mort de Rigaud, des graveurs, qui n'avaient pas travaillé pour lui de son vivant, lui ont attribué certains portraits qu'ils gravaient, pour en augmenter la valeur. De ce nombre sont : Charles Coffin, par Simonneau, après 1749 ; Mlle de Lussan, par Fessard, en 1768 ; le poète Régnard, par Fisquet, en 1776, et par Tardieu, en 1820 ; le peintre Cipriani, par Earlon, en 1789 ; le poète Pradon, par Corot ; d'Herbelot, par Jacob ; le poète Chaulieu, par Rulmann ; Jean Bart, par Perrot. Ce dernier portrait surtout ne ressemble en rien aux œuvres authentiques de Rigaud.

de Bérulle, premier président au parlement de Grenoble, copié
dans l'atelier de Rigaud en 1705, 1709 et 1710, et dont l'original
existe au musée du Louvre : le Cardinal de Furstemberg (1693),
MM[rs] de Berny, du Bellay et de Suigné (1695), de Vanolles (1697),
la C[sse] de Guiscard (1702), Mlle de Castillon (1702), les marquis
d'Hautefort et du Plessis (1704), Mme Bossuet (1723) et beaucoup
d'autres[1].

Qui le croirait, avant de peindre le grand portrait de
Louis XIV de 1701 en costume d'apparat et conservé au Louvre,
Rigaud avait peint une première fois le grand roi en 1694, en
pied et en armure. Plus de trente copies en ont été faites dans
son atelier de 1694 à 1700, l'original existe au musée du Prado
à Madrid, et cependant on n'en trouve aucune trace dans la liste
des portraits originaux que nous donne son *Livre de raison*.

On n'en trouve aucune non plus du beau portrait de Louis XV
adolescent dont l'original, signé et daté de 1730, existe au
musée de Versailles.

On peut donc affirmer que ce *Livre de raison* est fort loin
d'être complet ; c'est un élément précieux, sans doute, pour
inventorier et classer l'œuvre de Rigaud, mais ce n'est pas le
seul et un certain nombre de portraits dont nulle mention ne
s'y trouve sont certainement de lui.

Les modèles de Rigaud.

En 1680 Rigaud arrive à Paris déjà précédé d'une certaine
réputation, et dès 1681 il peint dix-huit portraits de bourgeois,
d'artistes, de financiers, de conseillers à la cour des comptes ou
des aides.

L'année suivante le représentant d'une illustre famille
parlementaire, le président Molé, lui commande son portrait

---

[1] Il est certain cependant que Rigaud a fait faire dans son atelier des
copies ou des arrangements de portraits dont il n'était pas l'auteur, on en
trouvera plus loin la preuve. Mais cela n'a pas dû être fréquent.

et celui de sa belle-fille. Ces tableaux contribuent à répandre sa réputation dans le monde ; peu à peu la noblesse et les gens de cour apprennent le chemin de son atelier. Non seulement les Molé, mais les Châtillon, les Simiane, les d'Aligre, les Florensac ont recours en 1683 à son pinceau.

En 1684 Rigaud est tout à fait lancé, il a la vogue. Il peint Le Tellier et sa femme, et fait de Mme Desjardins, femme du sculpteur bien connu, un charmant portrait qui la représente cueillant des fleurs dans un gracieux paysage. Immédiatement les belles dames veulent leur portrait de sa main.

Jusqu'en 1686 cependant la moyenne des tableaux peints par lui ne dépasse pas dix-huit par an, c'est peu encore, mais déjà on lui demande des copies de ceux de ses portraits qui ont eu le plus de vogue, et, à partir de cette année, il tient une note exacte de ces copies.

Le duc d'Orléans est le premier prince du sang qui lui commande en 1688 son portrait ; le second est son fils le futur Régent en 1689. Le succès éclatant de ces deux tableaux fait faire un pas de géant à la réputation de leur auteur. En 1690 il ne suffit plus aux commandes qui l'assiègent de toute part, il peint trente-sept portraits, un tous les dix jours, et ses modèles sont des personnages de la plus haute volée, le duc de Bourbon, le maréchal de Villeroy et son frère l'abbé, la princesse de Carignan et son frère Philippe de Savoie, le grand prieur de Vendôme, le comte de Toulouse, La Fontaine le fabuliste, trois princes étrangers, trois prélats.

En 1694 il est appelé à faire un premier portrait du roi Louis XIV ; on n'en trouve aucune mention dans la liste des peintures originales que renferme son *Livre de raison*, mais il en est fait de 1694 à 1701 trente-quatre copies dans son atelier. Il s'agit donc bien d'un portrait qui est son œuvre et non pas celle d'une autre main [1].

---

[1] L'original existe au musée du Prado à Madrid, comme je l'ai dit plus haut.

Pendant cette année 1694 il peint trente-sept portraits originaux et en outre fait exécuter dans son atelier vingt-quatre copies de ses œuvres antérieures.

Sa réputation est devenue européenne ; les étrangers de distinction qui visitent Paris s'estiment favorisés quand ils peuvent emporter un portrait de sa main ; les ambassadeurs d'Angleterre, d'Autriche, de Portugal, d'Espagne, de Hollande, de Suède, de Pologne, de Gênes, de Brunswick, sont ses clients, ainsi que le nonce du Pape ; les jeunes princes amenés en France pour compléter leur éducation et prendre l'air de la cour, lui commandent leur portrait et celui de leur précepteur.

A côté de cette clientèle cosmopolite nous trouvons une opulente clientèle française composée de ducs et pairs, de maréchaux de France, de la plupart des membres de la famille royale, de présidents au parlement et des fermiers généraux. Il peint le Dauphin, le duc de Bourgogne, le roi d'Espagne, le prince de Conti élu roi de Pologne, les ducs d'Orléans et en 1701 une deuxième fois Louis XIV. Ce second portrait du roi en costume d'apparat, que l'on peut voir au musée du Louvre, obtient un éclatant succès et il en est fait, ainsi que de celui de Philippe V, roi d'Espagne, des centaines de copies.

Jusqu'en 1715, époque où il peignit Louis XV enfant, Rigaud se livra à ce labeur incessant, mais à partir de cette date, il peint beaucoup moins. Riche, sans enfants, il choisit désormais ses modèles, refuse des commandes et ne travaille plus qu'à son heure. Il peint cependant jusqu'à son dernier jour, c'est-à-dire jusqu'à 85 ans, sans témoigner de défaillance et sans que sa renommée ait subi aucune atteinte.

Rigaud est le peintre qui représente le plus fidèlement le siècle de Louis XIV, non seulement par la majesté des attitudes et la richesse des accessoires et des draperies dont il entoure les personnages qu'il peint, mais aussi par le nombre et la variété des hommes considérables qui lui ont servi de modèles. Il a peint six rois, trente-six princes français ou étrangers, vingt-un maréchaux, dix-huit ducs, sept premiers présidents de cours souveraines et soixante-quatre cardinaux, archevêques ou évêques.

Il a été le peintre attitré des grands financiers, des contrôleurs généraux, de Law, de Samuel Bernard, des frères Paris; des fermiers généraux et de la plupart des grands manieurs d'argent qui tenaient à avoir leur portrait de la même main qui avait eu l'honneur de peindre celui du roi de France.

Il fut aussi le peintre préféré des dames à la mode dont il savait faire valoir les attraits en plaçant à leurs côtés une vieille ou un négrillon qui leur servaient de repoussoir. Les portraits de Mmes Pécoil et Neyret de Laravoie en Pomone et en Cérès, au milieu de frais bocages, eurent une vogue prodigieuse; on en recherchait les répétitions comme on recherchait autrefois celles des tableaux de sainteté de certains maîtres italiens pour leur donner une place d'honneur dans les galeries.

Rigaud a peint aussi, et ce n'est pas la partie de son œuvre la moins intéressante pour nous, les peintres, les sculpteurs, les graveurs, les architectes, les poètes de son temps, Lebrun, Mignard, Sébastien Bourdon, Desjardins, La Fosse, Coyzevox, Simonneau, Boileau, La Fontaine, Fontenelle et plusieurs autres dont les portraits ont été presque tous popularisés par la gravure.

Si on recherche quelles sont les régions de France pour lesquelles il a principalement travaillé, en dehors de Paris et de la cour, on constate qu'il a peint presque tous les personnages officiels du Roussillon, prélats, magistrats, officiers, administrateurs. C'est que, né à Perpignan, il avait toujours aimé son pays natal, avait été anobli à la demande des États de Roussillon, en un mot n'avait jamais cessé d'être en contact avec ses compatriotes. Par extension il a peint beaucoup de personnages habitant dans le voisinage du Roussillon, à Montpellier, Nîmes, Narbonne et dans tout le bas Languedoc.

Il a peint également beaucoup de personnages de Normandie, surtout de Rouen; c'est que sa femme Élisabeth de Gouy était d'une famille rouennaise; ses parents et ses amis ne manquaient pas de s'adresser à son mari quand ils voulaient faire faire leur portrait.

Du reste c'est dans la France entière que Rigaud a pris ses modèles, aussi bien en Provence qu'en Flandre et en Bretagne, à Saint-Malo qu'à Lyon, à Aix, à Mâcon et à Cambrai.

Le prix des tableaux de Rigaud.

Le prix que Rigaud exigeait pour les portraits qu'il peignait a naturellement suivi une progression ascendante à mesure que sa réputation se propageait en Europe.

Au début ces prix étaient des plus modestes ; une tête 11 livres, un buste suivant ses dimensions de 22 à 33 livres, un personnage à mi-corps ou assis de 44 à 88 livres. On constate que Rigaud n'a pas un prix immuable, mais qu'il proportionne celui qu'il demande à l'importance qu'avait dans le monde le personnage représenté ; en 1682 il fait payer 130 livres le portrait du président Molé, c'est-à-dire un tiers de plus que ses portraits ordinaires.

En 1683 une hausse sensible se produit déjà dans son tarif, c'est 50, 66, 77, 100 et 120 livres que ses portraits se paient ; une fois lancé il ne s'arrête plus. En 1684 les portraits de Michel Le Tellier et de sa femme sont cotés 220 livres ; en 1685 le moindre portrait coûte 66 livres et le plus cher 330.

En 1688 les princes commencent à s'adresser à lui et à payer royalement ; le duc d'Orléans 540 livres, son fils le duc de Chartres 500, le duc de Bourbon 690. En 1691 son moindre prix est de 100 livres et le plus élevé de 470.

Devenu peintre de la cour, touchant 26.000 livres pour les grands portraits d'apparat de Louis XIV et de Philippe V, Rigaud à partir de 1697 ne met plus aucune borne à son avidité. Saint Simon conte qu'il exigea pour consentir à peindre de mémoire le portrait de l'abbé de Rancé 3.000 livres et voulut en outre être défrayé de tout très luxueusement dans le petit voyage qu'il dut faire pour aller à la Trappe [1].

A partir de 1700 une simple tête se paie 150 livres et un portrait à mi-corps de 400 à 650. Un troisième portrait de Louis XIV est payé 13.000 livres, les princes de la famille royale ne déboursent pas moins de 1.000 et quelquefois de 6.000 ou 7.000 pour le leur. Les autres personnages financent à proportion ; les ducs et pairs, les princes étrangers, les maréchaux de France, les présidents au parlement de 500 à 600 livres, et Rigaud ne travaille pas à moins de 250 à 300. Observons au surplus que ces chiffres doivent être au moins quadruplés pour être ramenés à la puissance actuelle de l'argent.

Les portraits des belles dames figurées en Flore, en Cérès ou Pomone accompagnées d'une autre divinité, d'un page ou d'un négrillon, se paient particulièrement cher, jusqu'à 3.000 livres.

En 1715 nouvelle hausse : le moindre buste est coté 300 livres et certains tableaux atteignent 700, 1.000 et 1.500 livres. A partir de 1727 le prix minimum est de 600 livres et Rigaud ne peint plus qu'à son heure et quand le modèle lui convient.

Depuis 1684 Rigaud, comme son *Livre de raison* nous le démontre, fit faire dans son atelier des copies de beaucoup des portraits qu'il peint et il les retouche quand il le juge nécessaire. Dans le manuscrit de l'École des Beaux-Arts à la suite de l'énumération des copies faites de 1690 à 1697 on lit : « *9 copies retouchées (1690), 6 copies retouchées (1691), 36 copies dont 30 retouchées (1694), 25 copies dont 15 retouchées (1695), 24 copies dont 19 retouchées (1697).* » Rigaud donnait donc, quand il le jugeait utile, le dernier coup de pinceau au travail fait par ses copistes. Ces copies se paient à peu près la moitié du prix des toiles originales et se vendent aux amis du modèle

---

[1] Je dois faire remarquer cependant que ce portrait de Rancé n'est porté qu'à 900 livres dans le *Livre de raison;* on ne s'explique pas cette contradiction entre le texte et le récit de Saint-Simon.

ou aux collectionneurs. Saint-Simon conte que Rigaud gagna
25.000 livres avec les copies qu'il vendit du portrait de Rancé ;
il gagna certainement bien davantage avec les innombrables
copies qu'il fit des portraits du roi, de Philippe V et des
princes de la famille royale que les courtisans s'empressèrent
de lui commander à l'envi et qui sont répandues dans les
musées et les galeries publiques ou privées du monde entier.

Rigaud reste donc peintre de portraits, mais il devient aussi
entrepreneur de portraits ; il fait même procéder dans son atelier
à des copies et des arrangements de portraits qui ne sont pas
son œuvre. En 1716 il peint Charles XII, roi de Suède, d'après
un dessin ou une esquisse qu'on lui communique ; en 1704 il
refait les ancêtres du comte de Guiscard soit pour les mettre à
une dimension voulue, soit pour les peindre au goût du jour.

Les renseignements curieux abondent du reste dans cette
énumération des copies sorties de l'atelier de Rigaud et des
personnes qui les ont commandées. Nous voyons une copie du
portrait de Bossuet faite pour son secrétaire l'abbé Le Dieu qui
l'a si bien traité, ainsi que toute sa famille, dans des mémoires
destinés à rester secrets ; une autre du cardinal de Bouillon
pour Baluze, son généalogiste à gages. Des prélats amis
échangent leurs portraits comme maintenant on échange sa
photographie. Il est instructif de rechercher quels courtisans
ont commandé à Rigaud des copies des portraits du roi, du
prince de Conti élu roi de Pologne, du roi d'Espagne et du
cardinal de Fleury quand il était tout-puissant et pouvait
répandre à pleine main les faveurs autour de lui. Quand ces
grands personnages disparaissent et qu'on n'a plus rien à
attendre d'eux, la mode disparaît en même temps d'avoir leur
portrait dans son salon. Un portrait de Louis XIV commandé à
Rigaud avant la mort du tout-puissant monarque, reste inachevé
dans son atelier et n'a plus de preneur une fois le grand roi
qu'il représentait descendu dans la tombe.

L'atelier de Rigaud.

A partir de 1682 on demande à Rigaud des répétitions ou des copies des portraits qu'il peint, pour des parents ou amis des modèles ou pour des collectionneurs auxquels ils ont plu et qui désirent en enrichir leurs galeries. Tant qu'il n'est pas surchargé de travail il les fait lui-même, mais quand il en arrive à peindre près de quarante portraits chaque année, il est obligé de demander aide et secours à des mains étrangères.

Les peintres qui travaillent pour lui sont de deux sortes.

Les uns sont des spécialistes, des peintres de fleurs comme Hulliot, Blain de Fontenay ou Monnoyer dit Baptiste, qui peignent les bouquets que les dames tiennent à la main, les fleurs qu'elles cueillent ou qui garnissent les corbeilles qu'elles portent ; des peintres de batailles, tels que Parrocel, qui ornent les fonds des portraits des hommes de guerre de charges de cavalerie ou de batailles navales ; des peintres de paysage comme Desportes, des peintres de draperies ou d'architecture.

Parrocel est payé, en 1696, 70 livres pour six fonds qu'il peint dans autant de portraits et c'est à lui que Rigaud s'adresse presque toujours pour ce genre de travaux. Desportes est payé, en 1712, 24 livres pour le fond de paysage du portrait de Mᵐᵉ Pécoil ; Hulliot peint, en 1699, moyennant 36 livres, les fleurs qui paraissent dans les portraits des Mesdames Colbert de Croissy, Passerat et d'Hozier.

D'autres peintres travaillaient au contraire constamment dans l'atelier de Rigaud. Quelques-uns, comme Tournières et Nattier, ont acquis de la réputation ; d'autres demeurés inconnus, tels Monmorency, Verly, Leclerc et Mélingue, font des copies auxquelles le maître donne le dernier coup de pinceau et surtout ébauchent les portraits originaux que Rigaud reprendra en face de son modèle.

Quelques-uns de ces collaborateurs de Rigaud, tel Jean

Legros, se sont admirablement appropriés la manière de leur maître et beaucoup de portraits, attribués sans preuve à Rigaud, sont leur œuvre.

Les uns sont payés à l'année, en 1698 Legros touchait 200 puis 250 livres par an, mais la plupart sont payés aux pièces ou à la journée. Le relevé de leur compte dans le *Livre de raison* est copié sur le leur, quelquefois même c'est eux qui parlent : « *Une copie de Madame que je n'ai pas entièrement finie*, écrit La Panaye en 1716. *Fini l'étoffe d'or où j'ai resté deux jours. Habillé l'ébauche de l'abbé Pucelle où j'ai mis un jour* », écrit le même en 1720, etc.

Il va sans dire que les prix des portraits de Rigaud variaient non seulement eu égard à leur dimension, mais aussi eu égard au travail qu'ils avaient coûté. Un portrait avec pose originale se payait fort cher. Lacroix, vendeur de marée, qui se fait représenter en 1710 savourant une prise de tabac, paie cette fantaisie 400 livres, le double du prix des portraits ordinaires ; Mme de Platen qui se fait habiller en 1724 à l'allemande, c'est-à-dire avec des fourrures, paie 1.000 livres son portrait ; Mr de Gueydan, avocat général au parlement de Provence, qui en 1738 a l'idée bizarre de se faire représenter en berger jouant de la vielle, paie 3.000 livres ce caprice bucolique.

A côté de ces portraits entièrement originaux, il y en a d'autres d'un prix plus modéré, ce sont ceux pour lesquels Rigaud s'est contenté de faire copier par ses élèves et collaborateurs d'anciens portraits de lui, se réservant seulement d'y ajouter de sa main le masque de celui qui a fait la commande.

Il habille en 1707 Mme Hébert comme Mme Passerat, Mme d'Acigné en 1720 comme Mme Lebret ; quant à M^r d'Acigné, il en copie tout, sauf le visage, sur le portrait du maréchal de Montravel. Il peint en 1740 le prince de Lichtenstein en s'inspirant du portrait du duc d'Antin, peint par lui trente ans plus tôt, et la cuirasse du maréchal de Villeroy en 1716 est copiée sur celle qu'il avait fait étinceler la même année sur la poitrine de M^r d'Avaray. Il peint même en 1716 son ami le

musicien Ithier avec l'intention avouée de se servir désormais
de ce portrait comme modèle d'une attitude reposée.

Ces deux sortes de portraits sont distinguées dans son *Livre
de raison* par les mots *habillement original* et *habillement
répété*.

Ce n'est pas tout ; même pour ses tableaux les plus impor-
tants, Rigaud a emprunté non pas une, mais plusieurs mains
étrangères. Prieur ébauche du portrait en pied de Louis XIV la
tête, les jambes, les souliers, la draperie ; il emploie deux jours
à l'ébauche du portrait du maréchal de Villeroy et quatre à en
terminer la cuirasse, le casque, l'écharpe et les mains.

Il habille et termine le portrait original de Mme Hébert, en
modifie les draperies, les mains et le rideau du fond. Bailleul
ébauche le vêtement du portrait en pied de Bossuet et emploie
cinq jours à reproduire le bureau encombré de livres et de
manuscrits sur lequel s'appuie son illustre modèle.

Chaque détail est payé à part. Prieur en 1701 touche une
livre pour avoir peint la cravate du roi ; La Panaye fait briller
en 1715 l'insigne de la Toison d'or sur la cuirasse du maréchal
de Villars ; Bailleul en 1712 habille le chargé d'affaires de
Gênes, sauf la cravate qui est réservée à un spécialiste. En
effet un peintre aux gages de Rigaud n'avait pas de rival pour
percer de mille trous une dentelle légère ; un autre faisait étinceler comme pas un les boucles de soulier. Dans cet atelier
modèle chacun était utilisé selon son talent.

Rigaud était donc, en même temps qu'un grand portraitiste,
un entrepreneur de portraits ; il tenait avant toute chose à
satisfaire son opulente clientèle, c'est-à-dire à ne pas la faire
trop attendre, c'est pourquoi il s'entourait de collaborateurs
qui s'étaient imprégnés de sa manière et dont il retouchait au
besoin le travail.

Les conséquences de ce système se devinent sans peine. Les
portraits ordinaires de Rigaud ont une superbe allure, mais ils
manquent de personnalité. Les têtes sont posées sur des corps
pour lesquels elles ne sont souvent pas faites, les mains sont

toujours fines et aristocratiques, les attitudes se répètent à satiété. Presque tous les prélats, y compris Bossuet, posent leur main sur un livre dressé; le bras des hommes de guerre s'appuie, par un geste identique, sur un bâton de commandement; les mains des magistrats manient le même mortier entouré de galons d'or et montrent d'un doigt indicateur hors de cadre quelque chose qu'on ne voit pas. Les accessoires qui ornent le fond des tableaux sont presque identiques, la même cordelière rattachant la même lourde draperie à la même colonne.

Ces poses et cette architecture banales sont faites de chic; la couleur est éclatante, l'allure superbe, mais il y manque quelque chose que des peintres, même inférieurs à Rigaud, avaient su donner, la sensation de la personnalité. L'âme du modèle ne transparaît pas dans sa pose familière et dans son geste habituel.

Rigaud faisait mieux quand il s'inspirait de la réalité et certains portraits de lui particulièrement soignés et pour lesquels il s'est passé de collaborateurs sont presque des chefs-d'œuvre, témoins ceux de sa mère, de Rancé, de Keller, d'Orry, du jeune duc de Chevreuse, de la duchesse de Nemours et quelques autres.

Le *Livre de raison* nous révèle un autre détail. A partir de 1700 Rigaud avait commencé à faire dessiner par ses élèves dans un *Livre de vérité* les plus beaux portraits sortis de sa main, pour en conserver le souvenir. En 1700 Viénot dessine Mr et Mme de Gouy, futurs beaux-parents du peintre, Mrs Colbert de Croissy, de Breteuil, de Torcy, Prior, ambassadeur d'Angleterre, Bignon, bibliothécaire du roi, et Rigaud lui-même. En 1707 Monmorency dessine le duc de Bourgogne, la duchesse de Mantoue, le maréchal de Villars, le comte d'Évreux, l'évêque d'Angers, Mme Neyret de Laravoye, etc. En 1708 il dessine Mme Pécoil, le duc de Mantoue, Palavicini, chargé d'affaires de la république de Gênes, le peintre Mignard, Mr d'Arménonville, etc.

Qu'est devenu ce livre qui serait d'un si précieux secours pour identifier les portraits peints par Rigaud? Je ne sais, peut-être est-il définitivement perdu.

Portraits faussement attribués à Rigaud.

Les portraits peints par Rigaud sont répandus dans les collections publiques et privées du monde entier ; l'état civil d'un grand nombre d'entre eux est perdu, on ne sait et on ne saura probablement jamais qui ils représentent. Sans doute, quelques-uns des portraits qui sont son œuvre peuvent avoir été attribués à d'autres peintres ; j'ai eu la preuve que certains avaient été donnés à tort à Largillière et même à Van Loo, mais c'est une exception ; on a été plutôt porté à augmenter le nombre de ses œuvres, en lui attribuant des portraits dont il n'est pas l'auteur, qu'à les diminuer. C'est qu'il est le plus populaire des portraitistes du règne de Louis XIV, son nom personnifie toute une époque.

Comme je l'ai dit, quelques-uns de ses élèves s'étaient approprié ses procédés de composition et de facture avec assez d'habileté pour tromper des connaisseurs. Voyez, par exemple, les portraits de Coustou et de Hallé exposés au musée du Louvre[1] et qu'on sait être de Jean Legros ; ce sont des Rigaud, pas de la meilleure qualité, il est vrai, mais c'est la même technique, la même pose, les mêmes accessoires. On peut en dire autant des portraits peints par son élève et neveu par alliance Ranc le Jeune. Il importe donc de préciser quels sont les portraits qu'on doit attribuer avec certitude à Rigaud.

On doit considérer comme étant son œuvre, d'abord les portraits qu'il a signés et qui sont en petit nombre, puis ceux

---

[1] Dans la salle des portraits d'artistes, au point d'intersection des trois galeries de la peinture française.

qu'il dit lui-même avoir peints dans la courte autobiographie extraite des papiers de Hulst et publiée dans les *Mémoires des artistes de l'ancienne Académie*[1] ; ils sont au nombre de trente-six.

Sont également de lui les portraits enregistrés dans son *Livre de raison*, soit comme originaux peints de sa main, soit au nombre des copies faites dans son atelier, soit parmi ceux auxquels ses élèves et collaborateurs ont travaillé.

Enfin, il faut lui attribuer sans difficulté les portraits qui ont été gravés sous son nom, de son vivant ou peu de temps après sa mort, par ses graveurs habituels[2].

En dehors de ceux qui rentrent dans les quatre catégories précédentes, aucun portrait ne peut être attribué à Rigaud avec une absolue certitude.

Je me garderai bien d'affirmer que tous les autres sont de faux Rigaud, mais pour les faire admettre dans la liste de ses œuvres il faut qu'on administre la preuve historique, basée sur des documents probants, qu'ils sont bien de lui.

Ces documents probants se retrouvent quelquefois, en voici un exemple. Il n'existe dans le *Livre de raison* aucune mention du portrait du contrôleur général Law, qui fut gravé en 1738 par Schmidt avec le nom de Rigaud. Or, on lit dans la *Correspondance de M^r de St Fonds et du président du Gas*[3], sous la date du 22 octobre 1719 : « Rigaud en a fait le portrait (*de Law*) et quatre graveurs sont après. » Ce témoignage contemporain ne laisse aucun doute sur l'existence d'un portrait de Law par Rigaud, portrait qui, paraît-il, resta inachevé.

---

[1] T. II, p. 114.

[2] La bibliothèque de l'Ecole des Beaux-Arts possède un recueil de portraits de Rigaud gravés, au nombre de 140, tous en admirables épreuves. Il a été constitué par Rigaud lui-même et par lui légué à l'Académie de peinture. Tous ces portraits sont donc certainement son œuvre, ce qui pouvait être douteux pour quelques-uns, entre autres pour celui du duc de Berry, dont il n'est fait aucune mention dans le *Livre de raison*.

[3] Lyon, Paquet, 1890, t. I, p. 132.

Donc il faut retrancher de l'œuvre de Rigaud, jusqu'à plus ample informé : Mme des Ursins (bibliothèque de Versailles), Pierre Puget (musées d'Amiens et de Clermont), Pignard, sculpteur (musée de Berlin), La Quintinie et sa femme (musée de Chartres), Marlboroug (musée du Puy), le poète Racine et Dupuy-Dugrès (musée de Toulouse), Bonnier de La Moisson, trésorier des états de Languedoc (hôpital de Montpellier), Mlle du Maine (musée d'Orléans), le chancelier d'Aguesseau (musée de Genève), le grand Condé (vente de Chambrun en 1900), la duchesse de Rohan-Montbazon (musée de Quimper), la duchesse de Holstein (galerie d'Albe et Berwick), la duchesse de Bourgogne (palais Madama à Turin), le peintre de Troy (musée de Mulhouse), Marie-Thérèse, reine de France (musée de Meiningen), Walter Kniestiick, conseiller secret (musée de Brunswick), l'avoyer Jérôme d'Erlach (musée de Berne), etc., etc. Et je ne cite que les plus connus [1].

La plupart de ces portraits sont fort intéressants ; ils peuvent être en effet de Rigaud, mais porter le nom d'un personnage qu'ils ne représentent pas et dont on les a affublés au hasard. C'est par centaines que les portraits attribués à cet illustre maître courent le monde et à l'égard desquels il est prudent de faire les plus expresses réserves.

Méthode adoptée pour publier ce Livre de raison.

Voici la méthode que j'ai adoptée pour la publication du *Livre de raison* de Rigaud.

Je publie intégralement le texte du manuscrit de la Bibliothèque de l'Institut, distinguant par des caractères italiques toutes les annotations qui y ont été ajoutées après coup. J'y joins les

---

[1] On trouvera à la fin de ce volume une liste sans doute bien incomplète des portraits attribués sans preuve suffisante à Rigaud.

variantes extraites du manuscrit de la Bibliothèque des Beaux-Arts en les plaçant entre crochets. J'ai du reste respecté scrupuleusement l'orthographe souvent fautive et les abréviations très irrégulières.

J'ai fait subir une seule modification au texte de la Bibliothèque de l'Institut, parce que je l'ai considérée comme indispensable. Au lieu de publier séparément, comme il est placé dans ce manuscrit, le compte de l'argent payé à chacun des peintres qui ont travaillé pour Rigaud, je l'ai découpé année par année et fondu dans le texte du *Livre de raison*. On trouvera donc chaque année, d'abord la liste des portraits originaux peints par Rigaud, puis celle des copies faites dans son atelier, enfin en dernier lieu l'énumération des sommes que le maître a payées à ses élèves ou collaborateurs pour les travaux faits pour lui dans les originaux ou les copies de ses tableaux. On aura ainsi une vue d'ensemble de tous les travaux faits par Rigaud ou par son ordre au cours de chaque année.

Au surplus, je me suis efforcé de rétablir l'ordre qui est parfois interverti dans ces listes et j'ai supprimé l'addition des sommes perçues ou déboursées que le rédacteur avait cru devoir faire chaque année. Je me suis assuré que ces additions sont presque toujours fautives et partant sans aucun intérêt. Il ne m'appartenait pas de les corriger ; chacun pourra en refaire le compte, s'il le juge utile.

L'annotation est triple. En premier lieu je me suis efforcé d'identifier les personnages dont Rigaud a fait le portrait et j'y suis parvenu pour la plupart d'entre eux. Certains noms de personnages étrangers à la France sur lesquels les renseignements sont difficiles à se procurer, et d'autres visiblement altérés, expliquent pourquoi je n'ai pu parvenir pour tous à un résultat satisfaisant.

En second lieu j'ai énuméré autant que j'ai pu les gravures faites d'après les portraits de Rigaud. J'ai dépouillé les cartons du cabinet des estampes de la Bibliothèque Nationale, de celle de l'École des Beaux-Arts, le P. Lelong, les *Mémoires des membres de l'ancienne Académie* et surtout j'ai eu à ma disposition la superbe collection de gravures d'après Rigaud recueillie par son compatriote Mr Puyg ; je ne saurais trop remercier de sa bienveillance cet amateur distingué.

Enfin, et c'était la partie la plus ardue de mon travail, j'ai cherché à retrouver et à faire connaître où sont conservés les originaux et les répétitions des portraits de Rigaud. J'en ai retrouvé beaucoup en France et à l'étranger, mais combien doivent m'avoir échappé et se cachent dans des collections fermées ou chez des personnes qui en ignorent la valeur !

Je me suis astreint à cataloguer les seuls tableaux de Rigaud dont les modèles sont connus et sur l'authenticité desquels il ne peut s'élever de contestation. J'ai laissé de côté les tableaux douteux, ceux dans lesquels l'identité du personnage représenté n'est pas certaine, ceux enfin dont le modèle est inconnu.

Ces derniers sont fort nombreux, la plupart des musées, y compris celui du Louvre, en possèdent ; je suis convaincu que plus d'un de ces personnages réputés inconnus pourraient fort bien être identifiés. Un certain nombre porte, en effet, au revers, la date à laquelle ils ont été peints ; en comparant cette date avec la liste du *Livre de raison* de Rigaud, on peut retrouver parfois le nom du personnage représenté[1]. J'y ai réussi à plusieurs reprises.

Trois index terminent le volume : un index alphabétique des personnages dont le portrait a été peint par Rigaud, un index par noms de graveurs, des gravures faites d'après ces portraits, et enfin un index des galeries publiques ou privées qui renferment ou renfermaient, avant leur dispersion, des portraits peints par Rigaud. Avec ces trois instruments de recherche, on pourra

---

[1] Il faut cependant tenir compte de ce fait que la date donnée par le *Livre de raison* est celle non de la peinture, mais du paiement du tableau. Cela explique certaines divergences existantes entre les dates de ce livre et celles inscrites sur les tableaux.

retrouver sans peine tout ce qui peut intéresser dans le *Livre de raison* de ce peintre.

Je dois, en terminant, témoigner ma reconnaissance à Mme la duchesse de Mouchy, à M^r le duc de Luynes, le Cte des Cars, le Cte d'Harcourt, le Cte Bertier de Sauvigny, le Vte de Vaugreland, le baron de Maricourt, Mrs Hyrvoix de Landosle, Furcy Reynaud, bibliothécaire honoraire, et Frédéric Fabrège, de Montpellier, qui ont bien voulu me communiquer leurs portraits de famille, m'aider dans mes recherches et me permettre d'avoir bien souvent recours à leur érudition et à leur goût artistique.

1er février 1914.

LIVRE DE RAISON D'HYACINTHE RIGAUD

1681

Monsr Milord	44
Monsr Deveaux [1]	22
Monsr Lot	22
Monsr Capus [2]	22
Monsr Charpentier [3]	22
Monsr Esepiére [Espierre] [4]	22
Monsr Pailliot [Paillot] [5]	22
Mad^e Dupin [6]	11
Monsr Charpentier [7]	11
Mad^e Fabry [8]	33

---

[1] Charles Devault, sieur de Villiers, maître des comptes en 1687, ou Claude de Vaulx, correcteur des comptes en 1694 à Paris.

[2] Un personnage de ce nom était avocat à Marseille et archivaire des échevins et consuls de cette ville de 1718 à 1724.

[3] François Charpentier, né en 1620, mort en 1702, membre de l'Académie française, publiciste à la solde de Colbert.

[4] François d'Espierres, sieur de Brécourt, conseiller à la cour des aides de Paris, 1686.

[5] Nicolas Paillot, conseiller, secrétaire du roi, maison et couronne de France à Paris, 1663-1692.

[6] Françoise Berger, mariée en 1680 à Jean Dupin, sieur de Vinsons et de la Maison rouge, receveur des gabelles à Montluçon et cousin du fermier général Dupin, aïeul de Georges Sand.

[7] Marc-Antoine Charpentier, musicien, intendant de musique du duc d'Orléans, 1634-1702.

[8] Catherine d'Aubarède, mariée en 1681 à Louis Fabry, comte de Montcault et d'Autry, gouverneur de la citadelle de Besançon. Elle mourut en 1710 et son oraison funèbre, prononcée par le P. Etienne, Augustin, fut imprimée à Grey, chez Louis Louard, en 1714.

Monsr *l'abbé* Grenu[1].............	11#
Monsr Genesay.........................	33
Monsr Gailliard [Gaillard][2]..............	11
Monsr Simon[3]......................	11
Monsr Simonneau [Charles, graveur du roi][4].	33
Monsr Lemaitre[5]........................	88
Monsr Lemarie[6]........................	33
Monsr Delamorte[7]......................	33

---

[1] Bertrand Grenu, abbé parisien, mais pourvu d'un canonicat à Boulogne-sur-Mer, en 1681.

[2] Pierre Gaillard, seigneur de Charantonneau, conseiller en la cour des aides de Paris, mort en 1717.

[3] Peut-être s'agit-il de l'un des peintres de ce nom, Nicolas, Jean ou Jacques (1683-1687) qui vivaient à cette époque, ou encore de Pierre Simon, conseiller du roi, maison et couronne de France et de ses finances à Paris (1672-1700).

[4] Charles Simonneau, graveur célèbre, né en 1639, mort en 1728. Existe au musée de Soleure sous la désignation de *graveur inconnu*. Gravé en 1741 par P. Dupin.

[5] Henri-Louis Le Maitre, seigneur de Beljame, conseiller au parlement de Paris en 1680.

[6] Peut-être Nicolas Lémery, né en 1645, mort en 1715, chimiste célèbre, membre de l'Académie des sciences.

[7] Peut-être Charles de La Morte, seigneur de Laval (1696), mari d'Alexandrine de la Tour-Montauban et fils d'Alexandre de La Morte, gentilhomme de la chambre, major au régiment de Turenne, maréchal de bataille, mort au siège d'Arras.

1682

---

[1] Marguerite de Calan, femme de Louis Boisseau, conseiller du roi, notaire au Châtelet, échevin de Paris, mort avant 1720.

[2] Emmanuel Philippe de Coulanges, né en 1633, mort en 1716, conseiller au parlement de Paris, chansonnier, ami de Mme de Sévigné.

[3] Ce Huet ne peut être le célèbre évêque d'Avranches. Deux frères de ce nom vivaient en 1681 ; Antoine Huet, sieur d'Embrun, mort avant 1719 en laissant deux fils officiers, et Abraham Huet, conseiller du roi, maison et couronne de France, général en la cour des aides de Normandie.

[4] Peut-être s'agit-il de Michel de l'Abbaye qui était à cette époque procureur au bailliage de Chartres.

[5] Charles de la Fosse, peintre célèbre, né à Paris en 1636, mort en 1716. Gravé en 1707 par Duchange et en 1738 par D. Sornique et par le même, sans date, une deuxième fois.

[6] Edme Joly, prêtre, religieux, supérieur des missions de Saint-Lazare, 1691-1694.

[7] Etienne Fevrier, sieur du Fresne, conseiller du roi, maison et couronne de France et échevin de Rouen, et Geneviève Le Boullanger, sa femme. Cet article comprend deux portraits distincts, l'un pour le mari, l'autre pour la femme.

[8] Henri-Louis le Fèvre de Caumartin, seigneur de Saint-Port, puis marquis de Cailli après la mort de son père ; il fut tué à la guerre en 1706.

[9] Edouard Molé, seigneur de Champlatreux, conseiller au parlement de Paris (1637), maître des requêtes (1643), conseiller d'Etat, président à mortier (1657), intendant des armées du roi, mort en 1682.

Monsr Boulot[1] . . . .   33#
Mad^e la présidente Molé [sa bru][2]   88

Copies de la même année.

Trois de M^r le Président Molé.   132
Une de Mad^e Boisseau.   50
Une de Monsr l'abbé Grenu   11

---

[1] Peut-être s'agit-il de Jean Boulot, magistrat normand confirmé dans sa noblesse en 1698, qui avait été acquise à son père Simon Boulot en 1647 pour ses services judiciaires.

[2] Louise Béthault, mariée en 1673 à Louis Molé, président à mortier au parlement de Paris, et morte en 1709. Belle-fille d'Édouard Molé cité ci-dessus.

1683

Monsr Jusaume [Jusseaume]¹	11 ♯
Monsr l'abbé Fajolle [Fayolles]	22
Mad^{lle} Bouvet [Bouret] de Dijon	77
*M^r le marquis de Châtillon*²	66
*M^r le Febvre*³	50
Monsr Desjardin [Desjardins]⁴	66
Monsr le président Molé [Louis]⁵	100
Monsr et Mad^e De la Coste⁶	88
Monsr Rasle⁷	66
Mlle de Bourlemont⁸	66

---

¹ François Jussaulme, conseiller du roi et receveur général des finances à Tours en 1698.

² Alexis-Henri de Châtillon, comte, puis marquis (1685) de Châtillon, né en 1650, mort en 1737.

³ Philippe le Febvre, né en 1650, trésorier de la maison du roi (1676), garde des pierreries de la couronne, intendant, contrôleur des menus, mort en 1722.

⁴ Martin van den Bogaert, dit Desjardins, célèbre sculpteur, né à Bréda en 1640, académicien en 1686, mort en 1694. Existe en original ou en anciennes répétitions au musée du Louvre, au musée de Versailles (deux répétitions) et au musée de Berlin. Rigaud avait conservé ce portrait et à sa mort il le légua au fils du modèle. Gravé par G. Edelinck en 1698 (d'après les *Mémoires des membres de l'Académie*), en contre-partie par Dupin, sans date, et par Landon au trait vers 1820.

⁵ Louis Molé, président à mortier au parlement de Paris, né en 1638, mort en 1713.

⁶ François de Simiane La Coste, conseiller (1640), puis président à mortier au parlement de Grenoble (1655), mort en 1683. Il avait épousé Marie-Anne Pourroy. Cet article comprend deux portraits distincts, l'un pour le mari, l'autre pour la femme.

⁷ Claude Rasle, seigneur de la Périsse, secrétaire du roi, associé au bail des domaines de Flandre, Artois, Hainault, etc., comme sous-fermier (1691-1697), mort avant 1720.

⁸ Scolastique-Geneviève d'Anglure, dite Mlle de Bourlemont jusqu'à son mariage avec Louis d'Ornaison, comte de Chamarande, lieutenant général. Elle mourut en 1717.

Monsr le marquis de Florensac[1] ....   66[#]

Monsr De la Poste, [chef de la poste d']
     Angleterre......................   44

Monsr Roussel[2]   66

Monsr Regnault[3]   100

M^r d'Aligre[4]   120

Copies de la même année.

Une de mons^r le marquis de Châtillón   66

Deux de mons^r D'Aligre.................   100

Une de mons^r De La Coste   40

Une de mons^r Lefebvre.................   50

---

[1] Jean-Charles de Crussol, seigneur d'Acier, comte de Crussol, marquis de Florensac, prince de Soyon, enfin duc d'Uzès en 1693 et colonel. Né en 1675, il mourut en 1739.

[2] François Roussel de Charost, conseiller du roi, contrôleur général des rentes de l'Hôtel de Ville de Paris (1687), greffier en chef de la chambre du trésor (1690), mort avant 1718.

[3] Alexandre-Omer Regnault, conseiller au parlement de Paris, maître des requêtes en 1719.

[4] Etienne d'Aligre, président à mortier au parlement de Paris, mort en 1715. Existe en original chez M. le comte de Hunolstein à Paris.

1684

Monsr Delaloire et sa femme[1]	132
Monsr Rasle fils et [mad^{me} sa] tante[2]	330
Monsr Delpeches [Delpech][3]	198
Monsr Courjades	88
Monsr Girardot [Girardeau][4]	44
Madame Desjardins (Marie Cadesne), jusqu'aux genoux[5]	[66]
Monsr l'abbé Haranger	66
Monsr David[6]	88
Monsr Chevalier[7]	44
Monsr et Mad^e Letellier[8]	220
Mad^e Lejary[9]	88

---

[1] Antoine de La Loëre, échevin de Paris, procureur, puis doyen des procureurs en la Chambre des comptes, mort en 1713. Sa femme se nommait Marguerite Boisseau, et il l'avait épousée en 1680.

[2] Probablement le fils de Claude Rasle dont il a été question ci-dessus (voir à l'année 1683). Je n'ai trouvé aucun détail sur lui ni trouvé le nom de sa tante.

[3] Pierre Delpech, né en 1642, général des finances en Auvergne (1679), fermier général de 1700 jusqu'à sa mort en 1712.

[4] Peut-être Claude Girardot, lieutenant en 1673, capitaine en 1680, major de cavalerie en 1689, qui quitta le service en 1690.

[5] Marie Cadesne, nièce de Mansard, femme de Martin Desjardins, sculpteur (voir en 1683). Existe en original au musée de Caen, représentée cueillant des fleurs. Gravé par P. Drevet (en 1689, disent les *Mémoires des membres de l'Académie*).

[6] Auguste David, architecte des bâtiments du roi, mort la même année 1684.

[7] Nicolas Chevalier, avocat au conseil, puis maître des requêtes.

[8] Michel Le Tellier, né en 1603, conseiller, puis procureur général au grand conseil, chancelier de France, ministre d'Etat, mort en 1685. Elisabeth Turpin, sa femme, née en 1608, mourut en 1698. Cet article comprend deux tableaux distincts, un du mari, l'autre de la femme.

[9] Peut-être Anne Simon, femme de Jean-Baptiste La Jarrie, seigneur de Cessy, Grand-Pré et La Jarrie, vivant encore en 1718.

　　　　　　　LIVRE DE RAISON

Monsr Grillon[1]...................... ...	66#
Monsr Lequin [Lequien][2]...............	100
Monsr Mestiez........................	100

---

[1] Jacques Grillon, garde du corps en 1675, dans la compagnie de M. de Duras.

[2] Peut-être Michel Lequien, né à Boulogne en 1661, mort à Paris en 1733. Il entra dans l'ordre de Saint-Dominique et fit divers travaux d'érudition. Cette identification est loin d'être certaine.

1685

Monsr Sarasin [Sarazin], de Lion[1]	66 ♯
Monsr Merisier [Merizier][2]...............	66
Monsr Desvieux[3]	220
Monsr le doyen de St Germain[4]	66
Monsr Félix, premier chirurgien du Roy[5]..	67
Monsr Rollet[6]	100
Monsr Delayatte.......................	100
Monsr Mansart[7]	132
Monsr Lepeignier.......................	100
Monsr Ranchain [Ranchin][8]	100

---

[1] La famille Sarrazin, considérable dans la bourgeoisie lyonnaise, comptait plusieurs membres à la fin du XVIIe siècle ; on ne peut savoir exactement duquel il s'agit ici.

[2] François Mérisier, bourgeois de Paris (1675), maître d'hôtel du maréchal d'Estrées, mort en 1707.

[3] Louis-Maurice des Vieux, né en 1659, avocat au conseil du roi, puis greffier du conseil privé, mort en 1722.

[4] Jean-Paul Bignon, né en 1662, doyen de Saint-Germain-l'Auxerrois, abbé de Saint-Quentin, bibliothécaire du roi, conseiller d'Etat, membre de l'Académie française, mort en 1745. Il a été peint trois fois par Rigaud, en 1685, 1694 et 1707. Gravé en buste à droite par C. Simonneau en 1695 (d'après les *Mémoires des membres de l'Académie*), par Pierre Drevet en 1707 et sans date (en 1728 d'après les mêmes *Mémoires*), par S. Thomassin en 1709. En buste à gauche par Cl. Duflos en 1709, par F.-G. Schmidt en 1737 (deux états différents), par N. Picard sans date et par N. Pitau également sans date.

[5] Charles-Louis Félix de Tassy, premier chirurgien du roi, mort en 1703.

[6] Deux frères Rollet vivaient en 1685 : Michel, trésorier de France, général des finances (1685-1692) ; Jacques, président du bureau des finances à Riom, sieur de Lauriat, mort avant 1710.

[7] Jules-Hardouin Mansard, né en 1645, architecte du roi, directeur général des bâtiments royaux, mort en 1708. Existe en original au musée du Louvre, en répétitions aux musées de Versailles, de Chantilly ; autrefois chez M. Eudoxe Marcille à Paris, chez M. Gaston Le Breton à Rouen et à Strafford House en Angleterre. Gravé par Edelinck en 1704 (*Mémoires des membres de l'Académie*) ou en 1706 (P. Lelong).

[8] Jean-Antoine Ranchin, secrétaire du conseil d'Etat en 1684, mort vers 1730.

Monsr Daquin, 1^r médecin du Roy[1] ....   100 #

Monsr l'abbé de Calvo[2]   143

Monsr Bertin [trésorier général des parties

    casuelles][3]   330

Monsr Debuchère[4]   88

Monsr Quelair, *Keller*[5]   330

Monsr l'archevêque d'Alby [Hyacinthe] Serony[6]   330

Mad^e la marquise de Noisy[7]   121

---

[1] Antoine d'Aquin, né en 1620, premier médecin du roi depuis 1672, mort en 1684. Gravé par H. Jaus sans date.

[2] Pierre Calvo, catalan, abbé de Notre-Dame d'Eu, conseiller clerc, puis conseiller honoraire au conseil souverain de Roussillon.

[3] Pierre-Vincent Bertin, trésorier des parties casuelles. Gravé par P. Drevet en 1688 (d'après les *Mémoires des membres de l'Académie*) et par Ertinger à une date indéterminée (d'après la même source).

[4] Jean Buchère ou de Buchère, conseiller du roi, puis conseiller au grand conseil en 1697.

[5] Jean-Jacques Keller, commissaire général des fontes de l'artillerie de France, ainsi que son frère Jean-Balthazard (voir en 1693). Existe en original au musée de Zurich. Gravé par Sichling dans la *Galerie historique de Versailles*.

[6] Hyacinthe Serroni, né en 1617, évêque d'Orange (1646), de Mende (1661), archevêque d'Albi (1676), mort en 1687. Existe à l'archevêché d'Albi et au musée de Mende. Gravé par F. Ertinger en 1688 (d'après le P. Lelong) et par P. Simon pour une thèse. Le manuscrit de l'Ecole des Beaux-Arts renferme une note disant, mais avec un certain doute, que ce portrait de Serroni est le premier grand portrait peint par Rigaud.

[7] Marie Douzat, femme de René de Maupeou, marquis de Noisy-le-Sec, conseiller au grand conseil (1635), président aux enquêtes (1657). Elle mourut en 1698.

1686

Mad^e la marquise de Noquiey	143 ♯
Monsr et Mad^e Malet [Mallet][1]	330
Monsr Devinevolle [de Vinnevolle]	154
Mad^e Kelair [Keller] *Marie*[2]	330
Mad^e Merizier[3]	100
Monsr Dozier [d'Hozier][4]	100
Monsr Rossellet [Rosselet][5]	99
Monsr de Vénugle	99
Monsr Domergue[6]	100
Monsr l'abbé Tithier	66
Mad^e Touis	100
Monsr Duseaux [du Sault]	100
Mad^e Delpech[7]	100
Monsr et Mad^e Chambélain [de Chamblain][8]	225

---

[1] René-François Mallet-Brunières, fils de Jacques Mallet, conseiller au parlement, mort vers 1720. Sa femme se nommait Marguerite May de Valombres. Cet article comprend deux tableaux distincts, un pour le mari, l'autre pour la femme.

[2] La femme de Jean-Jacques Keller (voir en 1685), connue par son seul prénom de Marie. Existe au musée de Zurich. Gravé par Drevet en 1689, d'après les *Mémoires des membres de l'Académie*.

[3] Femme de François Merisier, maître d'hôtel du maréchal d'Estrées (voir en 1685). Je n'ai pas trouvé son nom.

[4] Charles-Roger d'Hozier, généalogiste, juge d'armes des ordres du roi, né en 1640, mort en 1732. Gravé par G. Edelinck en 1691 et sur bois, sans date, par un anonyme d'après un dessin de Chevignard.

[5] Jean Rosselet, garde des sceaux au présidial de Saintes en 1696.

[6] Antoine Domergue, conseiller du roi, receveur des décimes et contrôleur général provincial en la généralité de Lyon en 1697.

[7] Marie Bazannier ou Bozonnier, femme de Pierre Delpech, général des finances en Auvergne (1679), puis fermier général de 1700 à 1712 (voir en 1684). Elle mourut avant 1719.

[8] Charles Chambélant, conseiller du roi, commis principal de l'extraordinaire des guerres en Roussillon, puis receveur général des finances à Poitiers. Le

Monsʳ de Boisfranc [de Bosfranc][1] . . . .   90 ᵗ

Monsʳ Rogé.   112   10 ˢ

Monsʳ de Trobat, intendant de P͞pignan[2]...   90

Monsʳ Châtaignier[3]   45

Coppies de la même année.

Une de Monsʳ Chevalier   40

Une de Monsʳ Merisier.   40

Une de Monsʳ l'archevesq. d'Alby Serony..   100

Une de Monsʳ Rogé   55

---

nom de sa femme ne m'est pas connu. Cet article comprend deux tableaux distincts, un pour le mari, l'autre pour la femme.

[1] Joachin Seiglière, seigneur de Boisfranc, financier, intéressé dans les fermes du roi, chancelier du duc d'Orléans, mort en 1706.

Raymond de Trobat y Vinyes, conseiller au parlement, avocat général au conseil souverain de Roussillon, puis intendant de Perpignan de 1681 à 1698.

[3] Peut-être Jean Chasteignier, sieur de Paradis, maire perpétuel, puis subdélégué et enfin lieutenant général de police à Amboise (1700-1736).

1687

Monsr Enin [Hénin] père et fils[1]	337#	10ˢ
Monsr le chevalier de Mongivrau [Mongivrault][2]	293	15
Monsr de Courchan [Courchamp][3]	112	10
Monsr de Rochefort[4]	112	10
Monsr Bruiningue [Brunenc] Jean, natif de Lion[5]	258	15
Monsr Poisson[6]	112	10
Monsr Védel[7]	67	10
Monsr le président Bailleul[8]	225	
Monsr Lévesque, m^e des comptes[9]	90	
Monsr de St Maurice[10]	168	15

[1] Adrien-Joseph Hénin, conseiller au parlement de Paris, mort en 1693. Son fils Eustache Hénin était également conseiller au même parlement.

[2] Augustin Le Haguais, seigneur de Montgivrault et de Courcelles, chevalier de Saint Louis, d'abord lieutenant au régiment des gardes, puis ingénieur militaire, lieutenant au gouvernement de Courtray, intendant des fortifications de Lille, enfin brigadier des armées du roi en 1678, mort en 1708.

[3] Jean Guillemin, seigneur de Courchamp, fermier général de 1687 à 1694.

[4] Hercule Bidault, sieur de Rochefort, écuyer du roi, tenait une académie pour l'instruction équestre de la jeune noblesse célèbre dès 1688.

[5] Jean de Brunenc, marchand de soie et banquier à Lyon, où il exerça les fonctions consulaires. Existe en original chez M. Bourgeot à Lyon. Gravé par C. Vermeulen en 1689 (d'après les *Mémoires des membres de l'Académie*). D'après la même source, le graveur fit, quelques années plus tard, certaines modifications à sa planche et un nouveau tirage.

[6] Peut-être Gabriel Poisson, financier, oncle de Mme de Pompadour, né en 1652, mort en 1749.

[7] Antoine Védel, conseiller au conseil souverain de Roussillon, conseiller honoraire en 1697.

[8] Nicolas-Louis de Bailleul, seigneur de Châteaugontier, conseiller, puis président à mortier au parlement de Paris.

[9] Pierre-Philippe Lévesque, seigneur de Gravelle, maître des comptes en 1688, vivant encore en 1735.

[10] A la suite des œuvres de l'année 1687, le manuscrit de l'Ecole des Beaux-Arts enregistre comme peint cette même année le tableau de la Nativité de Notre-Dame qui a été gravé en 1690 par Pierre Drevet.

Coppies de la même année.

Deux de Monsr le chev^r de Mongivrault...   100 #
Une de Monsr d'Enin...................   67   10 ^s

1688

Monsr Jabaque [Jabac][1]	112	10
Monsr de Monginot[2]	202	10
Monsr Lefebvre, grand audiancier[3]	112	10
Monsr Tissart[4]	168	15
Monsr Turet [Thuret][5]	67	10
Monsr Titon [Maximilien][6]	270	
Monsr Lefebvre[7]	90	
Monsr Ducerceau[8]	78	15
Monsr le marquis de Chaseron [Chazeron][9]	111	5
Monsr le marquis de la Frette[10]	112	10

[1] Eberard Jabach, de Cologne, banquier très opulent, réunit à Paris, dans son hôtel de la rue Saint-Merry, une admirable collection de tableaux et de dessins dont la plupart acquis par le roi sont maintenant au Louvre. Existe en original au musée de Cologne après avoir fait partie de la collection Lalive de Juilly. Des répétitions ont été vendues avec les collections Essingh (1865) et Rothan (1890).

[2] Jean-Baptiste de Monginot, gentilhomme provençal.

[3] François Lefebvre, né vers 1654, substitut du procureur général du parlement de Paris, grand audiencier, nommé honoraire en 1707.

[4] Pierre Tissart, marchand et bourgeois de Paris en 1685.

[5] Isaac Thuret, horloger ordinaire du roi, artiste très habile, célèbre à son époque (1680-1705).

[6] Jean-Baptiste-Maximilien Titon, sieur du Tillet, directeur du magasin royal des armes, puis conseiller au parlement (1717), qui fit exécuter le célèbre groupe en bronze du Parnasse. Existe en original chez M. le général Récamier à Paris. Gravé par Pierre Drevet en 1690.

[7] Philippe Lefebvre, trésorier de la maison du roi (voir en 1683).

[8] Il est douteux qu'il s'agisse ici de Jean-Antoine Ducerceau, né en 1670, mort en 1730, auteur de poésies légères, qui entra en 1688 dans la compagnie de Jésus.

[9] Henri de la Rochefoucault, marquis de Chaseron, du chef de sa grand'mère Claude-Françoise de Polignac, dont la mère était Anne, dame de Chaseron-Fontanille, né en 1659, mort en 1698.

[10] Nicolas de Gruel, marquis de la Frette et d'Ancilly, fils du célèbre duelliste Gaston de Gruel-la-Frette ; il mourut en 1708.

Mad^e Courtet	90 ♯	
Monsr Quinson, de Lion[1]	112	10 ˢ
Monsr Rodille	259	5
Mad^e De Lajatte	112	10
Monsr Letellier[2]	112	10
Monsr et Mad^e Robinette[3]	135	
Monsr et Mad^e Tomé [Thomé][4]	337	10
Monsr Frère unique du Roy[5]	540	
Monsr le marquis de Polignac[6]	337	10
Monsr et Mad^e Périchon[7]	300	
Monsr Léonard père [Prem^r imprimeur du roi][8]	200	

---

[1] Roch Quinson, marchand d'étoffes de soie, bourgeois et échevin de Lyon en 1729 et 1730.

[2] Charles le Tellier, seigneur de Morsan, conseiller au parlement de Paris en 1679, à moins que ce ne soit Pierre le Tellier, aussi conseiller au parlement de Paris en 1692, mort en 1695.

[3] Jean Robinet, seigneur de Villiers, capitaine au régiment de Navarre, lieutenant pour le roi à Marienbourg et maître d'hôtel de la Dauphine. Sa femme se nommait Anne Boucot. Cet article comprend deux tableaux, l'un pour le mari, l'autre pour la femme.

[4] Pierre Thomé, seigneur de Montmagny, trésorier général des levriers et des écuries du roi en 1685, trésorier des galères (1688-1707), fermier général de 1708 à 1710. Sa femme se nommait Françoise Paradis. Cet article comprend également deux tableaux.

[5] Philippe, duc d'Orléans, frère de Louis XIV (1640-1701).

[6] Scipion-Sidoine-Apollinaire-Gaspard de Polignac, marquis de Chalancon, né en 1660, mort en 1739.

[7] Pierre Périchon, né en 1645, fut avocat à Lyon, secrétaire de cette ville, échevin en 1700 et mourut en 1721. Voir les années 1698, 1702 et 1703.

[8] Frédéric Léonard, né à Bruxelles en 1624, marié à Paris, en 1654, à Elisabeth Bernard, fille d'un marchand libraire, fut imprimeur du roi, du dauphin, de la ville de Paris, conseiller du roi et mourut en 1706. Existait récemment en original chez Mme la comtesse de Beaurecueil, au château de Surville. Une répétition faisant partie de la collection Gatteaux a été brûlée en 1871 pendant la Commune. Gravé à mi-corps par G. Edelinck en 1689 et en buste par Vermeulen en 1693.

Coppies de la même année.

Une de Monsr Rodille .... 67 ₶

Une de Monsr Tomé 45

Une de Monsr Letellier 57   3 ˢ

1689

Monsg^r le duc de Chartres[1]	500	
Mad^e la présidente d'Osambré [Ons-en-Brai][2]	225	
Monsr d'Aigrefoeüille [Aigrefeüille][3]	112	10
Monsr et Mad^e Piraube[4]	180	
Monsr Gaillard[5]	135	
Monsr le compte de Claire, *c'est de Clére*[6]	112	10
Monsr le marquis du Térail [Terrail][7]	112	10
Monsr Derval [d'Herval][8]	225	
Mad^e Lhermite	112	10
Monsr Merisier[9]	67	10
Mad^e de Menevillette [Menevilette][10]	168	15

[1] Philippe d'Orléans, duc de Chartres, né en 1674, duc d'Orléans en 1701, régent du royaume en 1715, mort en 1723. Existe en original ou en répétitions aux musées de Versailles et de Toulouse, et chez Mme de Salanciers à Perpignan ; existait dans la collection Rothan vendue en 1890. Gravé en buste par N.-H. Jacob sans date, en buste, et en pied par un anonyme dans la *Galerie historique de Versailles*, 1838.

[2] Marie-Anne Pajot, dame d'Ons en Bray, femme d'Antoine-François-Gaspard Legendre de Lormoy, maître des requêtes (1693), intendant de 1699 à 1718.

[3] Pierre d'Aigrefeuille, conseiller à la Chambre des comptes de Montpellier, mort en 1695.

[4] Ce Piraube était un fort habile arquebusier connu de 1670 à 1718. Son talent lui mérita d'obtenir un logement au Louvre. Sa biographie est du reste inconnue.

[5] Antoine Gaillard, conseiller au Châtelet de 1677 à 1709.

[6] François Martel, comte de Cléres, mort avant 1726. Madeleine-Marie Bouton de Chamilly, sa veuve, épousa Louis-Robert de Mallé de Crasménil de Valsemé.

[7] Gaspard de l'Estang, comte de Saillans, marquis du Terrail, mort vers 1700.

[8] Le manuscrit répète avant ce numéro, par une erreur évidente, l'article consacré quelques lignes plus haut à la présidente d'Ons en Bray.

[9] François Mérisier, maître d'hôtel du maréchal d'Estrées (voir en 1685).

[10] Marguerite-Marie de Harlay, femme d'Adrien-Alexandre de Hanivel, comte de Mannevillette, marquis de Crèvecœur, avocat du roi au Châtelet, conseiller au grand conseil, maître des requêtes en 1686 et secrétaire des commandements de Monsieur.

Monsr et Mad^e Bouret le trésorier [de Mad. de Nemours][1]	200#	
Monsr du Roullet[2]	112	10^s
Monsr et Mad^e la princesse de Courtenay [Courtenai][3]	225	
Monsr et Mad^e Dandré[4]	168	15
Monsr Duchesne[5]	112	10
Monsr Acatiasc [Akakia][6]	90	
Monsr de Bandolle, *Boyer de Bandol*[7]	112	10
Monsr Guillegot[8]	67	10
Monsr et Mad^e Boisseau[9]	207	10
Monsr le président de Boquemart [Bauquemarre][10]	69	
Monsr Dumet [du Metz] fils[11]	69	

[1] Etienne-Nicolas Bouret, payeur des gages, trésorier de la duchesse de Nemours (1668-1748). Sa femme était Marie-Anne Chopin de Montigny, morte en 1720. Cet article comprend deux tableaux distincts, un pour le mari, un autre pour la femme.

[2] Claude Leblanc, sieur du Roullet, qui fut intendant à Dunkerque en 1707. Il fut ensuite secrétaire d'Etat à la guerre en 1718. Né en 1669, il mourut en 1728. Existe en original au musée de Dunkerque.

[3] Louis-Charles, prince de Courtenai, qui épousa en 1688 Hélène de Besançon et qui mourut en 1713. Cet article comprend deux portraits, l'un du mari, l'autre de la femme.

[4] Jean d'André, seigneur de Montfort, qui épousa en 1689 Marie de Beauvoir-Grimoard. Cet article comprend deux portraits distincts, l'un du mari, l'autre de la femme.

[5] Ce Duchesne, dont je ne connais pas le prénom, était médecin ordinaire du roi et fut anobli en cette qualité.

[6] Joseph-Mirza Akakia, seigneur d'Armincourt, comte de Juvigny, marquis de Saint-Ouen, descendant de Martin Akakia, médecin de François Ier.

[7] Jules Boyer, seigneur de Bandol et de Châteauarnoux, capitaine de galères, syndic de la noblesse de Provence, mort en 1695.

[8] André de Guillegault, musicien ordinaire de la musique du roi à Versailles en 1697.

[9] Louis Boisseau, conseiller du roi, notaire au Châtelet, échevin de Paris, mort avant 1720, et Marguerite Calan ou de Calan, sa femme. Cet article comprend deux portraits distincts, l'un du mari, l'autre de la femme. Voir en 1682.

[10] Nicolas de Bauquemare, conseiller puis président à mortier au parlement de Paris (1654-1690).

[11] Ne peut être le président Gédéon Berbier du Metz, dont le père était mort

Son altesse Mad^{lle} de Monpensier [Montpen-
sier]¹................................. 540 # 10 ˢ

Coppies de la même année.

Deux de Monsr et Mad^e Dandré.......... 90
Une de Monsr Bouret................... 67

---

en 1669 (voyez année 1698) ; il s'agit vraisemblablement de Jean-Baptiste Berbier du Metz, son fils, né en 1681. Il fut comte de Rosnay, contrôleur général
des meubles de la couronne (1703), capitaine des archers de la porte du duc
d'Orléans (1715), colonel (1719) et mourut sans postérité.

¹ Marie-Anne-Louise d'Orléans, la Grande mademoiselle (1627-1693). Gravé
par C. Vermeulen en 1690 (d'après les *Mémoires des membres de l'Académie*),
on trouve sur certains exemplaires la date 1691. En petit buste et sans date
par Desrochers et par Filleul (deux états). Par Landon au trait vers 1820.

1690

Mr Delafontaine poëtte[1]	200
Mad^e la comptesse de Seau [du Sault][2]	115
Monsr Polle[3]	115
Monsr Gréder[4]	115
Monsr l'abbé Delasalle[5]	115
Monsr Dufrenoy fils [du Fresnoy][6]	115
Mad^e la comtesse de Furstemberg[7]	115

[1] Le fabuliste Jean de la Fontaine (1621-1695). Existe en original chez M. le vicomte Héricart de Thury et en répétition chez MM. de Ménars et Gréau. D'autres répétitions ont passé dans les ventes Cypierre (1855), Marcille (1857) et Champfleury (1890). Gravé par Edelinck, en 1696 d'après le P. Lelong, deux états dont un non signé ; par B. Picard en ovale (1727) ; par Savart en ovale en 1769 ; par Ficquet deux fois, la première en buste, la deuxième avec la fable du Loup et de l'Agneau, sans date ; par un anonyme en 1780 avec la même fable ; par Delvaux en tête de Psyché en 1797, deux états ; par Dupin sans date, deux états, par Desrochers, par Dupréel, par Amb. Tardieu, par Ingouf le jeune, par David et Varin, les cinq précédents sans date ; par Alix en couleur vers 1800 ; par F. Ribault, ovale, en 1812 ; par E. Scrivers sans date ; par Pinssio pour Delahays, éditeur, vers 1860 ; lithographié par Rulmann vers 1840 (impr. Motte) ; eau-forte par Soliman sans date.

[2] Marie-Catherine d'Aguesseau, sœur du chancelier de ce nom, née en 1663, morte en 1729, femme de Charles-Marie, comte de Saulx-Tavannes, marquis de Suilly et d'Arc sur Thil. Existe en original chez M. le comte Destutt de Tracy à Paris.

[3] Le fils, dont je ne connais pas le prénom, de Philippe Polle, bourgeois et marchand de Paris, mort en 1685, et de Geneviève Langelier. A moins que ce ne soit le père lui-même fait de mémoire ou d'après un dessin.

[4] Voir aux années 1691 et 1705 deux officiers supérieurs suisses de ce nom.

[5] François de Caillabot de la Salle, aumônier du roi ; il fut évêque de Tournay de 1693 à 1705.

[6] Ce personnage, qui fut colonel et mourut à la guerre en 1695, était fils d'Elie du Fresnoy, trésorier de l'ordre de Saint-Louis et premier commis à la guerre, mort en 1698, et neveu du peintre Charles-Auguste du Fresnoy, mort en 1665.

[7] Marie de Ligny, nièce du chancelier Séguier ; elle épousa en 1677 Antoine-Egon, prince de Furstemberg.

---

[1] René-Armand de Mottiez, marquis de la Fayette, brigadier des armées du roi (1659-1694).

[2] François-Catherine de Neuville, chevalier de Villeroy, mort en 1700, et son frère François-Paul de Neuville, abbé de Fécamp, nommé archevêque de Lyon en 1714, mort en 1731. Ces deux portraits formaient deux tableaux distincts. Celui du chevalier de Villeroy faisait partie de la collection du baron Sellière, vendue en 1910.

[3] Victor-Marie d'Estrées, né en 1660, comte de Nanteuil, duc d'Estrées en 1723, mort en 1737.

[4] Louise-Philiberte de Savoie, fille du prince Eugène de Savoie-Carignan, née en 1667, morte à la Visitation de Turin en 1726.

[5] Charles-Amédée de Broglie, comte de Revel, colonel, brigadier des armées du roi, maréchal de camp, lieutenant général en 1688, mort en 1707. Gravé par C. Vermeulen en 1691 d'après le P. Lelong.

[6] Philippe de Savoie-Soissons, chevalier de Malte, abbé de Corbie de 1659 à 1693.

[7] Jean-Antoine de Mesmes, comte d'Avaux, diplomate et conseiller au parlement de Paris. Gravé par P. Drevet en 1702 (*Mémoires des membres de l'Académie*); par Desrochers, et la tête seule, très grosse, sans nom de graveur, probablement par H. Jaus.

[8] La fille, dont je n'ai pas trouvé le prénom, de Jean-Baptiste-Denis Langlois de Saint-Quentin, fermier général de 1712 à 1721.

[9] Armand-Jean de Vignerod, né en 1629, duc de Richelieu en 1657, mort en 1715.

[10] Louis-Alexandre de Bourbon, comte de Toulouse, fils naturel légitimé de Louis XIV et de Mme de Montespan, né en 1678, grand amiral de France, mort en 1737. Existe en original au musée de Versailles. Gravé par P. Drevet en 1714 (d'après les *Mémoires des membres de l'Académie*); par le même sans signature ni date avec une différence dans le vêtement; par Fiquet après 1737, contre-partie de la précédente gravure; par Roger, petit médaillon, sans date.

Monsg^r le duc de Bourbon[1]	690
Monsg^r le Grand-prieur de France[2]	115
Monsr et Mad^e la marquise de Lavardin[3]	230
Mad^e la comtesse de Médavy[4]	115
Mad^e la comtesse de Clermont[5]	345
Monsr le prince d'Enrichemont [Henriche-mont][6]	115
Monsr l'évesque de Tournay[7]	115
Monsr le marquis de Blainville[8]	115
Monsr Devieux [Desvieux][9]	115
Monsr l'évesque de Carcassone[10]	115
Monsr Gigot[11]	92
Monsr l'évesque de Nismes [Esprit Fléchier][12]	115

---

[1] Henri-Jules de Bourbon-Condé, fils du Grand-Condé, né en 1643, mort en 1709. Existe en répétition au musée de Versailles.

[2] Philippe de Vendôme, grand prieur de France de 1655 à 1719, duc de Vendôme (1727), lieutenant général, mort en 1727, petit-fils naturel d'Henri IV. Un portrait de lui, attribué peut-être à tort à Jean Raoux, existe chez M. Allard à Paris.

[3] Henri-Charles de Beaumanoir, marquis de Lavardin, lieutenant général (1644-1701), et Louise-Anne de Noailles, sa femme. Ces deux portraits formaient deux tableaux distincts.

[4] Pélagie-Anne Thomas, femme de Louis Rouxel, comte de Médavy.

[5] Jeanne-Thérèse d'Albret, femme de Guilhem de Castelnau, comte de Clermont-Lodève, veuve en 1705.

[6] Maximilien-Henri de Béthune, prince d'Enrichemont, puis duc de Sully après 1712.

[7] Gilbert de Choiseul, évêque de Tournay de 1671 à 1689. Il ne peut s'agir de son successeur, qui ne fut nommé qu'en 1693. Ce nom est remplacé dans le manuscrit publié dans les *Mémoires des membres de l'Académie* par Mgr *l'évêque de Blois*, mais par erreur; en effet le siège de Blois fut vacant jusqu'en 1693. En outre nous voyons le nom de l'évêque de Tournay paraître dans les copies faites en 1690.

[8] Jean-Armand Colbert, marquis de Blainville, fils du grand Colbert, né en 1663, tué à Ulm en 1704; il était lieutenant général.

[9] Louis-Maurice des Vieux (voir à l'année 1685).

[10] Marcellin Durazzo, évêque de Carcassonne de 1688 à 1690.

[11] Pierre Gigault, conseiller-maître à la Chambre des comptes de Paris en 1681.

[12] Il y a probablement une erreur dans le nom de Fléchier que le manuscrit publié dans les *Mémoires des membres de l'Académie* place ici. Fléchier ne fut nommé évêque de Nîmes qu'en 1692. Il s'agit bien plutôt de son prédécesseur Jean-Jacques Séguier de la Verrière, évêque de Nîmes de 1671 à 1689.

Monsr Lefebvre [1]	69 #
Monsr Léonard fils [2]	115
Monsr le président de Valarnot [Valarneau] [3]	115
Monsr Malet [Mallet] [4]	115
Monsr Degrouchy [5]	138
Monsr Masson [6]	115
Monsr de St Majolle [St Masolle] [7]	115
Monsr Boyer d'Aiguille [Aiguilles] [8]	300

Coppies de la même année.

Une de Monsr l'évesque de Tournay	57	10 s
Une de Monsr Dufrenoy	69	
Quatre de Mad^e la comtesse de Furstemberg	138	
Une de Monsr le marquis de Blainville	69	
Deux de Monsr l'évesque de Nismes [9]	100	

---

[1] Philippe Le Febvre, trésorier de la maison du roi (voir à l'année 1683).

[2] Pierre-Frédéric Léonard, imprimeur du roi, du dauphin et de la ville de Paris après la mort de son père arrivée en 1706 (voir à l'année 1688). Existait récemment au château de Surville chez Mme la comtesse de Beaurecueil. Gravé par Pitau sans date.

[3] Jean-Baptiste de Valernod, seigneur du Fay, né vers 1650, président en la sénéchaussée de Valence, mort vers 1720.

[4] Louis Malet, seigneur de Luzard, conseiller au parlement de Paris, démissionnaire en 1695, ou Jacques Mallet, seigneur de Drusy et Brunières, aussi conseiller au même parlement (1689-1703).

[5] Nicolas de Grouchy, seigneur de la Mare-Gouvin, capitaine de vaisseaux, mort après 1728.

[6] Nicolas Masson, conseiller du roi, contrôleur général des rentes de la ville de Paris (1665-1673), ancien contrôleur (1674), mort en 1706. Frédéric Masson, son fils, exerça la même charge que lui de 1674 à 1680.

[7] Jean-Baptiste Primi-Visconti, sieur de Saint-Mayol, graphologue, religieux défroqué, auteur de mémoires publiés, intrigant célèbre. Né à Varallo en 1648, il épousa la fille de Léonard, imprimeur du roi, et mourut en 1713.

[8] Jean-Baptiste Boyer, seigneur d'Aiguilles, Sainte-Foy, Argens et Taradel, conseiller au parlement de Provence (1677). Gravé par Jacques Coelmans en 1697 et par C. Vermeulen sans date. Ces deux gravures sont absolument semblables, mais celle de Coelmans est plus petite.

[9] Une note nous apprend que toutes ces copies ont été retouchées de la main de Rigaud.

1691

Mr *Mignard premier peintre du roy*[1].....	180	
Monsr le marquis de Noailles[2]............	164	10
Monsr le duc de la Foeüillade [Feüillade][3].	164	10
Monsr le colonel Gréder..................	211	10
Monsr le colonel Gréder *le cadet* [suisses][4]	117	10
Monsr le président Daidé.................	117	10
Monsr le duc de Villeroy [Villeroi][5].......	141	
Made la princesse de Conty [Conti] la jeune[6].	352	10
Made Milon[7]........................	180	
Made de Breteuïl[8].....................	117	10

---

[1] Pierre Mignard, premier peintre du roi, né en 1610, mort en 1695. Existe en original au musée du Louvre et en répétition à celui de Versailles. Gravé par G.-F. Schmidt en 1744, par Fiquet et par G.-E. Petit sans date, copies de la gravure de Schmidt; par D. Midy en 1839.

[2] Jean-François de Noailles, maréchal de camp (1658-1699).

[3] François d'Aubusson de la Feuillade, duc de Roannais, mort en 1691.

[4] François-Laurent Gréder était colonel d'un régiment suisse de 1679 à 1691; mort lieutenant général en 1716. Louis Gréder, son frère, fut également colonel de 1686 à 1691, puis brigadier d'infanterie en 1703 (voir aux années 1690, 1692 et 1705).

[5] François de Neuville, né en 1644, marquis d'Allincourt, puis en 1685 duc de Villeroy et de Beaupréau, maréchal de France, ministre d'Etat, président du conseil des finances, gouverneur de Louis XV, mort en 1730. Existe au musée de Perpignan; une répétition existait dans la galerie du duc d'Orléans. Gravé par Edelinck en 1705, dit le P. Lelong; les *Mémoires des membres de l'Académie* disent la tête par Simonneau et le reste par Edelinck et donnent la date de 1712. Autre gravure par Desrochers sans date.

[6] Marie-Thérèse de Bourbon-Condé, mariée en 1688 à François-Louis de Bourbon, prince de Conti. Existait en 1789 représentée en Diane dans le couvent des Jacobins de la rue Saint-Honoré; une répétition appartenait, il y a quelques années, à M. Gellinard à Paris.

[7] Marie-Thérèse-Madeleine de Coyault de Chérigny, qui épousa en 1677 Alexandre Milon, maître des requêtes.

[8] Anne de Calonne-Courtebourne, mariée en 1684 à François le Tonnelier, baron de Breteuil (voir aux années 1692, 1694, 1698 et 1701).

Mad⁰ de Monceau[1]	117ᵗ	10ˢ
Madᵉ la comtesse de Canisy[2]	117	10
Monsʳ Arnault	117	10
Monsʳ Aladenise	141	
Monsʳ Colbert de Croisy, ministre d'État [Croissy][3]	376	
Monsʳ le marquis de Boussolle [Bouzols][4]	118	10
Monsʳ le comte de Gacé[5]	352	10
Monsʳ le comte de Châteauvilain[6]	352	10
Le Prince royal de Dannemarc à présent roy[7]	470	
Monsʳ Dozier [d'Hozier][8]	117	10
Monsʳ le maréchal de Noailles[9]	188	
Monsʳ Desmarez [Desmaretz][10]	200	

[1] Bernardine-Thérèse Gigault, dite Mᴵˡᵉ de Monceau, fille du maréchal de Bellefonds et religieuse à l'abbaye de Montmartre, dont elle fut abbesse de 1699 à 1717.

[2] Louise de Roux de Gonfreville, épouse de François de Carbonnel, comte puis marquis de Canisy.

[3] Charles Colbert, marquis de Croissy, diplomate, ministre et secrétaire d'État, né en 1629, mort en 1696. Gravé par Edelinck en 1691, par Jacob sans date et par Landon au trait vers 1820.

[4] Louis-Joachim de Montaigu, vicomte de Beaune, marquis de Bouzols, né en 1662, brigadier des armées du roi (1702), maréchal de camp (1704), lieutenant général, chevalier du Saint-Esprit (1724), mort en 1746.

[5] Charles-Auguste de Matignon, baron de Briquebec, comte de Gacé, né en 1647, maréchal de camp, lieutenant général (1693), maréchal de France (1708), mort en 1724. Existe en original au musée de Caen sous le nom de maréchal de Villeroy (voir à l'année 1715).

[6] Louis-Auguste Potier de Gesvres, dit le comte de Châteauvilain, né en 1662, chevalier de Malte, colonel en 1684, gouverneur de Pontaudemer, mort en 1741.

[7] Frédéric, prince royal de Danemark, fils du roi Christiern V et roi lui-même sous le nom de Frédéric IV de 1699 à 1730. Existe en original au palais royal de Copenhague (voir à l'année 1693).

[8] Louis-Roger d'Hozier, généalogiste du roi, juge d'armes de France, né en 1640, mort en 1708.

[9] Anne-Jules de Noailles, duc d'Ayen, né en 1650, capitaine des gardes, maréchal de France en 1693, mort en 1706. Existe en original chez Mᵐᵉ la duchesse de Mouchy au château de Mouchy et en répétition au musée de Grenoble. Gravé par Edelinck en 1695 dit le Iᵉ. Lelong, en 1699 disent les *Mémoires des membres de l'Académie*; par Iᵉ. Scheneck et Thomassin sans date; par B. Picard sans date et en contre-partie. Héliogravé dans les *Connétables et maréchaux de France* de M. le comte d'Harcourt (1912).

[10] Nicolas Desmarets, neveu de Colbert, né vers 1650, contrôleur général de 1708 à 1715, mort en 1721.

Monsr de St Denis de Tilloy [du Tilloy][1]..	117 #	10 s
Monsr Olivier[2]	117	10
Monsr Le Doubre[3]	117	10
Mad^{lle} Amé[4]	117	10
Monsr Marsollier con^{er}[5]	117	10
Monsr Dazy[6]	100	
Monsr Bacault	100	
Monsr Fermé[7]	117	10
Monsr Moret[8]	105	15
Monsr Dozier [d'Hozier], *portrait en petit*[9].	300	
Monsr Bouret et sa femme[10]	176	
Monsr Germain[11]	200	
Monsr Vive	117	10
Monsr l'abbé Robert[12]	117	10

---

[1] Etienne-Omer de Saint-Denis, seigneur du Tilloy, né en 1678, conseiller du roi, receveur général des finances à Châteaudun.

[2] David Olivier, né vers 1670, protestant converti, banquier à Lyon, échevin de cette ville en 1735 et 1736, mort en 1747.

[3] Guillaume-Julien Le Doubre, né en 1655, conseiller du roi, maître de la Chambre des comptes de Paris (1685), démissionnaire en 1725, mort en 1735.

[4] La fille, dont je n'ai pas retrouvé le prénom, de François Amé, conseiller du roi et trésorier des gardes du corps en 1705.

[5] Denis Marsollier, receveur général, payeur des rentes en 1675, conseiller au parlement de Metz, conseiller au grand conseil (1689), mort en 1708.

[6] François d'Azy, trésorier général de l'épargne des gages assignés sur les gabelles de France en Lyonnais en 1705.

[7] Jacques Fermé, né en 1652, receveur des tailles à Angoulême, puis receveur général en Limousin, mort en 1715.

[8] Louis Moret, sieur de Bournonville, enseigne en 1692, colonel d'infanterie en 1699, de dragons en 1720, mort vers 1722. Il était fils du sous-fermier Moret (Louis), mort en 1681.

[9] Charles-Roger d'Hozier, généalogiste du roi (voir l'année 1686).

[10] Etienne-Nicolas Bouret et Marie-Anne Chopin de Montigny (voir l'année 1689). Cet article comprend deux portraits séparés pour le mari et pour la femme.

[11] Thomas-Léonard Germain, conseiller du roi, greffier en chef des requêtes au parlement de Paris.

[12] Jean-Baptiste Robert, docteur en Sorbonne, curé de Saint-André des Arcs, chanoine et archidiacre de Chartres, chanoine de Notre-Dame de Paris et grand pénitencier (1685), mort en 1693 (voir à l'année 1692).

Mad^e Sauvage[1]...................................... 117ᵗ 10ˢ
Monsr l'envoyé (*ambassadeur*) de Dannemarck
     Meyeksoon [Meyercroon][2] 235
Mad^e Riquouard, *Ricouard*[3] 300
Mr *de la Fosse*[4] .... [présent]
Mr *Parrocel*[5] .... [présent]

Coppies de la même année.

Coppie de Monsr Le Douvre 58   15
Coppie du Roy 188
Coppie de Monsr Léonard 188
Deux de Son A. Mad^{lle} de Monpensier 117   10
Coppie de Mad^e Milon .... 50[6]

---

[1] Marie-Madeleine Testard, femme de Pierre Sauvage, conseiller du roi, maison et couronne de France et de ses finances à Paris en 1690; elle mourut avant 1720.

[2] Henning Meyer, comte de Meyercrone, fils d'un apothicaire de Copenhague, secrétaire puis conseiller de la chancellerie de Danemark, ambassadeur en Hanovre, à la Haye, puis à Paris en 1674, 1679 et de 1685 à 1706, mort en 1707. Gravé par C. Vermeulen, d'après les *Mémoires des membres de l'Académie* en 1694.

[3] Charlotte Le Prince, née en 1642, épousa en 1660 Alexandre Ricouart, comte d'Herbouville, conseiller au parlement, maître des requêtes; elle mourut en 1727.

[4] Charles de La Fosse, peintre, né en 1640, mort en 1716. Gravé par Duchange en 1707 à mi-corps et en buste par D. Sornique probablement en 1738.

[5] Joseph Parrocel, peintre, né en 1648, mort en 1704. Gravé en ovale par G.-F. Schmidt en 1737 et une deuxième fois par le même sans date; gravé par J.-G. Ville en buste en 1744.

[6] Une note nous apprend que toutes ces copies ont été retouchées par Rigaud.

1692

Monsr Greder[1]	180 #
Mad^e la maréchalle de Noailles[2]	120
Monsr Robert[3]	96
Monsr le Grand pénitentier son frère[4]	192
Monsr Bessier	120
Monsr Amé[5]	120
Monsr Lamy[6]	72
Monsr Doublet[7]	120
Monsr le marquis de Praslin[8]	360
Monsr le duc de St Simon[9]	420
Mad^e Decquivillier [d'Ecquevilly] et ses enfants[10]	735

[1] Voir aux années 1690, 1691 et 1705.

[2] Marie-Françoise de Bournonville, mariée en 1671 à Anne-Jules de Noailles, maréchal de France. Original vendu en 1913 dans la collection Emerson Mcmllln, à New-York.

[3] Claude Robert, conseiller, secrétaire du roi, procureur du roi au Châtelet de Paris (1674-1709).

[4] Jean-Baptiste Robert, frère du précédent (voir à l'année 1691).

[5] François Amé, conseiller, secrétaire du roi, trésorier des gardes du corps en 1705.

[6] Deux personnages, tous deux de Dijon, peuvent être identifiés avec celui que Rigaud a peint : Jean Lamy, receveur général du domaine royal dans la généralité de Dijon, mort avant 1722, et Edme Lamy, sieur de la Perrière, conseiller et secrétaire du roi à Dijon, mort également avant 1722.

[7] Pierre Doublet, seigneur de Crouy et Saint-Aubin, conseiller au parlement de Paris (1690), maître des requêtes en 1711.

[8] Gaston-Jean-Baptiste de Choiseul, marquis de Praslin, né en 1661, lieutenant général au gouvernement de Champagne, mort en 1705. Gravé par I. Sarrabat en 1695 d'après les *Mémoires des membres de l'Académie*, en 1699 d'après le P. Lelong, à mi-corps, manière noire.

[9] Louis de Rouvroy, duc de Saint-Simon, l'auteur des mémoires (1675-1755). Un mauvais portrait de ce personnage, peut-être une copie de celui peint par Rigaud, a été reproduit en tête de l'étude que lui a consacrée Gaston Boissier (*Grands écrivains français*, Hachette, 1892).

[10] Une note nous apprend que cette toile renfermait quatre portraits.

Mad^{lle} Delamatte..........................	100 #	
Monsr d'Arménonville[1]	360	
Monsr Boyer[2].........................	120	
Monsr Doublet de Persan[3]	120	
Monsr de Turgy[4]......................	120	
Monsr et Mad^e d'Esteuil[5]	168	
Monsr le marquis de Vaucluse[6]...........	120	
Monsr Carel[7].........................	147	
Monsr de Vermont[8]......................	220	10 s
Monsr le comte Bielque [Bielke][9]	122	10
Monsr le comte de Morestin [Morstein] et sa fille[10]	526	15
Mad. de Sully[11]........................	[100]	

---

[1] Joseph-Jean Fleuriau d'Arménonville, qui fut garde des sceaux en 1722 (voir aux années 1697, 1706 et 1709).

[2] Peut-être François Boyer de Bandol de Foresta, président au parlement de Provence en 1711.

[3] Nicolas Doublet, seigneur de Persan, né en 1659, conseiller au parlement de Paris, mort en 1728.

[4] Pierre-Louis de Turgis, également conseiller au parlement de Paris (1667-1698).

[5] Peut-être Antoine de Ferragut-Monlezun, seigneur d'Estieux, vivant de 1650 à 1700. Je ne connais pas le nom de sa femme. Cet article comprend deux portraits séparés.

[6] Joseph de Villeneuve-Bargemon, seigneur de Castillon, baron puis marquis de Vaucluse, né en 1675, page du roi, du dauphin, officier de mousquetaires en 1692, mort en 1752.

[7] François Carrel, qui acquit en 1692 une charge de conseiller au parlement de Paris.

[8] Nicolas Collin de Vermont, musicien ordinaire du roi, époux de Jeanne Colet et père du peintre Hyacinthe Collin de Vermont (1693-1761), filleul et héritier en partie de Rigaud. Son portrait, ainsi que ceux de MM. de Blamont et des Tournelles, ses frères, étaient encore, en 1715, entre les mains de Rigaud qui les légua à cette date à leur fils et neveu Collin de Vermont, peintre.

[9] Karl-Gustav Bielke, comte suédois, général, ambassadeur en France. Existe en répétition chez le comte Piper, à Angso (Suède). Photogravé dans l'ouvrage de Granberg, *Inventaire des trésors d'art en Suède* (1911).

[10] Jean-André, comte de Morstin et de Chateauvillain, marquis d'Arc en Barrois, seigneur de Montrouge, sénateur et grand trésorier de Pologne, ancien ambassadeur en France, où il se fixa et où il mourut en 1693 à l'âge de 80 ans. Je n'ai pas trouvé le nom de sa fille.

[11] Madeleine-Armande de Cambout de Coislin, mariée en 1689 avec Maximilien-Pierre de Béthune, duc de Sully en 1694.

M. de la Sourdière[1]	[122ᵗ 10ˢ]	
M. Gigot[2]	[245]	
Mad^e la Grande Chambellante [Chambelanne][3]	500	
Mad^{lle} de Pepin[4]	128	10
Monsr Léonard, sa femme et sa fille[5]	490	
Monsr Haynaut, *Hénault*, fermier général[6]	128	10
Mad^e de Richebour [Richebourg][7]	128	10
Monsr de Courchant, *Courchamp*, fermier général[8]	245	
Monsr le président de L'isle [Lille][9]	122	10
Monsr le président Baudouin[10]	122	10
Monsr de St Loüet	122	10
Monsr Savalette, notaire[11]	245[12]	

[1] N. de la Faye, seigneur de la Sourdière, qui a donné son nom à la rue de la Sourdière à Paris.

[2] Pierre Gigault, conseiller à la Chambre des comptes de Paris en 1681.

[3] Marie-Anne Mancini, nièce de Mazarin, née en 1650, qui épousa en 1662 Godefroi-Maurice de la Tour, vicomte de Turenne, duc de Bouillon, grand chambellan, et mourut en 1714.

[4] Peut-être Angélique l'épin, qui épousa vers cette époque M. de Marbeuf, président de mortier à Rennes. Elle était veuve en 1698 et encore vivante en 1737.

[5] Pierre-Frédéric Léonard, imprimeur du roi, comme son père. Il épousa Marie-Anne des Essarts, née en 1670, morte en 1706. Leur fille nommée Marie-Anne épousa Daniel Chardin, conseiller à la cour des aides, et mourut en 1742. Existe en original au musée du Louvre comme portraits d'inconnus. Catalogue Villot, n° 482 (voir à l'année 1690).

[6] Jean-Rémy Hénault, seigneur de Guines, né en 1648, fermier général de 1687 à 1718, mort en 1737 (voir à l'année 1707).

[7] Elisabeth Orceau, qui épousa en 1681 François-Quentin de la Vienne, seigneur de Richebourg, marquis de Champcenetz, premier valet de chambre du roi.

[8] Jean Guillemin, seigneur de Courchamp (voir à l'année 1687).

[9] Oudart-Thomas de l'Isle, conseiller puis président à mortier au parlement de Paris, mort en 1695. Le manuscrit publié dans les *Mémoires des membres de l'Académie* porte Mme *la présidente de l'Ille*.

[10] Etienne Baudouin, conseiller puis président à mortier au parlement de Paris, démissionnaire en 1691.

[11] Pierre Savalette, né en 1641, notaire à Paris de 1670 à 1722, successeur de Me Léger ; mort en 1722.

[12] A la suite, la liste publiée dans les *Mémoires des membres de l'Académie* intercale un portrait de *M. Germain, fermier général;* il n'y a jamais eu de

Monsr le baron de Breteüil[1] .... 300 ♯
Monsr Desjardins[2] ....
Mr Rigaud lui même[3] ....

Coppies de la même année.

Une coppie de Monsr Bessier.............. 60
Une de Mad^e de Sully 49
Une de Monsr de la Sourdière 61
Deux de Monsr Gigot 98
Deux de Monsr Germain................. 98

---

fermier général de ce nom, mais seulement un associé aux fermes dont on trouvera le portrait noté comme peint en 1698.

[1] François-Victor Le Tonnelier, baron de Breteuil (1687-1743).

[2] Probablement Jacques Desjardins, fils du sculpteur de ce nom (voir en 1683). Il fut contrôleur de Marly. Ce portrait existe au musée de Versailles.

[3] Rigaud a peint plusieurs fois son propre portrait ; on en trouvera un second mentionné dans ce livre de raison à la date de 1730, mais ce ne sont pas les seuls. Tantôt il s'est représenté un crayon à la main (*musée du Louvre*), tantôt tenant une palette (*musée de Besançon*) ; dans ces deux tableaux, sa tête est coiffée d'un bonnet ; elle est coiffée d'une perruque dans le portrait envoyé par Rigaud au duc de Toscane en 1716 (*musée des offices à Florence*). Il s'est aussi représenté assis et peignant (*musée de Versailles*), avec M. Castagnier dans le même tableau (*musée du Louvre*), ou portant le ruban noir des chevaliers de Saint-Michel (*musée de Perpignan*). On trouve encore des portraits originaux de Rigaud ou des répétitions aux musées de Reims, de Lyon, de Narbonne, de Carpentras, de Clermont-Ferrand, de Cassel, de Carlsrhue et de Genève, dans la galerie Esterhazy à Vienne, chez Mme la duchesse de Mouchy, M. Escalle à Grenoble et M. François Michel à Grigny (Rhône). Des portraits de Rigaud ont passé dans les ventes Malfait (1864), de la Béraudière (1885), de Juigné (1898), etc. Gravé une palette à la main par P. Drevet en 1698 ; par le même devant une toile, en 1700 d'après les *Mémoires des membres de l'Académie*, en 1703 d'après le P. Leloug ; un crayon à la main par le même en 1714 disent les *Mémoires des membres de l'Académie* ; en 1721 avec quelques adjonctions ; peignant le portrait de sa femme par J. Daullé en 1742 ; en buste sans les mains par Fiquet (deux états) et par Desrochers après 1743 ; par Edelinck en 1698. Le portrait de Drevet a été imité par Guémied (*Galerie de Versailles*, 1838) ; gravé par Landon au trait vers 1820 et par trois anonymes, dont l'un à la manière noire, sans date. Sur bois par J. Régnier. En lithographie par Saignes (*Album roussillonnais*, 1840), par Marchi, par Belliard et par trois anonymes, dont l'un a représenté Rigaud devant son chevalet ; les sept précédentes sans date. Enfin à l'étranger par J.-J. Kleinschmidt pour Wolf à Vienne, également sans date.

1693

Monsr l'évesque de Letoures, *Leytoure* [Lectoure][1]	122#	10 ˢ
Monsr de Turgis, fermier général[2]	245	
Monsr Lemarchand, de Rouën	122	10
Monsr le chevalier de Croissy[3]	367	10
Monsr le prince royal de Dannemarck[4]	367	10
Monsr Gredin	122	10
Milord Moncassel	122	10
Mad^e Sandrier[5]	122	10
Monsr Clément [d'Affincourt], ingénieur[6]	122	10
Mad^e Lefebvre[7]	122	10
Monsr le maréchal de Luxembourg[8]	122	10

---

[1] François-Louis de Polastron, évêque de Lectoures de 1692 à 1717.

[2] Pierre de Turgis, seigneur de Chaises, fermier général, mort en 1695.

[3] Charles Colbert, dit le chevalier de Croissy, mort en 1708. Gravé par Edelinck en 1691, ce qui implique une erreur soit dans la date de la gravure, soit dans le *Livre de raison* de Rigaud.

[4] Frédéric, prince de Danemark. Ce portrait était de plus grande dimension que celui qui avait été peint précédemment par Rigaud en 1691. Existe au palais royal de Copenhague.

[5] Agnès Rillard, épouse de Jacques Sandrier, conseiller du roi, trésorier général à Limoges (1693-1700). Elle était veuve en 1717.

[6] Pierre Clément d'Affincourt, ingénieur royal, directeur des fortifications et places maritimes de Flandre, né en 1652, mort en 1704. Gravé par Audran en 1706 tenant le plan de Dunkerque à la main.

[7] Peut-être Catherine Lemercier, femme de Philippe Le Febvre, conseiller du roi, fermier général, puis receveur général des finances à Soissons ; elle mourut en 1734.

[8] François-Henri de Montmorency-Bouteville, duc de Luxembourg, maréchal de France, né en 1628, mort en 1695. Existait en 1855 chez M. Deverre à Paris. Gravé à mi-corps par C. Vermeulen en 1694 ; copie du précédent à la manière noire sans date ni signature ; en buste dans un ovale par Edelinck, en 1697 d'après le P. Lelong, en 1698 d'après les *Mémoires des membres de l'Académie ;* de même par Tardieu après 1695, par Roullet, Schmidt et Vangelisty sans date ; par Dequevauvilliers vers 1810 et à l'eau-forte par un anonyme vers 1870.

Monsr et Mad^e de Châteauneuf [1]	367 ♯	10 s
Monsr le duc de Beauvillier [Beauvilliers] [2]	367	10
Monsr le maréchal de Noailles [3]	122	10
Monsr le marq. de Polignac et son père [4]	759	
Monsr Keller [5]	300	
Monsr de Caumartin [6]	330	
Mad^{lle} de Villeroy [Villeroi] [7]	122	10
Monsr Pernet [8]	110	5
Monsr Germain Lamy	128	10
Monsr de Louan [Louans] [9]	128	10
Mad^e Germain [10]	128	10
Monsr et Mad^e de Cormery [11]	367	10

---

[1] Pierre-Antoine-Clément de Castagnère, marquis de Châteauneuf, secrétaire d'Etat, ambassadeur à Constantinople (1689-1699), en Portugal (1703-1704), en Hollande (1713-1718), né en 1643, mort en 1718, et Marguerite-Marie de Fourcy, sa femme.

[2] Paul de Beauvilliers, duc de Saint-Aignan, né en 1648, mort en 1714. Existait autrefois en original chez M. le duc de Talleyrand-Périgord à Paris. Gravé par Si. Thomassin en 1695 et sans date ; deux états.

[3] Anne-Jules, duc de Noailles. Voir à l'année 1691.

[4] Louis-Armand de Polignac, marquis de Chalançon, né en 1608, mort en 1692, et Scipion-Sidoine-Apollinaire de Polignac, son fils, né en 1660, mort en 1739.

[5] Jean-Balthazard Keller, directeur des fontes royales de l'artillerie, né à Zurich en 1633, mort en 1702. Existe en original au musée de Versailles. Gravé par P. Drevet en 1699 à mi-corps, montrant du doigt la statue de Louis XIV de la place Vendôme ; de même par Kleinschmidt sans date, pour G. Wolff de Vienne ; par Landon au trait vers 1820.

[6] Louis-Urbain Le Febvre, seigneur de Caumartin, conseiller d'Etat, né en 1652, mort en 1720.

[7] Marie-Thérèse ou Catherine-Anne de Neuville-Villeroy, sœurs, toutes deux religieuses, mortes la première en 1715, la seconde en 1723.

[8] Deux notables bourgeois de Paris ont porté ce nom, Nicolas Pernet en 1674 et Claude en 1709.

[9] Pierre-Gilbert de Louan, seigneur du Plaix et Persac, marié en 1691, ou son cousin Jean de Louan, seigneur de Forest, Mauvoisin et Coursan, encore vivant en 1720.

[10] Marguerite Decour, femme de Pierre Germain, orfèvre, mort en 1684, et mère de Thomas Germain, orfèvre célèbre au commencement du XVIIIe siècle.

[11] Charles Le Fuzelier, seigneur de Cormeray, mort avant 1720, et Marie de Bourdaloue, dame de Mareuil, sa femme. Cet article renferme deux portraits, l'un du mari, l'autre de la femme.

Mad^e la comtesse de Clermont[1]	300 #	
Monsr Vincent[2]........................	122	10 s
Monsr Delaloire le cadet[3]	122	10
Monsr Luillier, fermier général[4]	120	
Monsr de St Sauveur....................	120	
Monsr *Rouillé* du Coudray[5]...............	120	
Monsr et Mad^e Girault[6]	1.150	
Monsr Desesartes [des Essarts] fils[7]	120	
Mad^e Defréneval........................	120	
Mad^e Frémond[8]........................	110	
Monsr le comte de Guldenleuw [Guldenleeuw)[9]	360	
Mad^e la présidente Dumés [du Metz][10]......	100	

---

[1] Jeanne-Thérèse d'Albret. Voir à l'année 1690.

[2] Pierre Vincent, conseiller du roi, trésorier général du sceau de France (1677-1700).

[3] Bernard de La Loëre, seigneur de Montsivry, receveur des finances à Soissons, entrepreneur des charrois de l'artillerie, mort entre 1714 et 1720.

[4] Alexandre Luillier ou L'Huilier, seigneur des Cartes et de la Chapelle, fermier général de 1687 à 1703, père du poète Chapelle. Il est probable que ce tableau est celui qui appartient au musée de Bourges, où il est considéré à tort comme le portrait de l'académicien La Chapelle, que Rigaud ne paraît pas avoir peint. Mais cela n'est pas certain

[5] Hilaire Rouillé, seigneur du Coudray, conseiller d'Etat, né en 1651, mort en 1729.

[6] Antoine Giraud, secrétaire du duc de Lesdiguières, secrétaire du roi pour la chancellerie, remplaça en 1690 Colbert-Seignelay dans son office de la chancellerie et mourut en 1699. Il épousa en 1663 Marguerite du Puy, encore vivante en 1699. Cet article comprend deux tableaux différents, l'un pour le mari, l'autre pour la femme.

[7] François Lunel, seigneur des Essarts, conseiller au parlement de Paris en 1698.

[8] Elisabeth-Renée Pucelle, femme de Nicolas Frémont, maître des requêtes.

[9] Christian de Guldenlew, baron de Lundenburg, comte de Samsoye, grand amiral de Danemark, gouverneur de Bergues, chambellan du roi. Gravé par P. Drevet en 1698.

[10] Marie Mallet, qui épousa en 1680 Gédéon Berbier du Metz, garde du trésor royal, président à la Chambre des comptes en 1692, mort en 1709.

Coppies de la même année.

Deux coppies du prince de Dannemarck	300 #	
Deux coppies de M^r le Maͣͬ̄l de Luxemb.....	106	
Deux coppies de M^r le duc de Beauvillier ...	100	
Deux coppies de M^r le card. de Furstemb.[1]...	96	
Deux de milord Moncassel	90	
Une de Mr Gredin	61	5 s
Une de Monsr de Caumartin	183	15
Une du même en buste	61	5
Deux de Monsr et Mad^e Germain...........	122	10
Une de Monsr de Cormery	50	
Une de Mad^e la comtesse de Clermont......	100	
Trois de Monsr Lullier..................	182	10
Monsr de St Sauveur....................	57	10

---

[1] Guillaume-Egon de Fuerstemberg, né en 1629, évêque de Metz, démissionnaire en 1668, évêque de Strasbourg (1682), abbé de Gorze, de Saint-Germain-
des-Prés, promu cardinal en 1686, mort en 1707. Il n'est pas fait mention de
ce portrait dans les originaux de Rigaud.

1694

Monsr de Chalvet[1]	124 =
Monsr le maréchal d'Harcourt[2]	120
Monsr de Turgis[3]	120
Monsr le prince d'Holstein[4]	280
Mad^e la duchesse de la Foeuillade [la Feüillade][5]	120
Monsr Mignon[6]	120
Mad^e de Breteüil[7]	330
Monsr le comte d'Estin, *c'est d'Estaing*[8]	300
Monsr le comte de Linière [Linières][9]	110
Monsr d'Argenson, *lieutenant* [gnl] *de police*[10]	110

---

[1] Maximilien de Chalvet de Rochemonteix, lieutenant des gardes du corps, gouverneur de Rocroy, lieutenant général.

[2] Henri, duc d'Harcourt, ambassadeur en Espagne, maréchal de France, né en 1654, mort en 1718. Existe en original chez M. le vicomte d'Harcourt à Paris. Gravé par Jacques Chéreau sans date, petit buste ovale, en 1727 d'après les *Mémoires des membres de l'Académie*.

[3] Pierre-Louis de Turgis, conseiller au parlement. Voir à l'année 1692.

[4] Charles, prince de Holstein, vice-roi de Norvège, fils de Christian V, roi de Danemark (1680-1729).

[5] Charlotte-Thérèse Phélippeaux de la Vrillière, épouse de Louis d'Aubusson, duc de la Feuillade, morte en 1697.

[6] Pierre-Vincent Mignon, conseiller à la cour des aides de Paris, mort en 1719.

[7] Anne de Calonne-Courbebourne, femme de François le Tonnelier de Breteuil. Voir à l'année 1691.

[8] François d'Estaing, comte de Saillans, lieutenant général, chevalier du Saint-Esprit, né en 1654, mort en 1732.

[9] Louis Colbert, comte de Linières : entré d'abord dans les ordres, il fut abbé de Bonrepos, puis fut capitaine de gendarmes.

[10] Marc-René de Voyer de Paulmy d'Argenson, né en 1652, lieutenant de police, conseiller d'Etat, président du conseil des finances, chancelier de France, ministre d'Etat, mort en 1721. Existe en répétition en buste au musée de Versailles et la tête seule au musée de Caen. Gravé par Cl. Duflos en 1711, avec quelques différences en 1718 et un troisième état sans date, son buste à droite ;

Monsr le duc de Monfort [Montfort][1] . . . .   140 # 2

Mad^e *la marquise* de Bron[3]   100

Monsr le marquis de Romény, *Drusménil*
     [Drosménil][4]   330

Mad^e de St Manvieux   140

Monsr l'évesque de Verdun, *Hipolyte de*
     Béthune[5]   140

Monsr de Courville, colonel [6]   100

Monsr Néret[7]   110

Monsr d'Ambergure . . . .   [110]

Monsr Delaity [de Lailly][8]   110

Monsr Luillier, fermier général[9]   110

Mad^{lle} de la Matte   100

Monsr Galloy *ou Gallois*[10]   126

------

de même par N. Tardieu dans un encadrement en 1719 ; par Noël Chasseau en 1719 le buste à gauche ; de même par P. Dupin sans date ; par Petit, par Desrochers et par Habert sans date ; par Vangélisty, buste dans un ovale en 1775 ; par un anonyme à mi-corps dans la *Galerie historique de Versailles* (1838) ; enfin par un graveur allemand anonyme en buste à Augsbourg chez Wolf sans date.

[1] Honoré-Charles d'Albert de Luynes, duc de Montfort, né en 1669, mort en 1704. Existe chez M. le duc de Luynes à Dampierre.

[2] A la suite, le manuscrit intercale *le marquis de la Ferté* par une confusion évidente avec *le marquis de la Ferté Saint-Nectaire* qu'on trouvera quelques lignes plus bas.

[3] Anne-Dorothée du Hautoy, femme de Charles, marquis de Béon-Luxembourg, colonel d'infanterie ; elle mourut en 1755.

[4] Emmanuel-Jean d'Hallencourt, marquis de Dromesnil, lieutenant des chevau-légers du dauphin, mort en 1745.

[5] Hippolyte de Béthune, évêque de Verdun de 1681 à 1720, année de sa mort. Gravé par P. Drevet, d'après le P. Lelong en 1697.

[6] François-Armand de Courville, né en 1661, colonel du régiment du Maine, brigadier des armées du roi, mort en 1707.

[7] Jean Neyret, seigneur de Laravoye, Lisse et Beaurepaire, grand audiencier de France.

[8] Lazare-Louis Thiroux, seigneur de Lailly-Vaujour, né en 1656, fermier général de 1709 à 1719, mort en 1742. Voir à l'année 1722.

[9] Alexandre Luillier ou L'Huillier, fermier général. Voir à l'année 1693.

[10] Jean-Baptiste Gallois, seigneur de la Tour, conseiller au parlement en 1703, maître des requêtes en 1712, intendant en Poitou, à La Rochelle, en Provence et enfin premier président au parlement d'Aix.

Monsr le maréchal de Boufflers [Boutlers] [1].	500 #
Monsr le chevalier de Châteauthier [Château-thiers] [2].	100
Monsr le comte de Thieux [3].	140
Monsr l'abbé Bignon [4].	112
Mad^e de Virginie [Virgini] [5].	100
M^r *le marquis de Senneterre* [Hab. répété] [6].	100
Monsr Dellery-Vauvray [Vauvrai] [7].	100
Monsr l'abbé Lallemand [8].	80
Monsr Octavio, comédien [9].	100
Mlle de la Marguerie [Margerie]. *Habillement répété* [10].	110
Monsr Logeois, *c'est Laugeois d'Imbercourt* [11]	440

---

[1] Jean-François de Boufflers, né en 1644, duc de Boufflers, maréchal de France, mort en 1711. Existe en original chez M. Victor Brinquant à Paris. Gravé par S. Thomassin en 1701, on trouve des exemplaires avec la date de 1707; par un anonyme et sans date en très petit buste; par Landon au trait vers 1820. Héliogravé dans les *Connétables et maréchaux de France* de M. le comte d'Harcourt (1912).

[2] Alexandre-Antoine de Foudras, chevalier de Château-Thiers, chevalier de Malte, grand maréchal de l'ordre de Saint-Jean de Jérusalem, prieur de Saint-Marcel de Châlons, abbé de Ham.

[3] Un gentilhomme de ce nom, sur lequel je n'ai pas d'autre renseignement, était gouverneur du Crotoy en 1690.

[4] Jean-Paul Bignon, doyen de Saint-Germain, bibliothécaire du roi. Voir aux années 1685 et 1707.

[5] Charlotte Julienne, dame de Virgini près de Sceaux, veuve en 1720 de Jean Gluck ou Glucq.

[6] Jean-Gabriel de la Ferté Saint-Nectaire, chevalier de Malte, dit le marquis de Saint-Nectaire, mort en 1710.

[7] Jean-Louis Girardin, seigneur de Vauvray et de Dellery, conseiller d'Etat, commissaire et intendant général de la marine, mort en 1724. Voir en 1695.

[8] Jacques Lallemant, docteur en théologie, abbé commendataire de Saint-Martin de Troyes (1690-1720).

[9] Jean-Baptiste Constantini, dit Octavio, comédien italien qui débuta à Paris en 1688.

[10] M. de la Marguerie était, en 1709, armateur et corsaire à Saint-Malo. Mlle de la Marguerie était probablement sa fille ou sa sœur.

[11] Jean-Baptiste-Louis Laugeois, seigneur d'Imbercourt, né en 1670, conseiller aux enquêtes (1690), maître des requêtes (1698), intendant à Soissons et à Montauban (1712-1718).

Monsr de Frenneval [Fréneval]. *Habillement
répété*. . . . . 100[#]
Monsr Fagon, premier médecin du Roy[1] 280
Monsr et Mad^e la comtesse de Roussillon[2] 220

Coppies de la même année.

Quatre coppies de M. le ma͞al de Luxemb . . 200
Une coppie de M^r d'Argençon 50
Une autre du même 40
Une coppie du Roy pour M^r le ma͞l d'Harcourt 120
Une de Mad^e Debron 50
Une du Roy pour Mr de Pontchartrain 140
Deux de Monsr l'évesque de Verdun 110
Une du Roy pour M^r l'évesque de Verdun. 120
Une du Roy pour Mr Rancq le père 40
Une du Roy pour Mr Galloy 126
Une du Roy pour Mr Groüin. 126
Une du Roy p͞r Mad^e la marq. de Châtillon. 100
Une du Roy p͞r Mr Keiler 110
Une du Roy p͞r Mr Lallemand 40
Une du Roy p͞r M^r le comte de Guldenleu. 124
Une du Roy en grand p͞r Mr de Caudemont . . 400
Une du Roy p͞r Mr Lullier 440
Une du Roy en grand p͞r M^r le Ma͞l de Boufflers 600
Une en buste pour le même seigneur 140
Une du Roy p͞r Mr Langlois. 400
Une du Roy p͞r Mr Delafontaine 50
Une du Roy p͞r M^r le marq. de Croissy . . . 140

---

[1] Gui-Crescent Fagon, né en 1638, premier médecin du roi, mort en 1718. Gravé dans un ovale en buste à droite par Edelinck, le P. Lelong dit en 1695 et les *Mémoires des membres de l'Académie* disent en 1702 ; par Fiquet sans date.

[2] Charles-Balthazard de Clermont-Chaste, seigneur de Chaste, Charpey, Ventavon, comte de Roussillon, capitaine, puis maistre de camp de cavalerie, sénéchal du Velay (1685). Il épousa Marie-Ferdinande Caillabot la Salle en 1683 ; cette dame mourut en 1707.

Une du Roy p̄r Mr Félix................ 80 #
Une du Roy p̄r Mr Fagon.. 140

Mémoire de l'argent que j'ai donné des copies que j'ay fait faire pendant l'année 1694.

VERLY.

Trois copies de Monsr le maréchal de Luxembourg........................	30
Pour l'habit de M^r le comte d'Estein et celui de M^r le marquis de Romeny...........	30
Une copie de M^r le comte d'Estein........	10
Une copie de M^r le maréchal de Noailles..	10
Deux copies de M^r d'Argenson............	20
Plus une copie de Mr de Luxembourg......	10
Sept copies du Roy....................	144
Pour sept copies du Roy	105
Pour une copie de M^r le maréchal de Noailles	10
Pour deux têtes de Mr de Bouflairs........	10
Pour Mr Dambergure...................	9
Pour M^e la marquise d'Ebron............	10
Pour l'habit de Mr de Fréneval...........	40
Pour percer de la dentelle..............	3
Pour la cravate du Roy.................	2
Pour l'habit de Mlle de Marguoit..........	4
Pour une ébauche du portrait du Roy......	2
Pour l'habit de M^r le comte de Linières....	5
Pour l'habit de Me Bourret..............	5

CHRISTOPHLE[1].

Une copie de M^r le maréchal de Luxambourg	10

---

[1] Joseph Christophe, né en 1667 à Verdun, où il mourut en 1748.

MÉLINGUE[1].

Une copie de Monsieur Mignon .... 14 ♯

NATIER[2].

Une copie du Roy 21

LEROY[3].

Deux copies de monsieur l'évêque de Verdun   20
Pour l'habit de M^r le marquis de Seneterre..   4
Plus une copie du Roy................... 15
Pour trois copies du portrait du Roy...... 45
Pour une copie de Mr Lullier............. 10
Pour une copie de Mr Gallois............. 10
Pour une copie de Mr de Romeny 10
Pour une copie de M^r le maréchal de Noailles   10
Pour l'habit de M^e la marquise de Bron   3
Pour la draperie de Mr Néré.............   2
Pour une copie de M^r le maréchal de Noailles   10
Pour une copie de Madame la comtesse de
Roussilhon...................... 10

BARTHÉLEMY.

Pour deux copies du portrait du Roy 20

HÉRAULT[4].

Pour une copie du portrait du Roy....... 15

---

[1] Jacques Mélingue, peintre, du reste inconnu, mourut le 20 juillet 1728.
[2] Marc Nattier, né en 1642, mort en 1705. Il était membre de l'Académie.
[3] Claude Leroy, connu surtout comme graveur, vivait en 1709.
[4] Deux peintres ont porté ce nom à cette époque : Charles, conseiller à l'Académie royale de peinture, mort en 1704, et Charles-Antoine, né en 1644, académicien en 1670, mort en 1718.

1695

Monsr le prince Palatin[1]	140 ♯
Le secrétaire de M[r] d'Argençon	120
Monsr de Vauvray [Vauvré][2]	140
Monsr le marquis Dellery [d'Ellery][3]	140
Monsr le marquis Lomeliny [Lomellini], envoyé de Gènes[4]	140
Monsr le marquis Grimaldy [Grimaldi, noble Génois][5]	142
Monsr le marquis de Refuge, lieutenant-général[6]	120
Monsr de Princé[7]	100
Monsr le marquis de Gersey. *Habillement répété*[8]	140
Mad[lle] de Malteau	112
Monsr Monier [Monnier], cap[ne] suisse[9]	100

---

[1] Christian de Bavière, comte palatin, puis duc de Deux Ponts, sous le nom de Christian III (1674-1735). Existe au musée de Munich en original.

[2] Jean-Louis Girardin, seigneur de Vauvray, commissaire général des armées navales, intendant général de la marine à Toulon, conseiller d'Etat, mort en 1724. Gravé par J. Coelmans sans date, d'après les *Mémoires des membres de l'Académie*.

[3] Ambroise-Euverte Angran, marquis d'Allery, seigneur de Bazoches, Domecy et Neuffontaines, correcteur à la Chambre des comptes en 1716, procureur général au grand conseil en 1765, mort vers cette date.

[4] Le marquis Lomellini fut chargé d'affaires de la République de Gênes en France de 1695 à 1698.

[5] Honoré de Grimaldi, marquis de Cagne (1675).

[6] Pompée, marquis du Refuge, lieutenant général, commandant en Franche-Comté, mort en 1712.

[7] François-Louis de Princé ou Princey, comte de Pailly, mari d'Elisabeth Burteo et vivant encore en 1733.

[8] Urbain du Plessis, seigneur de la Roche-Péchenier, ambassadeur en Suisse, créé marquis de Jarzé en 1694, mort vers 1713.

[9] François Monnin, de Cressier, capitaine au service de la France, colonel en 1719, maréchal de camp en 1740, lieutenant général en 1745, mort en 1756.

Monsr le comte de Prade [seig^r], portuguais[1]	140 ♯
Monsr le comte de Tallay, portuguais[2]	140
Monsr le prince Gagy	280
Monsr le marquis Serre[3]	140
Monsr de Vaurouy[4]	140
Monsr le curé de St Eustache, *Léonard de Lamet*[5]	355
Monsr de Sécarès	110
Monsr du Breüil[6]	140
Monsr Lebrun, *militaire*	110
Monsr de St Remy [Surirey], *habillement répété*[7]	120
Mad^e des Brosses p̄r M^r d'Aubigny[8]	560
Mad^e la comtesse de Brigy [Brégis][9]	140
Monsr Legendre,, m^e des requestes[10]	140
Mad^e de Loüan [Louans][11]	120

---

[1] Jean de Souza, VIe comte de Prado, premier gentilhomme du roi de Portugal, qui épousa en 1678 Françoise de Neuville-Villeroy, morte en 1713.

[2] Nunés Telles da Sylva, comte d'Evora, né en 1666, gentilhomme de la chambre du roi D. Pedro II, membre du conseil privé, réformateur de l'Université de Coïmbre, envoyé extraordinaire en France, mort en 1703.

[3] Peut-être Orazio Rossi, marquis delle Serre, Florentin, mort en 1711.

[4] Alexandre de Vauroy, capitaine (1667), major à Dunkerque (1671).

[5] Léonard Lamet, docteur en théologie, chanoine honoraire de Notre-Dame de Paris, archidiacre de Paris, curé de Saint-Eustache (1690-1696). Existe en original au musée de Lyon. Gravé par P. Drevet, en 1699 d'après les *Mémoires des membres de l'Académie* et en 1702 d'après le P. Lelong.

[6] Joseph du Breuil, seigneur de Lourdoueix, officier, marié en 1694.

[7] Pierre Surirey, seigneur de Saint-Rémy, commissaire général de l'artillerie, vivant encore en 1700. Gravé par Edelinck en 1697.

[8] Marguerite de Baignard, mariée en 1666 à Nicolas de Brosses, baron du Goulet, officier dans les gardes de la marine.

[9] Madeleine de Thumery de Boissise, qui épousa en 1695 Jean-Baptiste de Flesselles, comte de Brégy, vicomte de Corbeil. Elle mourut en 1762.

[10] Antoine-François-Gaspard Legendre de Lormoy, seigneur d'Ons en Bray, conseiller au parlement de Paris (1687), maître des requêtes (1693), intendant à Montauban, Auch et Tours (1699-1718).

[11] Anne-Antoine Aumaître, qui épousa en 1691 Pierre Gilbert de Louan, seigneur du Plaix et de Persac, ou Jeanne de Vignolles, qui épousa Jean de Louan, seigneur de la Forêt, cousin du précédent. Voir à l'année 1693.

Mad^e de Griny[1]	[120]#
Monsr Robert. *Habillement répété*[2]	140
Monsr Bégon, *premier commis de la marine*[3]	
Monsr Bégon, le grand maître [des eaux et forests, son frère]. *Habillement répété*[4]	336
Monsr Pernet	140
Monsr Charles[5]	140
Monsr Delaboulaye. *Habillement répété*[6] . . .	224
Monsr le prince de Listin [Lixin][7]	140
Monsr l'abbé de Verneüil[8]	110
Monsr de Salabery [Salaberi][9]	130
Monsr Delatouche[10]	140
Monsr de Valsemé[11]	[140]

[1] Catherine-Hélène Dupuis, veuve en deuxième noces en 1696 de Thomas de Moulceau de Grigny, conseiller en la sénéchaussée de Lyon.

[2] Roger Robert, conseiller du roi, intendant dans les Iles d'Amérique (1696), frère de Claude et Jean-Baptiste dont Rigaud avait fait les portraits en 1691 et 1692.

[3] Michel Bégon, seigneur de la Picardière, né en 1638, conseiller au parlement de Metz, intendant de la marine aux Iles d'Amérique (1698), puis à Marseille, Rochefort et La Rochelle, bibliophile, mort en 1710. Gravé par Duflos en 1708 et par P. Lubin sans date, copié du portrait précédent.

[4] François Bégon, frère du précédent, commis à l'extraordinaire des guerres, grand maître des eaux et forêts en Berri, mort en 1725.

[5] Je trouve en 1706 un Pierre Charles, seigneur de Fons, époux de Marie Montois.

[6] François de la Boulaye, seigneur de Bierre, officier au régiment de Piémont-infanterie.

[7] Charles de Lorraine, prince de Lixheim, dit plus généralement comte de Marsan et sire de Pons, enseigne des mousquetaires du roi, né en 1648, mort en 1708.

[8] Michel-Jean-Baptiste Ollier de Verneuil, archidiacre de Toulouse (1690), abbé de Notre-Dame de Millevray, diocèse de Nantes.

[9] Charles de Salabéry, maître des comptes à Paris en 1690.

[10] Henri de la Touche, seigneur de Zotten, major au régiment de Rottenburg étranger, qui épousa en 1695 Louise de Molinet.

[11] Louis de Mallé de Crasmesnil, seigneur de Valsemé, marquis de Graville, commandant des chevau-légers d'Orléans, lieutenant général, commandant militaire en Provence, mort vers 1700.

Madᵉ Frémont[1] .... 110 ♯

Madᵉ Lallemant[2] .... [110]

Monsʳ l'évesque de Sᵗ Papoul[3] 400

Monsʳ [le marquis] *de Flamarens*[4] .... [140]

Monsʳ de Caumartin[5] 180

Monsʳ le duc de Charost[6] 150

Monsʳ le duc de Béthune[7] 150

Monsʳ le prince de Talmont[8] .... [150]

Monsʳ Visé[9] 140

Monsʳ l'évesque de Laon, *Louis de Clermont*[10]　112

Monsʳ Jouvenot. *Habillement répété*[11] 110

Monsʳ Pagnon, de Lion[12] 110

Marie Serre[13] .... [néant]

---

[1] Elisabeth-Renée Pucelle, épouse de Nicolas Frémont. Voir à l'année 1693.

[2] Catherine-Charlotte Troisdeniers, qui épousa en 1683 Louis Lallemand, conseiller au parlement, maître des requêtes, puis intendant à Alençon (1726). Elle mourut en 1740.

[3] François de Barthélemy de Gramont de Lanta, évêque de Saint-Papoul de 1677 à 1716, date de sa mort.

[4] François-Agésilas, marquis de Flamarens, premier maître d'hôtel du duc d'Orléans, frère du roi.

[5] Louis-Urbain Lefèvre de Caumartin. Voir à l'année 1693.

[6] Louis-Armand de Béthune, duc de Charost en 1690, mort en 1716.

[7] Maximilien-Pierre-François-Nicolas de Béthune, né en 1664, duc de Sully en 1694, mort en 1712.

[8] Frédéric-Guillaume de la Trémouille, prince de Talmond, né en 1658, brigadier de cavalerie (1702), maréchal de camp (1704), lieutenant général (1710).

[9] Probablement Jean Donneau de Visé, né en 1638, valet de chambre du roi, fondateur du *Mercure galant*, mort en 1710.

[10] Louis de Clermont-Chaste, évêque de Laon de 1659 à 1721, date de sa mort. Il était doyen de l'église de Tournay, abbé de Saint-Valery et de Saint-Martin de Laon. Gravé par C. Vermeulen, d'après le P. Lelong en 1696 et d'après les *Mémoires des membres de l'Académie* en 1698, en buste dans un grand ovale.

[11] Hippolyte-René Jouvenot, seigneur de Caunes, conseiller du roi, mort vers 1720.

[12] La famille Pagnon était nombreuse à Lyon dans le haut commerce de la soie ; l'identité du personnage peint par Rigaud ne peut être précisée.

[13] Marie Serra, mère de Rigaud, qui épousa Mathias Rigau le 20 décembre 1655. Il a existé deux portraits d'elle peints par son fils. Le premier, celui dont il est question ici, la représentait de face. Il appartenait en 1840 à M. Tastu, imprimeur à Perpignan, et la trace en est perdue. Il a été gravé par Drevet, en

[Mr de Bellay][1] .... [110] #
[Mr de Berny][2]. .... [120]

Coppies de la même année.

Deux de Monsr de Vauvray............... 140

Deux de Monsr Dellery-Girardin 60

Une de Monsr le māl. de Bouf. p̄r M^r le m.

   de Romey 200

Trois du même Maréchal 300

Une de Monsr de Luxembourg............. 50

Une de Monsr Monier, cap^{ne} suisse........ 40

Une de Monsr de Vaurouy............... 40

1702 suivant les *Mémoires des membres de l'Académie,* en 1706 d'après le P. Lelong. Le deuxième portrait a été peint par Rigaud pour permettre au sculpteur Coysevox de faire le buste de la mère du peintre qui est aujourd'hui au Louvre. Il représente deux bustes affrontés de Marie Serre et est l'une des plus belles œuvres de Rigaud ; il en a été faite, il y a quelques années, une reproduction en photopeinture. Rigaud, par son testament de 1715, le légua à l'Académie de peinture.

Vers la même date de 1694. Rigaud peignit son beau-frère, le sieur Laffite. de Perpignan, sa femme Claire-Marie-Madeleine Rigaud (née en 1663. morte avant 1715) et une de leurs trois filles qui, par parenthèse, était louche. Ce tableau, où les personnages sont représentés en buste, est de la même dimension que le double portrait de Marie Serre et. comme lui, est au musée du Louvre (Cat. Villot, n° 483), mais les personnages représentés sont dits inconnus. M. le Dr Hugues, à Anduze, en possède une excellente réplique. Il n'y a aucun doute sur l'identité des personnages représentés dans ce tableau qui est signalé dans un contrat de mariage de Rigaud daté de 1703 et qui fut annulé, le mariage n'ayant pas eu lieu.

Rigaud a également fait le portrait de sa femme, mais il n'existe plus. ou tout au moins je n'ai pu le retrouver. Le portrait d'Elisabeth de Houllei de Gouy a été gravé deux fois, par Wille en 1742 à mi-corps de face, et par Daullé en 1742, dans un cadre ovale posé sur un chevalet et auquel Rigaud, assis, est censé donner le dernier coup de pinceau.

[1] Marc-Antoine Saladin d'Anglure du Bellay de Saviguy, comte d'Estoges, vivant en 1682.

[2] Etienne-François, chevalier de Berny, commissaire provincial de l'artillerie vers 1700.

Deux de Monsr le duc de la Foëuillade.....	140 #
Une de Monsr l'abbé de Verneuïl..........	50

[Mémoire de l'argent donné pour les copies faites pendant l'année] 1695.

LEROY.

Pour une copie de Mr Fagon.............	10
Pour l'habit de M^r d'Imbercourt..........	5
Pour une esquisse de M^r le duc de St Simon	6
Ébauché deux cuirasses de Mr de Bouflairs.	5
Pour une copie de M^r le marquis de Prallin	30
Pour une copie du portrait du Roy........	16
Ébauché l'habit de Me de Griny...........	2
Deux copies du Roy......	48
Ébauché l'habit de Mr de Romeny.........	5
Ébauché une tête de Mr de Bouflairs......	2
Une copie de Me Lallemant	10
L'habit de Mr de Gersez.................	10
Une copie de Mlle de X.................	10
Ébauché l'habit de Mr de Saint Remy	2
Ébauché l'habit de Mr Bégon.............	3
Ébauché l'habit de Mr de la Boulais.......	2
Plus l'habit de Mr Robert	2
Plus une copie de Mr de la Ferté.........	10
Pour l'habit de Mr de Valsemé	5
Pour une copie de Me de Griny..........	6

DUPRÉ.

Une copie de Mr de Vauvré	14
Une copie de Mr de Bellay.............	14
Une copie de Mr Délery.................	14
Une copie de M^r le Procureur du Roy	14

Une copie de Mr de Berny................	14 ₶
Pour une copie de Mr Lullier.............	14
Pour une copie de Mr du Breuil.........	14
Une draperie de Mr de la Boullaye........	4
Une pour Mr du Breuil................	2
Une autre pour Mr de la Boullaye.......	2
Une cuirasse pour Mr Lebrun...........	2
Une draperie d'après nature.............	2

Mon frère [1].

Une copie de M^r le maréchal de Bouflairs ...	60
Trois copies en buste du même portrait....	60
Habillé Mr de Roméuy..	60
Habillé Mr du Refuge...................	60
Une teste de Mr de Bouflairs.............	10
Une copie de Mr de Vavré..............	20
La draperie de M^r de St Remy..........	5
Celle de Mr de la Touche................	5
Cinq draperies a des copies de mon portrait.	25
Une copie de M^r le conte Jugné [2]........	20
Deux copies de Mr Bégon..............	40
Une copie de Mr de la Feuillade..........	20
Une de Mr Munier	20
Une de Mr de Bouflairs................	20

Taraval [3].

Pour deux copies du Roy................	32
Pour avoir peint la cuirasse de Mr de Flamarin.	5

---

[1] Gaspard Rigaud, né en 1661, agréé de l'Académie, mort en 1705, le 29 mars.

[2] Isaac de Juigné, seigneur de la Boissinière et de Marault. Il n'est pas question de lui dans les portraits originaux de Rigaud.

[3] Thomas-Raphaël Taraval, peintre du roi de Suède après avoir été élève de Rigaud ; il mourut en 1750.

Pour l'habit de Mr de Valsemé . . . .   5 #

Avoir repeint une copie de Mr de Valsemé. .   5

Pour l'habit du prince de Talmon   3

Ébauché la draperie de Mr Lanaud   1   10 ^s

Ébauché la draperie de Mr Jouvenot   1   10

Plus une copie de Mr de la Touche.   14

1696

Monsr le marquis de Chaseron[1]	280 #
Mad^e la comtesse Dille[2]	140
Monsr le marquis de Calvo, son frère[3]	140
Monsr et Mad^e la comtesse Rousse[4]	280
Mad^{lle} Gaetane leur fille [Caetane]	140
Le R. P. de Chavigny[5]	[140]
Mad^e la marquise de Breüil[6]	140
Mad^{lle} de Rébé[7]	140
Mad^e Dandigny[8]	140
Monsr le duc d'Humières[9]	140
Mad^e de Vauvray [Vauvré][10]	140
Monsr le président Duret, de Lion[11]	300

---

[1] Henri de la Rochefoucault, marquis de Chaseron. Voir à l'année 1688.

[2] Josephe Calvo, d'une famille catalane, qui épousa son cousin le comte d'Ille.

[3] Benoit, marquis Calvo, frère de la précédente, né en 1672, guidon de gendarmes (1691), colonel de cavalerie (1693), brigadier des armées du roi (1702), tué à la guerre en 1702.

[4] Cet article contenait deux portraits distincts, un pour le mari, l'autre pour la femme.

[5] Nicolas Guyet de Chevigny, né en 1622, mort en 1698; il fut d'abord militaire, fut capitaine dans les gardes du roi en 1658 et entra à l'Oratoire en 1667. Gravé par Etienne Desrochers, Pierre de Rochefort et Gentil sans date.

[6] Anne André, qui épousa en 1694 Joseph de Brueil, seigneur de Lourdoueix, dit le marquis de Breuil. Voir à l'année 1695.

[7] Marie-Sophie de Rébé, qui épousa en 1707 Léonor du Maine, marquis du Bourg. D'après les *Mémoires des membres de l'Académie*, ce portrait aurait été gravé sans date ni signature.

[8] Renée-Marie Suriot des Champs, qui épousa en 1679 René d'Andigné, seigneur de Saint-Gemme et de la Blanchaie.

[9] Louis-François d'Aumont, né en 1671, duc d'Humières en 1690, lieutenant général des armées du roi, gouverneur de Compiègne et du Boulonnais.

[10] Louise de Bélinzani, qui épousa en 1680 Jean-Louis Girardin, marquis de Vauvray. Voir à l'année 1695.

[11] Jean-Baptiste-François Durey de Meinières, de Lyon, conseiller puis président à mortier au parlement de Paris.

Monsr le curé de St Eustache [buste] p̄r̄
  Mr de Lamet[1] .... 140 #

Mad^e sa sœur[2] 140

Monsr Secousse, vicaire de St Eustache[3] ... 300

Monsr de la Bonne [la Baune] 140

Mad^e de Lisle[4] 100

Monsr l'archevesque de Rouën Colbert[5] 1.400

M^r l'ambassadeur de Portugal[6] .... [150]

Mr de la Fontaine[7] .... [200]

Monsr l'évesque de St Flour[8] 140

Monsr le président Le Pelletier [Le Pe-
  letier][9] 140

Mad^e la comtesse de Linières[10] 140

Monsr l'évesque de Langres[11] 140

---

[1] Léonard Lamet. Voir à l'année 1695.

[2] Louise Lamet, née en 1619. Existe en original, signé et daté de 1696, au musée de l'Ermitage de Saint-Pétersbourg.

[3] François-Robert Secousse, né en 1660, docteur en théologie, vicaire de Saint-Eustache. Existe en original au musée de Lyon. Gravé par J. Audran, en 1710 d'après les *Mémoires des membres de l'Académie.*

[4] La femme d'Oudart Thomas de l'Isle, conseiller au parlement de Paris en 1692. Je ne connais pas son nom.

[5] Jacques-Nicolas Colbert, fils du grand Colbert, né en 1654, docteur en Sorbonne, abbé du Bec, archevêque de Rouen de 1691 à 1707, date de sa mort. Gravé à mi-corps par Pierre Drevet en 1699 d'après les *Mémoires des membres de l'Académie;* en buste par N. Habert et par Desrochers sans date; enfin par un anonyme d'après les *Mémoires des membres de l'Académie* en 1699.

[6] Salvator était ambassadeur de Portugal en 1677, le comte de Ribera en 1715. Entre les deux il y a une lacune; les documents manquent pour la combler.

[7] Le fabuliste La Fontaine. Voir à l'année 1690.

[8] Joseph d'Estaing du Saillant du Terrail, évêque de Saint-Flour de 1694 à 1742, date de sa mort.

[9] Louis le Pelletier, seigneur de Villeneuve-le-Roi, conseiller, puis président à mortier au parlement de Paris en 1686.

[10] Louise-Marie du Bouchet de Sourches, fille de l'auteur des *Mémoires,* qui épousa en 1694 Louis Colbert, comte de Linières. Voir aux années 1694, 1703 et 1707.

[11] François de Clermont-Tonnerre, évêque de Langres de 1695 à 1724, date de sa mort.

Monsr le marquis de Grimaldy [Grimaldi].
Le fonds de J. Parrocel[1] . . . . 350 #
Monsr le prince de Guldenleu [Guldenleeuw]
le grand amiral [de Suède]. *Le fonds de*
Joseph Parrocel[2] 994
Monsr le président de Bourbon, d'Aix[3] 140
Mad^e Roullier [Roüillé][4] 168
Mad^e de Revelingan [Revelinghen] 140
Mad^e Dervillier [d'Hervillier][5] 140
Mad^e de Vertillac[6] 140
M^r l'abbé de Pontignac [Oronce Finé][7] 140

Coppies de la même année[8].

Une de Monsr De la Fontaine 56
Deux de Mad^e de Vauvray 84
Deux du Père Chavigny 100
Deux de Monsr l'évesque de Laon 140
Une du Roy pour Monsr De la Fontaine . . . 140
Une du Roy pour Monsr Chambelain 140
Une du Roy pour Monsr d'Argençon 100
Une du Roy pour Monsr Fermé 100
Deux de Monsr le duc de Beauvillier 84

---

[1] Honoré Grimaldi, marquis de Cagne. Voir à l'année 1695.

[2] Christian de Guldenlew, grand amiral de Suède. Voir à l'année 1693.

[3] Silvio de Raousset, seigneur de Boulbon, conseiller, puis président à mortier au parlement d'Aix. Gravé par Iac. Coelmans en 1703.

[4] Angélique d'Aquin, fille du premier médecin du roi Louis XIV ; elle épousa en 1680 Louis Roslin Rouillé, maître des requêtes.

[5] Jean Dervilliers était à cette époque un médecin en renom. Il mourut retiré à Hesdin dont il était maire. Le nom de sa femme m'est inconnu.

[6] Marie-Madeleine La Brousse, femme de son cousin Thibaud de la Brousse, comte de Vertillac ; elle mourut en 1751.

[7] Oronce Fine de Brianville, abbé de Pontigny ou Pontignac. Gravé par P. Drevet, d'après les *Mémoires des membres de l'Académie* en 1699.

[8] Le musée de Perpignan possède un tableau représentant le Christ expirant, derrière lequel on lit : *fait par Hy. Rigaud en* 1696.

[Mémoire de l'argent donné pour les copies faites pendant l'année] 1696.

TARAVAL.

Pour deux copies du Roy...............	28 #	
Deux copies de Mr de Vauvré	28	
Une copie de Mr de Luxambourg.........	9	

DUPRÉ.

Pour deux copies du père Chavigny.......	28	
Pour une copie de M^r l'évèque de Laon...	7	4 s

SIEZ.

Une copie ébauchée de Mr Delafontaine....	7	4

PARROSSEL [1].

Pour le fonds de Mr de Gundenleu	
Un pour Mr Grimaldy	
Un pour Mr de Croissy...............	70
Un pour M^r le chevalier de Croissy.....	
Un pour le Roy et un autre pour M^r de	
la Brosse	

LE GROS [2].

Pour deux copies de Mr de Gundenleu en buste..................................

---

[1] Joseph Parrocel, né en 1648, mort en 1704. Fut membre de l'Académie de peinture.

[2] Jean Legros, frère du sculpteur de ce nom ; né en 1671, il mourut en 1745 et fut membre de l'Académie de peinture en 1725. Les chiffres des sommes qu'il a touchées en 1696 n'ont pas été inscrits.

Ébauché deux copies en grand du même....
Une esquisse de Mr Grimaldy............
Une autre de Mr de Croissy.............
Ébauché une copie du Roy..............
Une copie du Roy en buste.............

RANC[1].

Ébauché une grande copie du Roy........   28# 16s

---

[1] Jean Ranc, dit Ranc neveu, né en 1674, mort en 1735. Il fut peintre ordinaire du roi d'Espagne.

1697

Monsr le prince de Conty [Conti][1] .... 2.000 ₶

Monsr le cardinal de Noailles[2] 168

Monsr le prince de Guiméné[3] 150

Monsr le comte Gouvon, ambassadeur de Savoye[4] 140

Monsr Doublet[5] 220

Monsr le marquis de la Villette [Vilette], chef d'escadre[6] 140

L'illustre abbé de l'Attrappe [la Trappe] de Rancé[7] 900

---

[1] François-Louis de Bourbon, prince de Conti, élu roi de Pologne, né en 1664, mort en 1709. La toile peinte par Rigaud avait neuf pieds de hauteur. Existe en répétitions partielles aux musées de Versailles, de Bourges et de Munich. Gravé par Pierre Drevet en pied et en 1700 d'après les *Mémoires des membres de l'Académie;* par J. Tardieu en buste après 1709 et Desrochers en 1698; par P. Dautel sans date en médaillon et par Roger sans date de même.

[2] Louis de Noailles, né en 1651, successivement évêque de Cahors, de Châlons, archevêque de Paris, cardinal en 1700, mort en 1729. Existe en original chez Mme la duchesse de Mouchy au château de Mouchy et en répétition chez M. le duc de Noailles. Gravé par Edelinck, grand buste dans un ovale à droite, en 1699 d'après les *Mémoires des membres de l'Académie,* et par P. Drevet en 1721.

[3] Charles de Rohan, prince de Guéméné, duc de Montbazon, né en 1655, mort en 1727.

[4] Octave-François de Solare, comte de Govon, grand écuyer de la duchesse de Savoie en 1684, ambassadeur en France en 1696.

[5] Pierre Doublet, conseiller au parlement. Voir à l'année 1692.

[6] Philippe Le Valois, marquis de la Villette-Mursay, né en 1632, capitaine d'infanterie, puis de vaisseau, lieutenant général, chef d'escadre en 1689, mort en 1707.

[7] Anne-André-Jean Le Bouthilier de Rancé, le réformateur de la Trappe, né en 1626, mort en 1700. Son portrait, commandé par Saint-Simon, existe en original ou en répétition au musée-bibliothèque de Carpentras, au musée de Chantilly et à la Grande-Trappe. Gravé à mi-corps par J. Crépy sans date; en buste à droite par Nicolas Bazin en 1700, G. Filleul, Thomassin et Desplaces sans date; en buste à gauche par P. Drevet, en 1702 d'après les *Mémoires des membres de l'Académie,* par P. Giffart et Desrochers sans date.

Monsr l'abbé de Visé[1]	140
Monsr le comte de Colomieux	140
Mad^e Lamy[2]	80
Monsr le marquis de Pourpry [Pourpris][3]	140
Monsr Marchand[4]	140
Monsr l'évesque de Montpellier, et le Chevalier son frère et Mad^e de Croisy, sa mère. *Les fonds des deux derniers de J. Parrocel*[5]	1.200
Monsr le comte de Morestein[6]	140
Monsr le marquis de la Vieville [Vieuville][7]	420
Mad^e Mercader, *Marcadé*[8]	140
Monsr le chevalier de Boussole, *Bousols*[9]	140
Monsr Darmenonville, intendant des finances[10]	

[1] Louis-Philippe Donneau de Visé, aumônier du roi, prévôt de Saint-Pierre de Strasbourg, abbé de Lesterp, évêque *in partibus* de Fez, mort en 1729.

[2] Catherine Bargevin, femme de Jean Lamy, receveur du domaine à Dijon.

[3] Gabriel-François-Joseph de Poulpry, comte de Karaval, marquis de Poulpry, lieutenant de chevau-légers de la garde, maréchal de camp, premier écuyer de la duchesse d'Orléans, mort en 1726.

[4] Jean-Louis Marchand, organiste célèbre à son époque, exerça sa profession à Nevers, à Auxerre, dans la maison des Jésuites de Paris, aux Grands-Cordeliers et fut enfin organiste du roi. Né à Lyon en 1671, il mourut en 1732.

[5] Françoise Béraud, épouse de Charles Colbert de Croissy, morte en 1719, et ses deux fils : Louis-François-Henri Colbert, chevalier, puis comte de Croissy, né en 1677, ambassadeur en Suède, et Charles-Joachin Colbert de Croissy, évêque de Montpellier de 1696 à 1738, né en 1667, mort en 1738. Cet article formait trois portraits différents; les *Mémoires des membres de l'Académie* les datent de 1696.

[6] Michel-Albert, comte de Morstin et Châteauvillain, colonel, tué en 1695 à la guerre; il avait épousé Thérèse-Marie d'Albert de Luynes et ne laissa que deux filles. Ce portrait fut peint après sa mort. Voir à l'année 1692.

[7] René-François de Costkaer, marquis de la Vieuville, gouverneur du Poitou. Existe en original chez Mme la baronne de Castera (Landes).

[8] Marie-Elisabeth de Tourmont, qui épousa Charles Marcadé, maître des comptes de 1693 à 1722. Elle était veuve en 1727.

[9] Joseph de Montaigu, d'abord chevalier, puis marquis de Bouzols en 1746; il fut maistre de camp, brigadier des armées du roi et enfin maréchal de camp.

[10] Joseph-Jean-Baptiste Fleuriau, seigneur d'Arménonville, né en 1660, intendant des finances, secrétaire d'Etat et enfin chancelier de 1722 à 1723, mort en

Monsr Houry[1] .... 140 #
Monsr et Mad[e] Delanoüe [de la Noüe][2] 460
Monsr Delisle[3] 100
Monsr Hombert [Homberg][4] 140
Mad[e] Lebret[5] 140
Monsr Castan[6] 140
Monsr Galleran [Gallerand][7] 140
Mad[e] Paparel[8] 140
M[r] le comte d'Albaret, intend[t] de Per-
pignan[9] .... [gratis]
Monsr le comte de Verdun[10] .... [140]
Monsr de Torcy, secrétaire d'Etat. *Habille-*
ment original[11] 400

1728. Existe au musée de Versailles en répétition datée de 1722. Gravé par J.-F. Cars en 1714 ou 1720 d'après les *Mémoires des membres de l'Académie* et par Desrochers sans date.

[1] Laurent Houry, imprimeur libraire à Paris, époux d'Elisabeth Dubois ; mort vers 1750.

[2] Jacques de la Noue, comte du Vair, brigadier des armées du roi, et Catherine de Vieuxpont, sa femme.

[3] Noël Delisle, trésorier général de l'extraordinaire des guerres, ou Oudart Thomas de l'Isle, conseiller, puis président au parlement de Paris en 1692.

[4] Guillaume Homberg, né en 1652. médecin et chimiste célèbre par la découverte du phosphore ; protégé de Colbert, il fut membre de l'Académie des sciences et fut le professeur de chimie du duc d'Orléans, plus tard régent ; il mourut en 1715.

[5] Marie-Thérèse de Lubert, née en 1677, qui épousa Cardin Le Bret, maître des requêtes. en 1697, et mourut en 1699.

[6] Jean de Castan et son fils furent tous deux conseillers au parlement de Toulouse : le second mourut en 1710.

[7] Emery Galleran, conseiller du roi. commissaire au Châtelet de Paris (1680-1689).

[8] Catherine de Sauvion, qui épousa en 1690 Claude-François Paparel, seigneur de Vitry-sur-Seine, trésorier général de l'ordinaire des guerres et de la gendarmerie. Elle mourut en 1701 et peu d'années plus tard son mari fut condamné à mort et à 160.000 livres d'amende pour péculat.

[9] Etienne de Ponte, comte d'Albaret. intendant à Perpignan de 1698 à 1709.

[10] Gilbert d'Hostun-Gadagne. baron de Bothéon. comte de Verdun, capitaine de cavalerie, commandant pour le roi en Forez. mort en 1732.

[11] Jean-Baptiste Colbert. marquis de Torcy. né en 1665. ministre, secrétaire d'Etat. mort en 1746. Gravé par M. Dossier en 1711 : à l'eau-forte par Mollard vers 1870.

Monsr de Silly[1] . . . . 140 ₶

Monsr Crevon[2] 140

Monsr de Revelingau [Revelinghen][3] 140

Monsr le comte de Vansencraek [Rozen-
   krants][4] 140

Monsr le chev^r de Costiol [Costiolles] 140

Monsr Lebret et M^r son fils [ensemble] en
   pied[5] 1.800

Monseigneur le Dauphin fils du Roy. *Le fonds
   de Parrocel*[6] 2.000

Coppies de la même année.

Une de Monsr le prince de Guiméné 60

Deux de Monsr le marquis de Villette 126

---

[1] Jacques-Joseph Vipart, marquis de Silly, lieutenant général des armées du roi, mort en 1727.

[2] Nicolas Crevon, conseiller du roi, maison, couronne de France et de ses finances à Paris (1677), intéressé dans les fermes.

[3] Voir aux années 1696 et 1698.

[4] Ivar Rosenkrantz, comte de Rosenholm, né en 1678, gouverneur du prince royal de Danemark, chargé d'affaires de Danemark en Angleterre, membre du conseil privé, mort vers 1740.

[5] Pierre-Cardin Lebret, seigneur de Flacourt et de l'antin, conseiller au grand conseil (1668), maître des requêtes (1678), intendant à Limoges (1681), en Dauphiné (1683), à Lyon (1686), en Provence (1687), premier président du parlement d'Aix (1690), mort en 1700. Son fils était Cardin Lebret, comte de Selles, né en 1675, conseiller au parlement d'Aix (1694), maître des requêtes (1696), intendant à Pau (1701), en Provence (1704), premier président au parlement d'Aix (1710), conseiller d'Etat (1723), marié quatre fois, mort en 1734. Le portrait du père a été gravé par Coelmans en 1709; celui du fils dans un grand ovale en 1706 par Coelmans et par Cundier en 1727.

[6] Louis, dauphin, dit le Grand Dauphin, né en 1661, mort en 1711. Existe en quatre originaux ou répétitions au musée de Versailles. Une répétition a été vendue en vente publique à Francfort en 1913. Gravé en buste à droite par P. Drevet et par un anonyme sans date; par Roger en petit médaillon également sans date; à mi-corps par Blanchard dans la *Galerie historique de Versailles* (1838), par un anonyme dans la même publication. Lithographié par L. Delaistre en 1862. Son buste cuirassé à gauche a été gravé par P. Drevet en 1700; par Gaillard dans un ovale en deux états différents et par un anonyme sans date.

Une de Mad^e de Revelingau..............   70 #
Deux de Monsr l'abbé de la Trappe de Rancé   100
Une de Monsr l'amb. de Portugal.........   84
Deux de Monsr l'archevesque de Rouën   140
Deux de Monsr Lebret.................   120

Coppies de M^r le prince de Conty de la même année.

Une en grand......................   150
Une en buste....................   50
Une en buste....................   50
Une pour Monsr Milon.................   150
Trois bustes....................   150
Une pour M^r le duc de la Foeüillade......   150
Une en buste pour M^r le comte de Marsan   50
Une pour M^r le président de Même.......   150
Une en buste pour la Pologne...........   50
Une pour Monsr Paparel................   150

[Mémoire de l'argent donné pour les copies faites pendant l'année] 1697.

RANC.

Pour une copie du Roy en pied..........   100
Pour une copie de Mr de Ravelinguam....   16
Pour deux copies du Roy en buste........   36
Pour deux copies de M^r le comte de Verdun   32
Pour une copie de M^r le prince de Conty .   35
Pour deux têtes de M^r le prince de Conty
    ébauchées.....................   24
Deux en buste du même prince..........   32
Finy une grande copie du même prince ...   15

Une copie de M^r le prince de Conty en
    petit en pied........................... 30 #
Fini deux têtes de M^r l'archevêque de Rouen 18
Plus une copie du Roy armé............. 30
Plus finy deux autres copies du Roy...... 40
Plus deux de M^r le prince de Conty...... 60

Doudenarde[1].

Pour deux copies de Mr de Villette....... 20
Pour une copie de M^r l'archevêque de Rouen 10
Pour une copie de Mr de Perpignan...... 10
Pour une copie de M^r Le Bret........... 10
Pour une copie de M^r le duc d'Humières... 14

Fontenay[2].

A Mr Foureudy......................... 40

Dupré.

Deux copies de Mr de la Feuillade........ 29

Le Gros.

Pour son année......................... 200

Parrossel.

Pour le fonds de Monseigneur............ 140

---

[1] Josse Van Oudenarde, qui peignait encore à Lille en 1734. Un tableau de lui existe au musée de Roubaix. Probablement parent du graveur Robert d'Audenarde (1663-1743).

[2] Jean-Baptiste Blain de Fontenay, peintre de fleurs, né en 1654, mort en 1715.

1698

Monsr de Fléchiére, [1er pres^t de la cour des monnaies] de Lion[1]	140[#]
Monsr Bégon, *intendant de la marine*[2]	140
Monsr l'évesque de Meaux [Bossuet][3]	140
Monsr l'évesque de Soissons [Sillery][4]	140
Monsr le maréchal de Duras[5]	140
Monsr le baron de Scheulenbourg [Schulenbourg][6]	140

---

[1] Pierre de Sève, baron de Fléchières, premier président du conseil des finances et de la cour des monnaies de Lyon. Gravé par J.-F. Cars en 1706.

[2] Michel Bégon, intendant à Marseille, Rochefort et La Rochelle. Voir à l'année 1695.

[3] Jacques-Bénigne Bossuet, évêque de Meaux de 1681 à 1704. Existe en original au musée des Offices à Florence et en copie provenant de Marguerite-Anne de Rohan, abbesse de Jouarre, chez M. Hyrvoix de Landosle à Paris. L'iconographie de Bossuet comprend un grand nombre de portraits en buste censés gravés d'après Rigaud ; ils sont inspirés plus ou moins exactement de celui-ci, ou ont la prétention de reproduire partiellement le portrait en pied dont il sera question plus loin à l'année 1705. Les principaux sont gravés par Edelinck en carré sans date, par Habert en 1698 d'après le P. Lelong, par Chéreau en 1720, par P. Savart ovale en 1773, par Cathelin, Desrochers et Pitau sans date, par Gaucher sans date, par B. Roger en petit médaillon sans date, par Grateloup, Hopwood, Garnier, Rulmann et Bertonnier ovale sans date, par Longueil ovale vers 1780, par Dequevauvilliers vers 1810, par Simonet jeune carré en 1822, par Foulquier vers 1840, par Lalaisse et Hopwood pour l'éditeur Furne, par P.-M. Alix et Duflos jeune en couleur. Héliogravé en tête du Bossuet de M. Rebelliau (Hachette, 1900).

[4] Fabien Brulart de Sillery, évêque de Soissons de 1692 à 1714, né en 1628, mort en 1714. Gravé par Edelinck en 1698.

[5] Guy-Alphonse de Durfort, duc de Lorges, maréchal de France, né en 1628, mort en 1702, ou son frère Jacques-Henri de Durfort, duc de Duras, également maréchal de France, né en 1622, mort en 1704. Il s'agit plutôt de ce dernier qui, créé maréchal en 1675, fut plus particulièrement connu sous le nom de maréchal de Duras.

[6] Mathias-Jean, baron, puis comte de Schulenburg, né en 1661, lieutenant général en Pologne (1702), puis à Venise, défenseur de Corfou en 1716, mort en 1730. Existe en original au musée de Brunswick.

Monsr de Tourmont[1]	140
Monsr le marquis Lomeliny [Lomelini][2]	140
Monsr le marquis Palaviciny [Palavicini][3]	140
Monsr Carlière, de Nismes	140
Mad^e Champy[4]	140
Monsr Desagay *ou Desaguets*	140
Monsr Carlière, de Laon	140
Monsr le comte de Rostein, *Rostaing*[5]	168
Monsr le maréchal de Villeroy [Villeroi][6]	[350]
Monsr le duc de Vendome. Le fonds de J. Parrocel[7]	
Monsr le colonel Tétau[8]	140
Mad^e Regnault Coutard [Coustard][9]	140
Monsr l'évesque de Troy [Troyes][10]	140
Monsr Ménager, de Rouen[11]	140
Monsr et Mad^e de Brissonnet *ou Briconnet*[12]	280

---

[1] Hubert-Robert de Tourmont, conseiller au parlement de Paris en 1703.

[2] Le marquis Lomellini fut chargé d'affaires de Gênes en France de 1695 à 1698.

[3] Gian-Francesco, marquis Pallavicino, né en 1631, gouverneur d'Oneglia pour l'Etat de Gênes (1672), élu sénateur en 1682, mort vers 1700.

[4] Louise de Lamet, femme de Guillaume Champy, conseiller du roi, qui mourut en 1694.

[5] Louis de Rostaing-Champferrier, qui épousa en 1692 la fille du premier écuyer du prince de Condé et mourut en 1726.

[6] François de Neuville, duc de Villeroy. Voir à l'année 1691.

[7] Louis-Joseph, duc de Vendôme, né en 1654, général des galères, mort en 1712. Gravé par P. Dupin ; plus petit sans signature de graveur après 1712 et par Nicolas Pitau sans date.

[8] N. de Tettau, colonel du régiment des gardes et chambellan du Landgrave de Hesse-Cassel et son envoyé extraordinaire en France en 1698.

[9] Anne Régnault, fille d'un contrôleur des décimes du clergé, épousa en 1684 Gabriel Coustard, contrôleur de la grande chancellerie.

[10] Denis-François le Bouthilier de Chavigny, évêque de Troyes de 1698 à 1716 ; transféré à Sens et mort en 1730. Gravé par Cl. Duflos en 1706 d'après le P. Lelong.

[11] Nicolas Ménager, né en 1658, plénipotentiaire à La Haie et à Utrecht, mort en 1714. Existe en original au musée de Versailles. Gravé par C. Simonneau aîné en 1715 et par D. Sornique sans date.

[12] Guillaume Briconnet, marquis de Rosay, président au parlement de Paris, mort en 1713, et Charlotte Croisset qu'il épousa en 1697 et qui mourut en 1747. Cet article comprend deux portraits différents.

Monsr l'évêque de Perpignan Flamenville[1] [présent]	
Monsr le président Dumés [du Metz, figure jusqu'aux genoux][2]	350[#]
Monsr de Boshmar, *Bothmar*, envoyé du duc de Zel[3]	140
Monsr de Genevy	140
Monsr le prince de la Cisterne[4]	420
Monsr Dalbaret[5]	140
Monsr D'Olivier, de Lion[6]	140
Monsr Périchon, de Lion[7]	140
Monsr Regnault Coutard [Coustard][8]	140
Monsr le duc de Richelieu[9]	140
Milord Portland et milord son fils. *Le fonds de J. Parrocel*[10]	840
Monsr Prior, secrétaire d'ambassade de	

---

[1] Jean-Hervé Basan de Flamenville, évêque de Perpignan de 1696 à 1721, date de sa mort. Existait en 1789 dans le couvent des Jacobins de la porte Saint-Honoré. Gravé par J. Sarrabat en 1701, manière noire. Ce tableau a plutôt été peint en 1697, car à cette date il en a été fait une copie.

[2] Gédéon Berbier du Metz, seigneur de Corbeil, vicomte de Pernant, comte de Rosnay, né en 1626, trésorier des parties casuelles, garde du trésor royal, conseiller d'État, président de la Chambre des comptes de Paris, mort en 1710. Gravé par Edelinck en 1700 d'après les *Mémoires des membres de l'Académie*, en 1702 d'après le P. Lelong.

[3] Le baron de Bothmar était plénipotentiaire pour le duc de Zell ou Brunswick au traité de Ryswick.

[4] Amédée del Pozzo, prince de la Cisterna, comte de Ponderano, grand fauconnier du duc de Savoie, colonel, puis maréchal de camp en France, mort en 1698.

[5] Etienne de Ponte, comte d'Albaret. Voir à l'année 1697.

[6] David d'Olivier de Sénozan, né en 1642, bourgeois de Lyon, banquier, échevin en 1697, anobli vers cette date, mort en 1722.

[7] Pierre Périchon, avocat, secrétaire de la ville de Lyon, échevin en 1697, mort en 1721.

[8] Gabriel Coustard, avocat du roi, contrôleur de la grande chancellerie (1689). Voir quelques lignes plus haut le nom de sa femme.

[9] Armand-Jean de Vignerod, duc de Richelieu, né en 1629, mort en 1715.

[10] Jean-Guillaume Bentinck, comte de Portland, ambassadeur extraordinaire d'Angleterre en France en 1698; il mourut en 1709. Son fils aîné était Henri Bentinck, duc de Portland en 1716, mort en 1726. Le portrait du fils, premier duc de Portland, existe chez son descendant le duc de Portland en Angleterre.

milord Portland[1].....................	
Mad[e] de Revelingan [Revelinghen]........	140 ♯
Mad[e] de Mélée *ou de Meslay*[2]............	140
Monsr le baron de Spaar[3]................	140
Monsr le baron de Lauriole [Loriol][4]......	140
Monsr Deltichmelle [Deltichmel]...........	140
Monsr Pothier [Potier][5]..................	140
Mad[e] la barone de Breteüil. *Habillement original*[6]............................	140
M[r] le baron de Breteüil[7]	140
M[r] et Mad. de Gouy [Gouyx] *père et mère d'Elisabeth de Gouy depuis Mad. Rigaud*[8].	[gratis]
Mr Germain[9]..........................	
Milord Hustach [Hustacq]..............	
Monsr de la Bretèche[10]..................	420

---

[1] Mathieu Prior, né en 1664, secrétaire d'ambassade (1698), ministre plénipotentiaire en France de 1712 à 1715, historien, poète, mort en 1721. Gravé par Cl. Duflos en 1712 d'après les *Mémoires des membres de l'Académie.*

[2] Marie de Serbet, qui épousa en 1677 Jérôme Mérault, seigneur de Meslay et Bouville, conseiller au parlement de Paris, mort en 1708. Elle mourut en 1714.

[3] Eric Axelsson, baron de Spaar, né en 1665, colonel en France (1694), brigadier des armées (1701), maréchal de camp (1704), lieutenant général (1707), puis ambassadeur de Suède de 1715 à 1720, mort en 1726.

[4] Alexandre du Port de Montplaisant, baron de Loriol, président à mortier au parlement de Bourgogne.

[5] Peut-être Etienne Potier, sieur de la Terrasse, président à mortier au parlement de Toulouse en 1714.

[6] Anne de Calonne, femme du marquis de Breteuil. Voyez les années 1691 et 1694.

[7] François le Tonnelier, marquis de Breteuil. Voyez les années 1692 et 1701.

[8] Jacques de Houllei, seigneur de Gouy, lieutenant général criminel au bailliage de Rouen (1671), puis conseiller au parlement de Rouen en 1691, mort en 1697. J'ignore le nom de sa femme. Elisabeth, leur fille, née en 1668, épousa en premières noces un sieur le Juge; devenue veuve, elle épousa en secondes noces, en 1710, Hyacinthe Rigaud dont elle n'eut pas de postérité et mourut le 15 mars 1743, quelques mois avant lui.

[9] Thomas Germain, fils et frère des deux joailliers célèbres, fut d'abord architecte, puis entra dans les finances et fut associé aux fermes royales.

[10] Jean-Pierre Richard, sieur de la Bretesche, époux de Marie-Anne de Boullogne, petite-fille du peintre Louis de Boullogne. Il fut receveur général des finances en survivance de Edme-Louis de Boullogne, oncle de sa femme.

Monsr Olivier[1] .... 140 ♯

Monsr Bossuet, m^e des requestes[2] 140

Mad^{lle} Prudhomme. *Habillement répété*[3]... 140

Les deux princes langraves de Hesse-Cassel[4] 280

Le baron Deffeld [Deffel], leur gouverneur. 140

Monsr le Baron[5] 140

Monsr le comte d'Araeth, *de Harrach*[6].... 140

Mad^e Millieau *ou de Milhaud. Habillement*

    répété[7] 140

Monsr Cornet[8] 140

Monsr Gilet *le fils, avoccat*[9] 140

Monsr Cousin. *Habillement répété*[10] 140

Monsr Provanea [Provanes][11] 140

---

[1] David Olivier, protestant converti en 1685, marchand de soie à Lyon, échevin en 1735 et 1736. Né vers 1670, il mourut en 1747.

[2] Louis Bossuet, neveu de l'évêque de Meaux, conseiller au parlement de Metz en 1685 et maître des requêtes en 1695.

[3] Marie Luillier de Boulloncourt, femme de Louis Prudhomme, seigneur de Fontenay, qui a son article quelques lignes plus bas.

[4] Frédéric de Hesse, né en 1676, roi de Suède en 1719, landgrave en 1730, mort en 1751, et Guillaume de Hesse, son frère, né en 1682, major général de la cavalerie de Hollande, gouverneur de Bréda, mort vers 1750.

[5] Il s'agit probablement de Michel Boyron, dit Baron ou le Baron, comédien et auteur dramatique célèbre, né en 1652, mort en 1729. Il est probable que Rigaud a peint son portrait. Le musée de Perpignan possède un portrait de Baron attribué à Rigaud, qui avait passé en 1860 dans la vente de M. Delamarche, de Dijon.

[6] François-Bonaventure Harrach, né en 1637, envoyé de l'empereur en France (1669), en Espagne (1673-1696), conseiller intime (1677), grand écuyer (1684), ministre, mort en 1706.

[7] Marie-Anne de Masse, femme en 1672 de Charles de Thomas, seigneur de Millaud.

[8] Deux frères Cornet vivaient alors à Paris : Jacques, marchand, mort avant 1722, et Adrien, avocat au parlement et aux conseils du roi.

[9] François-Pierre Gillet, né en 1648, avocat, auteur de plaidoyers et d'ouvrages de droit, mort en 1720. Existe en original chez M. Gillet de la Renommière, au château de Vigneulles (Meuse).

[10] Louis Cousin, né en 1657, président de la cour des monnaies de Paris, mort en 1718.

[11] Le comte Provana, secrétaire d'ambassade (1698), puis ministre plénipotentiaire de la cour de Savoie en France en 1717 et 1724.

Monsr le comte de Caunitx[1]	140#
Monsr de Chantlieu[2]	140
Monsr le chevalier Prudhomme[3]	140

Coppies de la même année.

Une de Mad^e Moreaux	70
12 de Monsr Bégon	890
Cinq de Monsr l'évesque de Meaux	308
Une du Roy pour M^r le colonel Tétaut	140
Quatre de Monsr d'Estray	280
Deux de Monsr de Tourmont	140
Deux de Monsr l'évesque de Troy	140
Six de Monsr d'Albaret	420
Une de Mad^e de Revelingan	70
Deux de Mad^e Roullier	140
Une en pied du Roy pour M. le māl d'Harcourt	600
Une du Roy de même pour Mr de la Comp. Desjordes	600
Une autre du Roy pour M^r le māl de Bouflair	600
Trois de M^r d'Arménonville	210
Une de Mr de Meaux pour M^r l'arch. de Reims	70
Un buste du Roy p̄r M^r d'Albaret	70

---

[1] Dominique-André, comte de Kaunits-Rittberg, né en 1614, mort en 1705, diplomate, vice-chancelier de l'Empire (1698) et ministre d'Etat.

[2] Jean-Bénigne Naturel, seigneur de Champlieu, Baleurre et Nanton, capitaine au régiment d'Humières, né en 1675, marié en 1699 à Eléonore de Rodde.

[3] Louis Prudhomme, seigneur de Fontenay en Brie, chevalier de Notre-Dame du Mont Carmel en 1696, trésorier de France à Rouen, commissaire provincial de l'artillerie.

Un buste du Roy p̅r̅ M̅r̅ le marq. de Clé-
rembaut...   140 #
Deux de Mad̅e̅ de Mélée   210
Deux de M̅r̅ Bossuet..........................   140
Une de M̅r̅ Lebret.............................   70
Une de M̅r̅ le duc de Richelieu...........   70
Une de M̅r̅ de Meaux   70
Une de M̅r̅ Pothier...........................   70
Une du Roy p̅r̅ M̅r̅ Germain   210
Une pour le chevalier Prudhomme........   70
Deux de milord Portland et milord son fils   500
Une de M̅r̅ le duc de Vandosme..........   168
Une de M̅r̅ de Meaux......................   70
Une de M̅r̅ Cornet...........................   70

[Mémoire de l'argent donné pour les copies faites pendant l'année] 1698[1].

MÉLINGUE.

Pour le portrait de M̅r̅ le marquis de Vins.   28

TOURNIÈRE[2].

Six copies de M̅r̅ l'intendant de Perpignan
    à 20 # pié...............................   120
Deux de madame Roullié.....................   40
Une copie de M̅r̅ Potier....................   20
Une copie de M̅r̅ Bossuet   20

---

[1] Ce mémoire de 1698 n'est pas séparé dans le manuscrit de celui de 1697 ; j'ai placé la séparation à l'endroit où il est question de copies de tableaux peints en 1698.

[2] Robert Tournières, né en 1668, mort en 1752, fut membre de l'Académie.

Prieur[1].

Pour deux quartiers sur les copies qu'il m'a fait	125#
Pour deux têtes de M^r d'Arménonville	12
Pour une copie de Mr Desaguais	12
Pour une copie de M^r le comte d'Albaret	12
Pour une copie de M^r l'évêqne de Troyes	12
Pour une copie de M^r le duc de Richelieu	12
Pour une copie de M^r l'évêque de Meaux	12
Pour une copie de Mr Dumélé	12
Pour une tête de M^r d'Arménonville	6
Une copie du Roy pour Mr Germain	30
Pour une copie de M^r le maréchal de Duras	14
Deux autres copies	28

Parossel.

Pour le fonds de Mr de Vandôme et de milord Portland	56

Le Gros.

Pour son année	250

---

[1] Adrien Prieur, peintre de portraits.

1699

M^r le prince d'Anspach [1]	1.800#
M^r le jeune prince d'Anspach [2]	195
M^r *le comte de Schwasenberg* [3]	
Mme Beaubourg	140
Mr Fradet [4]	140
Mr Boutin [5]	140
M^r de St Contest [6]	140
Mr Pelan, de Londres. *Habillement répété*	140
M^r le comte de Guiscard, lieutenant général [7]	1.500
Mr de Mouchy [8]	140
Mr de Barantin [9]	140

---

[1] Georges-Frédéric de Brandebourg, fils de Jean-Frédéric, marquis de Brandebourg-Anspach, né en 1678, tué à la guerre en 1703.

[2] Guillaume-Frédéric de Brandebourg, frère du précédent, d'un autre lit, né en 1683.

[3] Adam-François-Charles, comte, puis prince de Schwartzenberg, né en 1680, grand écuyer de l'empereur (1711), grand maréchal de la cour (1712), mort en 1732.

[4] Antoine-Arnaud Fradet, comte de Châteauméliant, vicomte de Villeminard, baron de Bourdeilles, gouverneur du Berri, maistre de camp, brigadier des armées, tué à la guerre.

[5] René-François Boutin, conseiller au parlement de Paris, maître des requêtes (1729).

[6] Jacques Barberie, seigneur de Saint-Contest, conseiller au parlement de Paris (1693).

[7] Louis, comte de Guiscard, créé marquis en 1703, ambassadeur en Suède, né en 1651, mort en 1720.

[8] André de Mouchy, dit le marquis de Mouchy, baron de Vismes, colonel d'infanterie, gouverneur du Ponthieu. Existe en original chez Mme la duchesse de Mouchy, au château de Mouchy.

[9] Charles-Honoré de Barentin, conseiller au parlement de Paris, puis maître des requêtes. Gravé par Stéph. Gontrel sans date et en 1701 par un graveur qui signe des initiales S. T. (Simon Tardieu).

Mr de Ribert *ou Riberti,* conseiller d'État [1]   140 ♯

M^r le comte d'Epinate, cap^{ne} lieutenant de
la gendar. *Le fonds de J. Parrocel* [2].....   420

M^r le marquis Imperiali [3],................   140

M^r l'abbé d'Etrés [4].......................   140

M^r le marquis de La Vardin le fils [5]......   140

M^r le baron Krachct [6]....................   140

Milord Gersey, deux portraits en grand [7]..   845

M^r le comte de Coigny, lieutenant général [8]   420

Mr Deliotaut le cadet [9]................. .   140

M^r l'abbé de Belleval [10]......   140

Mr Grand [11].............................   140

---

[1] Antoine de Ribeyre, seigneur de l'Homme, conseiller au parlement de Paris (1657), maître des requêtes (1667), intendant à Limoges, Tours, Poitiers, président au grand conseil, enfin conseiller d'Etat (1682).

[2] Georges-Louis-Anne de Pernes, comte d'Epinac, capitaine de cavalerie (1685), lieutenant-colonel des gendarmes du dauphin (1690), brigadier des armées (1702), premier gentilhomme de la chambre du duc de Bourbon (1703).

[3] François-Marie, marquis Imperiali, doge de Gênes et ambassadeur extraordinaire en France en 1684.

[4] Jean d'Estrées, abbé de Vrou, Conches, Villeneuve et Saint-Claude, ambassadeur en Portugal, en Espagne et enfin archevêque de Cambrai en 1716. Il mourut en 1718. Gravé par J. Audran en 1699 et avec quelques différences en 1704; par Cars en 1700 d'après les *Mémoires des membres de l'Académie;* enfin par Desrochers sans date.

[5] Emmanuel-Henri de Beaumanoir de Lavardin, né en 1684, colonel, tué devant Spire en 1703.

[6] Le baron Craggs, ambassadeur d'Angleterre en France en 1716 et 1717, puis secrétaire d'Etat (1719-1720).

[7] Edouard Villiers, neveu du duc de Buckingham, grand écuyer de la reine d'Angleterre (1688), pair (1690), plénipotentiaire pour la paix de Ryswick, secrétaire d'Etat et comte de Jersay (1698), grand chambellan (1700), maréchal, membre du conseil privé, mort en 1711.

[8] Robert-Jean Franquetot, comte de Coigny, lieutenant général, mort en 1704.

[9] Peut-être Jacques Lieutaud, né à Arles en 1660, mort à Paris en 1733, qui eut une certaine réputation comme mathématicien.

[10] Jean Testu de Mauroy, abbé de Belleval, Fontainejean et Saint-Chéron, précepteur des fils du dauphin, membre de l'Académie française, mort en 1706.

[11] Peut-être André Le Grand, conseiller du roi, contrôleur général des domaines de la couronne, mort en 1700.

Mad⁰ Delaborde, de Pau[1] .... 140#

M[r] le marquis de Duras le père[2] 140

Les M[rs] les marquis de Duras l'aisné et le
  cadet[3] 280

M[r] le marquis de Ximénés, lieutenant général[4] 140

Mr Bignon, intendant des finances[5] 140

M[r] d'Artagnan[6] 140

*Mad. de Croissy. Habillement original;
  les fleurs de Hulliot*[7] ....

Mad. d'Hosier. Les fleurs id.[8] ....

Mad. Passerat. Les fleurs id.[9] ....

*Mr de Verthamont, mort p. p. du Grand-
  conseil*[10] ....

Mr de Torcy, secrétaire d'État[11] 400

---

[1] Madeleine Alleman, femme de Jean-Pierre, marquis de la Borde, seigneur de Méreville, fermier général, originaire de Pau (1759-1768).

[2] Claude de Durfort, marquis de Civrac et de Duras, sénéchal du Bazadois, vivant en 1708.

[3] Jacques de Durfort de Duras, colonel, ambassadeur de France à Naples et à Vienne en 1766, et son frère dont le prénom est inconnu, qui fut aide-major général de la maison du roi; fils du précédent.

[4] Joseph de Ximénés, seigneur de Lundéville, Poizy et Malzy, né en Catalogne, colonel du régiment de Roussillon, lieutenant général en 1701, gouverneur de Maubeuge en 1702, mort en 1706.

[5] Jérôme Bignon, avocat du roi, intendant à Rouen, en Picardie, en Artois, conseiller d'Etat, prévôt des marchands (1698-1726).

[6] Pierre de Montesquiou d'Artagnan, né en 1640, maréchal de France en 1709, mort en 1725. Existe en original au musée d'Arras.

[7] Françoise Béraud, femme de Charles Colbert de Croissy, morte en 1719. Le peintre des fleurs est Pierre-Nicolas Hulliot.

[8] S'il s'agit de la femme de Charles-Roger d'Hozier, c'est Edme Terrier, née en 1655, mariée en 1682, morte en 1733. Si c'est la femme de Louis-Roger d'Hozier, c'est Madeleine Bourgeois de la Fosse, née en 1642, mariée en 1680, morte en 1728.

[9] Anne Lecourt, femme de Louis Passerat, avocat du roi en l'élection de Provins.

[10] Michel-François de Vertamont, premier président du grand conseil, d'abord maître des requêtes. Gravé par A. Trouvain et C. Malbouré, d'après le P. Lelong en 1703.

[11] Jean-Baptiste Colbert, ministre d'Etat, né en 1665, mort en 1746.

<table>
<tr><td>M^r le prince Vahiny[1]</td><td>140#</td></tr>
</table>

M^r le prince Vahiny[1] .... 140⁼

M^r le prince Léon[2] 140

Mad^e de la Moussaye[3] 210

Mr Dalibour 140

Mr Jourdain, envoyé de Pologne. *Habillement répété*[4] 140

Mad^e l'abesse de St Amand[5] 140

Mr Bignon, cap^{ne} aux gardes[6] 140

M^r l'évesque de Dol d'Argenson[7] 140

Mr Lecomte[8] 140

M^r l'abbé d'Argençon l'oncle[9] 140

Mr Masson[10] 140

Mad^e de Chirny[11] 140

Mr de Polastron[12] 140

---

[1] Guy, marquis Vaini, prince de Cantalupo, duc de Selci, marquis de Vacon, mort en 1720.

[2] Peut-être faut-il lire *le prince de Léon*, et alors il s'agirait de Louis-Bretagne-Alain de Rohan-Chabot, né en 1679, prince de Léon jusqu'en 1727, où il devint duc de Rohan, mort en 1738.

[3] Suzanne de Montgommery, femme d'Henri, marquis de la Moussaye, comte de Plouer et Quintin, vicomte de Touquedec et Pommerith, baron de Saint-Bonnet et de Nogent-sur-Loir.

[4] Au musée de Brunswick, il existe de Rigaud un portrait d'homme catalogué dans les termes suivants : *Bildniss eines Feldzeugmeister von Jordan*. S'agit-il de Jourdan, envoyé de Pologne, c'est ce que je ne puis dire.

[5] Marie-Elisabeth de Barentin, abbesse de Saint-Amand de Rouen (1691-1721).

[6] Louis Bignon, capitaine aux gardes, major général des armées du roi, mort en 1730.

[7] De 1692 à 1702, c'est Jean-François de Chamaillard qui était évêque de Dol ; François de Voyer de Paulmy d'Argenson n'a été évêque que de 1702 à 1715. Cette partie du livre de raison a donc été écrite après 1702.

[8] Peut-être Florent Lecomte, peintre, sculpteur, auteur du *Cabinet des singularités d'architecture, peinture et gravure*, imprimé en 1699.

[9] Jacques Le Voyer de Paulmy d'Argenson, abbé de Preuilly, né en 1632, mort en 1715.

[10] Nicolas Masson, contrôleur des rentes de la ville de Paris (1665-1673), mort en 1706, ou Frédéric, son fils, également contrôleur des rentes (1674-1680).

[11] Elisabeth Carré, femme de René Coycault, seigneur de Chérigny ; se remaria vers 1702 à Jean Hay, marquis du Châtelet, et mourut en 1716.

[12] Jean-Denis de Polastron, lieutenant général, commandant dans les trois évêchés, seigneur de Lorac et Villeneuve, né en 1664, mort en 1706.

M^r le cardinal de Coaslin[1] ....   210^#
M^r le comte de Molan, envoyé de l'empereur[2].   140
Madame Milon et son frère[3]............

Coppies de la même année.

M^r le comte d'Aracth 7 coppies...........   490
Quatre de M^r de St Contet..............   280
Une de M^r d'Olivier   70
Une de Mr de Chanlieu   70
Trois de Mlle Prudhomme   168
Une de Mr Cornet.....................   70
Deux de M^r le duc de Vandosme   140
Une du Roy p̄r Mr de Clérembaut........   140
Une de M^r l'archevêque de Rouën........   50
Une de Msḡr p̄r M^r le prince de Conty....   140
Une de Msḡr p̄r M^r le prince de Monaco...   84
Une du Roy p̄r le même seigneur.........   600
Une de Msḡr pour Mad^e Le Camus   500
Une de Msḡr pour M^r le duc de la Foeuillade   200
Deux p̄r milord Gersay du Roy et de Msḡr.   280
Deux p̄r M^r le comte de Molac du Roy et de
    Msḡr.....................................
Une du Roy p̄r M^r l'évesque de Montpellier   600
Quatre de M^r le cardinal de Coaslin   280
Deux de Mr Bignon   140
Trois de M^r le prince d'Anspach.........   220

---

[1] Pierre de Cambout de Coislin, évêque d'Orléans de 1666 à 1706, cardinal en 1697, il mourut en 1706. Gravé par Sarrabat en 1700 d'après le P. Lelong.

[2] Ce nom est altéré ; la liste des copies donne Molac ou Molard.

[3] Marie-Madeleine-Thérèse de Coycault de Chérigny, femme en 1677 d'Alexandre Milon, maître des requêtes. Son frère était probablement René Coycault, seigneur de Chérigny, dont nous venons de faire mention ci-dessus et qui mourut vers 1700.

Trois de M^r le comte de Svassemberg.....   220#
Une du Roy p̄r Mr de Guiscard..........   600
Une de M̄s̄ḡr̄ p̄r M^r le duc de Richelieu...   210
Deux de milord Portland et milord son fils .   420
Une de M^r l'évesque de Meaux...........   70
Deux de M^r le prince de Conty..........   140
Une de M^r l'évesque de Meaux   70
Une de M^r l'évesque de Troye............   70
Deux de M^r le prince de Conty   140

[Mémoire de l'argent donné pour les copies faites pendant l']année 1699.

Parrossel.

Pour le fonds de M^r le comte d'Epinat....   14

Tournière.

Pour sept copies de monsieur le comte d'Harak   168

Mélingue.

Pour deux copies de monsieur de Saint-
Contais................................   28

Prieur.

Pour une copie de monsieur Ollivier.......   16
Une de Mr de Chanlieu..................   16
Deux de Mlle Prudhomme   32
Une de Mr Cornet.....................   16
Une de Mr Gillet.......................   16
Deux de M^r de St Contais..............   32

Pour l'habit de M⁰ Milhaud 8ᶜ

Celuy de Mʳ de Saint-Contais 2

Brodé deux revers 3

Une copie de milhord Hustak. 40

Pour l'habit de Mˡˡᵉ Prudhomme 8

Deux copies de Mʳ le duc de Vandôme 32

Une copie du Roy. 32

L'habit de Mʳ Pellan 3

Deux copies de monsieur de Villeroy 32

Deux têtes de monsieur de Villeroy. 16

Une tête de monsieur l'archevêque de Rouën 8

Cinq cravates et cinq perruques de Monsei-
  gneur. 8

L'habit de Mʳ le marquis Impérial 4

L'habit de M⁰ Debordes. 8

Deux bustes du Roy. 32

Pour une copie du Roy qui estoit ébauchée or
  la tête et le rideau. . . . .

Deux copies de Mʳ le cardinal de Coaslin . 32

Pour l'habit de Mˡˡᵉ Prudhomme. 5

Pour une copie de M⁰ Beaubourg. 16

Pour quatre têtes de monsieur le cardinal de
  Coaislin. 32

Une copie de monsieur le prince de Conty
  en grand, ébauchée or la tête. 35

Pour une tête de monsieur Bignon. 8

Pour une copie de monsieur le prince d'Anspach 16

Pour une copie de monsieur Bignon. 16

Pour la cuirasse de monsieur de Ximénès . 4

Trois têtes d'un seigneur allemand. 24

Fini le portrait de monsieur le duc de Van-
  dosme. 25

Fini une tête de monsieur de Noailles. 4

Fait le bras du fauteuil de Mʳ de Vertamond   1   10ˢ

Ranc.

L'habit de M^r le Grand-prévôt............	3[#]
Fini la cuirasse et les mains de Mr de Van-dôme...............................	14
Retouché des copies de Monseigneur......	18
L'habit de M^r le comte de Coigny.........	40
Celuy de M^r le comte d'Epinat...........	25
Un petit portrait de Monseigneur en petit.	40
Travaillé 3 jours au portrait de monsieur le prince de la Sisterne................	12
Pour une copie du Roy en pied..........	100
Pour une copie de Mr de Gundenleu......	50
L'habit de Mr de Guiscard..............	80

Le Gros.

Trois bustes de Monseigneur or les masques	30
Deux habits de monsieur de Villeroy.....	12
L'habit de Mr Cousin..................	4
L'habit de M^r l'archevêque de Rouën.	7
Ebauché celluy de Mr Bignon............	3

Hulliot[1].

Les fleurs de Me de Croisy, d'Hozier et Pas-serat..................................	36

---

[1] Pierre-Nicolas Hulliot, peintre de fleurs et d'animaux (1673-1731).

1700

Mr de Phélippeaux, cons^{er} d'Etat. *Habillement original*[1]	400 ♯
Mr Tissot, de Lion, *Habillement répété*[2]	150
Mr de Metz. *Habillement original*[3]	150
M^r le marquis de la Vallière. *Habillement répété*[4]	450
M^r le comte de Cressy. *C'est Crécy-Verjus, plénip^{re} à la paix de Riswick. Habill^t répété*[5]	450
Mr de la Bonnelière[6]	150
M^r et Mad^e Boucher[7]	280
M^r et Mad^e de la Noüe[8]	
M^r le prince de Saxe[9]	150
Mr de Caillière[10]	140

---

[1] Jean Phélypeaux, maître des requêtes, intendant à Paris, conseiller d'Etat, né en 1646, mort en 1711.

[2] N... Tissot, marchand et bourgeois de Lyon, époux de Marguerite Trollier.

[3] Peut-être Gédéon Berbier du Metz (voir à l'année 1698) ou Pierre-Benoit Morel du Meix (voir à l'année 1704).

[4] Charles-François de La Baume le Blanc, marquis, puis duc de la Vallière, maréchal de camp, lieutenant général, né en 1670, créé duc et pair en 1723.

[5] Louis Verjus, comte de Cressy, né en 1629, diplomate, plénipotentiaire pour le traité de Ryswick, membre de l'Académie française, mort en 1709.

[6] Claude de la Bonnelière, seigneur de Beaumont-la-Ronce, en Touraine, en 1697.

[7] Charles Boucher, seigneur d'Orsay, conseiller au parlement (1671), prévôt des marchands (1700), conseiller d'Etat (1702), mort en 1712, et Jeanne-Françoise Errard, qu'il épousa en 1695.

[8] Jacques de la Noue, comte du Vair, brigadier des armées du roi, et Catherine de Vieuxpont, sa femme.

[9] Frédéric-Auguste de Saxe, qui fut roi de Pologne de 1697 à 1733.

[10] François de Callières, secrétaire du cabinet du roi, plénipotentiaire au traité de Ryswick en 1700; né en 1645, il mourut en 1717.

M^r le chevalier d'Angoulesme[1]	140 #
M^r le comte de Montégu[2]	150
Mr de la Briffe, procureur général[3]	450
M^{rs} de St Marc, père et fils[4]	300
M^r le maréchal de Tessé[5]	150
Mad^e Bouvet la mère[6]	100
Mr de Combebesuze.....................	150
Mr Forcadel[7].........................	500
M^r le comte d'Avaux [8]	150
Mr de Pouyan[9]........................	150
Mr Marcès[10]	150
M^r l'abbé Pougnan	150
M^r l'abbé de Pomponne[11]	150
Mr Delalive[12]	150
M^r le baron de Cayphauson, *Kniphausen* [13]	150

[1] Anne-Charles-Louis de Valois, chevalier d'Angoulême, fils naturel de Louis de Valois, bâtard de Charles IX. Il fut premier gentilhomme du prince de Conti (1649-1701).

[2] Louis-Joachin de Montaigu, comte de Montaigu, marquis de Bouzols, brigadier des armées du roi (1702), lieutenant général (1708).

[3] Arnaud de la Briffe, conseiller au parlement de Paris (1674), puis procureur général et enfin conseiller au grand conseil.

[4] Pierre de Saint-Marc, seigneur du Mesnil-Sainte-Honorine, était secrétaire du roi en 1722. C'est probablement celui qui est désigné sous le nom de *fils*, mais je n'ai pas trouvé le nom de son père.

[5] Mans-Jean-Baptiste-René de Froulai, comte de Tessé, né en 1651, maréchal de France en 1703, mort en 1725. Gravé par Tardieu fils après 1725.

[6] Marthe Lefèvre, épouse de Thomas Bouvet, seigneur de Louvigny.

[7] Claude Forcadel, seigneur de Montsambert, comte de Villedieu, commissaire contrôleur général des saisies réelles, conseiller à la cour des aides (1695-1702).

[8] Jean-Antoine de Mesmes, comte d'Avaux. Voir aux années 1690 et 1715.

[9] Antoine de Baylens, marquis de Poyanne, gouverneur d'Acqs et Navarreins, sénéchal des Landes (1684-1700).

[10] Peut-être Louis de Marcey, seigneur de Blairé, officier, mort avant 1729.

[11] Henri-Charles Arnaud, abbé de Saint-Médard, ambassadeur à Venise, conseiller d'Etat, fils d'Arnaud d'Andilly, mort en 1750.

[12] Louis-Denis de La Live de Bellegarde, né en 1679, seigneur d'Ormesson et Epinay, fermier général de 1718 à 1752, mort en 1755. Gravé par Lalive de Juilly sans date.

[13] Dodon-Henri, baron de Knyphausen, conseiller privé du roi de Prusse, conseiller d'ambassade, puis ambassadeur en France.

M^r et Mad^e Renard. Habillement répété[1].
M^r le président Baudoüin[2] . . . .
M^r le marquis de Mesnières[3] . . . .
Mr Sastre, de Montpellier . . . .   150#
Mr de Jassac   140
M^r le marquis Dangeau[4]   650
Mr Moreau[5]   150

Coppies de la même année.

Une coppie de M^r le comte de Molard   70
Coppie de Mad^e Milon et de son frère   100
Deux de M^r et Mad^e de la Noüe   200
Une coppie de Mr de Meaux   70
Une du Roy p̄r Mr Philibert   140
Une de M^r le duc de Vandosme p̄r Mr Fradet   200
Une de Mad^e de Breteüil   65
Une de Mḡr en pied p̄r l'évesque de Mont-
    pellier   600
Une de M^r l'envoyé de Pologne   665
Une de Mr de Torcy p̄r Mr Fériol   200
Une de M^r le comte d'Avaux   65
Une de Mr Fradet   70

---

[1] Jacques Renard, peintre du roi, lieutenant du vieux Louvre, né en 1651, mort en 1715; sa femme avait nom Elisabeth Benoit. Son père et ses frères étaient peintres comme lui.

[2] Etienne Baudouin, conseiller, puis président à mortier au parlement de Paris, démissionnaire en 1691, mort en 1695. Ce tableau a donc été peint après sa mort, peut-être était-il commencé antérieurement.

[3] André-Nicolas de Puisaye, seigneur de Mesnières, dit le marquis de Mesnières, grand bailli du Perche, mort en 1752.

[4] Philippe de Courcillon, marquis de Dangeau, auteur des mémoires, né en 1638, mort en 1720. Voir à l'année 1702.

[5] Pierre Moreau, seigneur de Villiers, trésorier des invalides et maître des requêtes (1708).

Une de M^r le duc de Vandosme p̅r̅ Mr Croizat	500 #
Une de M^r le cardinal de Noailles........	70
Une de M^r le marquis de Ménière........	70
Deux de Mr Dartagnan..................	140
Deux du jeune prince d'Anspach..........	150
Deux de Mr de Phélippeaux..............	140
Une coppie de Mr de Croissy............	200

[Mémoire de l'argent donné pour les copies faites pendant l']année 1700.

Prieur.

Pour une copie du maréchal de Bouflairs..	42
Pour un buste du même maréchal........	16
Retouché une copie de Monseigneur pour le duc de la Feuillade....................	18
Une autre pour M^r Le Camus............	24
Pour avoir retouché la tète et la perruque et le fonds d'une copie de Monseigneur pour le prince de Conty....................	6
Pour avoir retouché deux autres tètes de Monseigneur et les perruques..........	6
Pour l'habit de Mr Tissot de Lyon........	8
Avoir retouché 2 tètes de Monseigneur....	6
La teste de Monsieur le duc de Vandôme..	8
Deux copies de Mr de Croissy............	32
Pour une teste de Mr Darménonville......	8
Pour une copie de Me de Breteuil........	20
Pour l'habit de Crécy-Verjus............	42
Une grande copie de Monseig^r en pied....	160
Une copie de M^r le chevalier de Croissy...	16
Pour une teste de M^r l'envoyé de Pologne.	8
Une copie de Mr de Vandosme en pied....	100

Une copie de M^r le cardinal de Noailles...	16 ♯
Un camail de M^r le cardinal de Noailles...	4
Pour l'habit de Monsieur le marquis de la Valière	42
Pour la teste de M^r le marquis de Mesnière	8
Retouché la teste d'un buste de M^r le cardinal de Noailles	4
Pour l'habit de Mr Bignon	8

Le Clerc[1].

Une copie de Mr de Croissy	12
Pour une copie de M^r le comte de Molac..	12
Pour une copie de Me Milon	12
Pour la broderie de l'habit de Mr de Torcy	10
Pour une teste de Me de la Noue	6
Pour une copie de Mr de Maux	12
Pour la broderie de l'habit de M^r le baron de Breteuil	6
Une copie de Mr de Torcy	32
L'habit de Me Boucher	6
Une copie de Mr de Meaux	12
Un habit d'abbé	4
Un habit de femme	6
L'habit de l'original et de la copie de l'envoyé de Pologne	12
Pour une copie de Mr Sastre	12
Pour une teste de Mr de Noailles	6
Habillé M^r et Me Renard	12

---

[1] David Leclerc, Suisse fixé à Paris et élève de Rigaud, né en 1680, mort en 1738.

Viénot.

Deux copies de Mr Dartagnan . . . .
Deux copies du prince d'Anspach . . . .
Une copie de M^e la princesse de Conty en
    buste . . . .
Une copie de Mr Liautaud en petit . . . .
Ebauché l'habit d'un seigneur allemand . . . .
Une copie du Roy en buste . . . .
Deux habits du cardinal de Coaislin . . . .
Une copie du Roy en buste . . . .
Une copie de Mgr de Vandôme sur 3 [#] 10 ^s.
Une autre du même en buste . . . .
Deux têtes du Roy . . . .
Deux copies du Roy en buste . . . .
L'habit de M^r l'abbé de Pompone . . . .
Ebauché un habit noir en buste . . . .
Une copie de l'habit de M^r le prince Léon
Ebauché l'habit de M^r le président Dumais
Un dessein de monsieur de Torsy . . . .
Un dessein de M^e la baronne de Breteuil . .
Un dessein de Me de Croissy . . . .
Un fauteuil de Mr de Torsy . . . .
Un dessein de Mr de Torsy . . . .
Un dessein de M^r le chevalier de Croissy . .
Un dessein du Roy . . . .
Un dessein de M^r Du Mais . . . .
Trois bustes de monseigneur le Dauphin . .
Deux desseins de mon portrait . . . .
Un dessein de Mr Phélipeaux . . . .
Le fauteuil de Mr Phélipeaux . . . .
Habillé un buste armé de M^r *** . . . .
Ebauché l'habit de M^r le président Beaudouin
Habillé M^r le comte d'Harak . . . .

Deux desseins de M^r et Me de Gouy.......
Un dessein de Mr Bignon................
Un dessein de Mr Prior................
Un dessein de Mr de Bouflairs...........
La main de Mr Phélipeaux..............
Un dessein de Me Passera...............
Un habillement de M^r Du Puyant.........
Un dessein de mon portrait.............
Un dessein du roy d'Espagne à St Cloud..
Un dessein d'étoffe d'or................
Autre dessein de mon portrait...........
Un dessein de milord Jersey ....
Deux traits du roy d'Espagne ....
Un dessein pour une médaille...........
L'habit de M^r l'abbé de Villecerf..........
Une copie du même portrait.............
Habillé M^rs le marquis et chevalier de Che-
     noise........................
L'habit de Mr de Jouveniac ....
L'habit de M^e la comtesse de Zinzendorf..
Une copie du même portrait............
L'habit de M^r le marquis du Palais.......
Une copie du roy d'Espagne sur toille de 4 ♯
Une copie de mon portrait..............
L'habit de M^e de St Dizant..............
L'habit de Mr de la Vallette ....
Une copie du roy d'Espagne en pied .....
Un dessein du roy d'Espagne et un trait en
     pied ....
Un dessein du Roy en buste............
Depuis l'année 1699 jusqu'à 1705 total.... 1.275 ♯

1701

Le Roy et le roy d'Espagne, et une coppie du
portrait du Roy de la même grandeur que
l'orig^al pour Sa Majesté catholique, le
tout.............................. **26.000** ^l

---

[1] Il existe deux portraits en pied de Louis XIV peints par Rigaud. Sur l'un,
il est représenté cuirassé et tenant le bâton de commandement. Ce portrait, qui
date très probablement de 1694, car il en a été fait plus de trente copies totales
ou partielles, les années suivantes, dans l'atelier de Rigaud, est conservé au
musée du Prado à Madrid. Le second, peint en 1701, est au musée du Louvre;
il est signé : *peint par Hyacinthe Rigaud*, 1701. Le roi est en manteau de cour
et sa figure est beaucoup plus âgée que dans le précédent. De ces portraits en
pied, il existe des répétitions ou des copies dans les musées de Versailles, à la
bibliothèque de l'école des beaux-arts, au cabinet des médailles de Paris, dans
les musées de Copenhague, de Carlsruhe et enfin chez M. David Saint-Clair à
Paris. Une répétition a été vendue en vente publique à Francfort en 1913. On
en trouve des répétitions à mi-corps dans les musées de Tours, de Cambrai, de
Metz, chez Mme la duchesse de Mouchy. la marquise d'Albon au château
d'Avauges, chez M. Bouchut à Paris, chez M. Pégat à la Croix de l'Orme
(Allier). Le musée de Chantilly en possède une copie par Van Loo. Le portrait
de Madrid a été reproduit dans la *Gazette des Beaux-Arts* (3e série, t. XIII,
p. 413). Le portrait du Louvre a été gravé par Drevet en pied en 1711; par
S. Thomassin deux fois en 1705 et 1708; par B. Picard en 1706; par R. Devaux, par Edelinck d'après les *Mémoires des membres de l'Académie;* par Hen-
riquez en 1771; par Cathelin buste sans date; par Savart en ovale (1771) ; par
B. Robert en petit médaillon sans date. P. Drevet a gravé en 1704 le buste du
roi en cuirasse. Geille a copié pour la *Galerie historique de Versailles* (1838) le
portrait en pied de Drevet.

Le grand portrait de Philippe V. roi d'Espagne, auparavant duc d'Anjou,
peint en 1701 en même temps que celui de Louis XIV, existe en original au
musée du Louvre, en répétition au musée de Versailles, à mi-corps au musée de
Versailles, au palais royal de Madrid et chez M. Albert Lenfant à Paris. Il a
été gravé en buste par P. Drevet en 1703 d'après les *Mémoires des membres de
l'Académie;* par un anonyme qui a copié le précédent sans date; par Ch.
Simonneau en contre-partie également sans date; enfin par Leclère pour la
Galerie historique de Versailles (1838).

M^r le marquis de Villacerf[1]	150 ₶
M^r l'abbé de Villacerf, son frère[2]	150
Mr Moreau[3]	150
M^r le comte de Vérieux[4]	280
M^r et Mad^e de Lintendorf, l'envoyé de l'empereur[5]	300
M^r le marquis de Vinse, cap^{ne} de mousquetaires[6]	450
M^{rs} les marquis de Chanoise[7]	300
M^r le marquis du Palais[8]	150
Mr de Jouvignac	150
Mad^e Pecoïsle[9]	500
Mad^e de la Jonchère[10]	150

---

[1] Edouard Colbert, marquis de Villecerf, surintendant des bâtiments royaux, mort en 1699. Existe en original chez M. le duc de Doudeauville au château de Bonnétable.

[2] Jean-Baptiste Colbert de Villecerf, chanoine de Paris, évêque de Montauban (1674-1687), transféré à l'archevêché de Toulouse où il mourut en 1710.

[3] Pierre Moreau, seigneur de Villiers. Voir à l'année 1700.

[4] Peut-être François de Virieu, seigneur de Pupetières, Châbons, Montrevel et Euclénoud, dit le comte de Virieu, capitaine de cavalerie, encore vivant en 1731.

[5] Philippe-Louis-Vinceslas-François-Antoine-Bonaventure-Etienne, comte de Sinzindorf, né en 1671, vice-trésorier et échanson de l'Empire, ambassadeur à Paris (1694-1701), conseiller d'Etat (1700), conseiller privé (1705), chancelier de l'Empire, ambassadeur à La Haye (1709), plénipotentiaire à Utrecht, mort en 1742. Gravé par B. Picard en 1713 et par Claude Drevet en 1728, la légende donnant 57 ans au personnage représenté.

[6] Jean de la Garde d'Agoult, marquis de Vins, né en 1642, capitaine de mousquetaires, lieutenant général, mort en 1732.

[7] Alphonse de Castille, marquis de Chenoise, lieutenant du roi en Champagne, mort en 1713. Il avait deux frères : l'un nommé Jean et l'autre François-Philippe.

[8] Gilbert-François de Rivoire, marquis du Palais, lieutenant aux gardes, mort en 1737.

[9] Catherine-Marie Legendre, femme de Claude Pécoil, seigneur de Villedieu, conseiller au parlement, maître des requêtes, mort en 1722. Gravé par Vallée en 1702 d'après le P. Lelong, en 1709 d'après les *Mémoires des membres de l'Académie*.

[10] Charlotte Raisin, femme de Gérard-Michel de la Jonchère, trésorier général de l'ordinaire, de l'extraordinaire des guerres, des gendarmes et de l'ordre de Saint-Louis (1701). Elle était fille de Jean-Baptiste Raisin, dit Raisin cadet, comédien très connu. Voir à l'année 1721.

Mad^{lle} Desfontaine [1]	150 #
M^r le baron de Spaar [2]	150
M^r et Mad^e de St Disan [3]	300
M^r le comte d'Avaux [4]	150
Mr de la Vallette [5]	150
Mr Langlois [6]	150
M^r le marquis de la Roque [7]	450
M^r l'abbé Le Dieux [8]	150
M^r le marquis Davéjan [9]	150
M^r l'évesque de Nevers [10]	150
M^r le baron de Breteüil [11]	450
Mr de Beause, *de Bose* [12]	150
Mad^e la comtesse de Montaigu [13]	150

---

[1] Marie-Claire-Isabelle des Fontaines, dite Mlle d'Hermancourt, née en 1680, fille de Charles des Fontaines, seigneur de la Neuville et Hermancourt, morte en 1768.

[2] Eric-Axelsson, baron de Spaar. Voir aux années 1698, 1715 et 1717.

[3] Etienne Ferrand, seigneur de Saint-Dizan, intendant et contrôleur général de la chambre et des menus plaisirs du roi (1695-1704) ; il épousa en 1697 Anne de Besset.

[4] Jean-Antoine de Mesmes, comte d'Avaux. Voir aux années 1690, 1700, 1702 et 1715.

[5] Barthélemy, baron, puis marquis de la Valette, officier sous les ordres du maréchal de Noailles, mort en 1740.

[6] Pierre Langlois, receveur général des finances en Champagne en 1695, fermier général de 1690 à 1717.

[7] François de Beaumont, comte, dit le marquis de la Roque, seigneur du Repaire, guidon des gendarmes de Monsieur ; il mourut en 1710. Cependant le portrait attribué à Rigaud d'un la Roque, président au parlement de Provence, a paru en 1860 dans une exposition des beaux-arts à Aix.

[8] L'abbé François Ledieu, secrétaire de Bossuet, auteur de mémoires et mort en 1713. Existe en original au musée de Péronne ; derrière la toile, une inscription précise la date et le nom du personnage représenté.

[9] Denis de Banne, baron, dit le marquis d'Avéjan, né en 1639, brigadier d'infanterie (1689), lieutenant général (1702), mort en 1707.

[10] Edouard Vallot, évêque de Nevers de 1667 à 1705, date de sa mort.

[11] François-Victor Le Tonnelier, baron de Breteuil. Voir aux années 1692 et 1698.

[12] Claude Gros de Boze, membre de l'Académie française, secrétaire perpétuel de celle des inscriptions et belles-lettres (1706-1742), né en 1680, mort en 1754.

[13] Marie-Françoise Colbert de Croissy, qui épousa en 1696 Louis-Joachin, comte de Montaigu, marquis de Bouzols, lieutenant général. Elle mourut en 1724.

Mr de Beaubrian[1] .... 150 #

M^r le marquis de la Chasse[2] 100

M^r Le Camus, 1^r président de la Cour des
   aydes[3] 450

M^r le chevalier de Boussolle, *Bousols. Habillement répété*[4] 150

Mr de Beaubour............. 150

Coppies de la même année.

Deux coppies de M^r et Mad^e de Sinzendorf. 150

Une de Mad^e la princesse de Furstemberg. 75

Une de Mad^e de la Jonchère 75

Une de M^r l'abbé de Villecerf 75

Une de Mr de la Briffe, procureur général. 200

Une de M^r le comte d'Avaux... 75

Une de M^r le cardinal de Noailles 75

Une de M^r d'Olivier..................... 75

Une de Mad^e de Mélée pour Mad^e Roullier. 140

Autre de Mad^e de Mélée................. 60   10 ^s

Une de M^r le marquis du Palais.......... 75

Une de Monseigneur p̄r Msgr le duc de Bourgogne................................. 500

Une de Monseigneur p̄r M^r le Grand prieur. 800

---

[1] Peut-être Léonard de Beaubreuil, baron de Sussac, seigneur de Beauvais-Sussac, conseiller et avocat du roi au bureau des finances de Limoges en 1700.

[2] Louis-René d'Andigné, seigneur de Mainneuf, marquis de la Chasse.

[3] Nicolas Le Camus, seigneur de la Grange, conseiller au grand conseil, procureur général, puis premier président de la cour des aides (1670) ; né en 1625, mort en 1715. Gravé par S. Thomassin en 1708 et en contre-partie par Nic. Tardieu en 1714 ou 1715, car Le Camus est dit âgé de 89 ans dans la légende.

[4] Joseph de Montaigu, chevalier de Bouzols. Voir à l'année 1697.

Coppies des portraits du roy d'Espagne
de la même année 1701.

Une pour M^r le duc de la Trémouille.....	150 =
Une pour Regnault pour Flandres........	150
Une de Mr Jabach pour Flandres.........	150
Une pour Mr Giegert....................	150
Une pour Mr Delouville................	450
Une pour M^r le baron de Breteüil........	450
Une pour M^r le marquis de Villène.......	150
Une pour Mr Cardeau....................	150
Une pour Mr Denonville	150
Une pour Mr Dixbut....................	150
Une pour M^r le duc de Villeroy..........	150
Une pour M^r le duc de Guiche..........	150
Une pour M^r le prince de Bournonville ...	500
Une pour Msgr le duc de Bourgogne.....	500
Une p̄r M^r l'envoyé du duc de Parme.....	600
Une p̄r M^r le maréchal de Marcin. , ...	500
Une pour Mr Rodot....................	500
Une par ordre du Roy	150
Une pour M^r le maréchal de Bouflair	600
Une pour M^r le marquis de Torcy........	450

[Mémoire de l'argent donné pour les copies
faites pendant l']année 1701.

Prieur.

Deux têtes de Monseigneur..............	16
L'habit de M^r le comte d'Avaux	8
L'habit de M^r le comte de Tessé.........	8

Une copie de Mr le cardinal de Noailles...	16 #
Ebauché l'habit de Mr de la Live, 3 #.....	3
L'habit de Mr le prince d'Anspach...	50
L'habit de Mr de Vanol[1]..................	8
Une copie du roy d'Espagne, 32 #.........	30
Cinq têtes du roy d'Espagne.............	50
Deux copies de mon portrait, 32 #.........	30
Une tête de Mr d'Olivier, 10 #...........	8
3 copies du roy d'Espagne..............	150
Une copie de Me du Mélay.............	16
Une copie de milord Jersey.............	50
Une copie du roy d'Espagne.............	120
Deux têtes du roy d'Espagne ébauch......	16
Une tête de Monseig{r} et les bottines......	12
Une tête de Me la Jonchère.............	10
Une tête de Me du Mélay.............	10

Le Clerc.

Une copie de Me de Croissy sur 3 #.......	24
Trois copies de Mr de Phélipeaux.........	36
Deux copies de Mr Bignon..............	24
La teste de Mr des Essars.............	2
Trois copies de mon portrait.............	36
Une copie de Mr de Bouflairs...........	12
Une copie du prince d'Anspach..........	12
Une copie de Monseigneur sur une toille de 5 #	26
Un buste de Mr le maréchal de Noailles...	10
L'habit de Me de Mélay................	6
L'habit du marquis de Vins.............	20

---

[1] Jacques de Vanolles, conseiller du roi, trésorier général de la marine en 1697. Son portrait ne paraît pas dans la liste des peintures originales de Rigaud ; né en 1659, mort en 1704. Son nom véritable était Van Holt et il était Hollandais d'origine.

Un portrait du roy d'Espagne pour Mr Lan-
   glois. . . . .   16 ♯
Une copie du marquis du Palais.   12
Un buste du roy d'Espagne.   12

BAYEUL[1].

L'habit de M^r l'abbé Poignan.   5
Une copie de M^r le comte de Zinzendorf. .   10
L'habit de Me de la Jonchère.   5
Habillé la copie du même.   5
L'habit de M^r le comte d'Avéjan.   5
Une copie de Mr de la Briffe sur 8 ♯.   20
Le bras du fauteuil de Mr de la Briffe   1   10 ^s
Une draperie de Mr de Croissy.   1   10

PARROSSEL.

Pour avoir fait un fonds et peint une bataille
   sur une copie de Monseigneur en pied. . .   28

FONTAINE.

Une copie de Mr de la Fontaine.   10
L'habit de Mr de Vaubrian.   5
Une tête de Mr de Noailles.   3
Une copie de M^r le chevalier de Bousole,
   l'habit de l'original.   15

---

[1] François Bailleul, connu surtout comme graveur et vivant en 1722.

1702

Mr de Courvaudon, président à mortier à Rouën[1]	200[#]
M^r le comte de Vreide, de Suède	300
Mr Adam[2]	150
M^r le comte d'Avaux, m^e des cérémonies des ordres du Roy[3]	150
Mr Debert, m^e des comptes[4]	150
M^r le prince de Bronsvick[5]	150
Mr Warter[6]	500
M^r le maréchal d'Estrée[7]	150
M^r le marquis de Caudemont	150
Mr Ducasse, chef d'escadre[8]	500
M^r le marquis de Dangeau[9]	600

---

[1] Maximilien-Constantin d'Anserry, seigneur de Courvaudon, né en 1677, conseiller, puis président à mortier au parlement de Rouen (1699-1702).

[2] Un personnage de ce nom, probablement le même que celui-ci, était premier commis de Torcy, ministre et secrétaire d'Etat, en 1713.

[3] Jean-Antoine de Mesmes. Voir aux années 1690, 1700. 1702 et 1715.

[4] Peut-être Gabriel de Berny, maître des comptes en 1695. mort en 1727.

[5] Louis-Rodolphe, prince de Brunswick, né en 1671. neveu et héritier d'Auguste-Guillaume, duc de Brunswick, duc lui-même de 1735 à 1737.

[6] Peut-être Georges Waters, banquier à Paris, encore vivant en 1748.

[7] Jean d'Estrées, né en 1624, vice-amiral, gouverneur des possessions françaises en Amérique, maréchal de France, mort en 1707.

[8] Jean-Baptiste Ducasse, célèbre marin, chef d'escadre. mort en 1715.

[9] Philippe de Courcillon, marquis de Dangeau, l'auteur des mémoires. Voir à l'année 1700. Ce portrait, signé par Rigaud et daté de 1702, existe au musée de Versailles. Il a été gravé par P. Drevet. en 1703 si l'on en croit le P. Lelong et les *Mémoires des membres de l'Académie;* il est cependant daté à la main de 1704 dans le recueil des gravures d'après Rigaud de la bibliothèque de l'école des beaux-arts. recueil d'autant plus digne de foi qu'il provient de Rigaud lui-même : gravé sur bois par Pauquet d'après la gravure précédente, sans date : lithographié par un anonyme pour l'éditeur Delpech, sans date ; gravé à l'eau-forte par L. Sellier vers 1870.

M^r le comte de Chavigny[1]	150
Mr de Ressenet	150
Mr de Marville[2]	150
M^r le comte de Vérue[3]	
Mad^e la marquise de Pomponne[4]	150
M^r Le Maître, fermier général[5]	150
Mr Gilet, procureur[6]	150
Mad^e Moreau, femme du secrétaire du Roy[7]	150
M^r l'abbé Robert, grand vicaire de Nismes[8]	150
Mr Véron[9]	150
Mad^{lle} Fermé. *Habillement copié retouché*[10].	500
Mr Chauvelin[11]	500
Mr Rol de Bajonne	150
Mr Landais. *Habillement répété*[12]	150

---

[1] Armand-Victor Le Bouthillier, comte de Chavigny, capitaine de vaisseau, né en 1659, mort en 1729.

[2] Claude Feydeau, seigneur de Marville, officier aux gardes françaises.

[3] Joseph Scaglia, comte de Verrue, maréchal de camp, tué en 1704. Mari de la comtesse de Verrue, qui fut maîtresse du duc de Savoie.

[4] Constance de Harville des Ursins, épousa en 1694 Simon Arnaud, marquis de Pomponne, ministre d'Etat.

[5] Isaac Le Maître, seigneur du Plessis, fermier général de 1687 à 1706, date de sa mort.

[6] Pierre Gillet, doyen des procureurs au parlement de Paris. Existe en original au château de Vigneulles (Meuse), chez M. Auguste Gillet de la Renommière. Gravé par P. Drevet en 1713. Une deuxième gravure moderne existe à la calcographie du Louvre.

[7] Hélène Charron, femme de Pierre Moreau, seigneur de Villiers, secrétaire du roi, maître des requêtes, trésorier des invalides.

[8] Louis Robert, docteur en Sorbonne, chanoine et archidiacre de Chartres, grand vicaire de Nîmes (1693-1703).

[9] Imbert Véron, avocat au parlement de Paris, petit-fils du peintre Louis Véron.

[10] Marie-Anne Fermé, fille de Jacques Fermé, receveur général du Limousin. Elle épousa en 1705 Louis Chevalier, seigneur de Montpéroult, président aux enquêtes.

[11] Germain-Louis Chauvelin, né en 1685, mort en 1762, qui fut garde des sceaux de 1729 à 1737. Existe en répétition au musée de Versailles.

[12] Etienne Landais, seigneur de la Touche et de Châteaubailly, conseiller du roi, trésorier de l'artillerie (1697-1702).

M^r et Mad^e Coustard, marchand. Les habil-
lements copiés retouchés[1]..............

M^r le marquis de la Valière[2].............

Mr Fontenelle[3]........................ 150[#]

M^r l'évêque de Blois, Bertier[4]........... 150

M^r l'évesque d'Autun, La Roquette[5]....... 150

Mad^e Hébert[6]......................... 400

Mr Hébert[7]........................... 400

Le comte de Gouvon, ambassadeur de Savoie[8]   150

Coppies pour l'année 1702.

Mad^e de Torcy........................ 200

Mr Phélippeaux une coppie.............. 75

Mr Bignon, cap^{ne} aux gardes, pour M. Ralle

une.................................. 75

M^r le maréchal de Bouflair une coppie.... 75

---

[1] René Coustard, marchand drapier à Paris en 1685, acheta en 1705 un office de conseiller secrétaire du roi. Sa femme se nommait Catherine Leroy.

[2] Charles-François de la Baume Le Blanc, marquis, puis duc de la Vallière. Voir à l'année 1700.

[3] Bernard Le Bovier de Fontenelle, membre de l'Académie française, secrétaire perpétuel de l'Académie des sciences, neveu de Corneille, né en 1657, mort en 1757. Existe en original au musée Fabre à Montpellier et en répétitions au musée de l'Ermitage à Saint-Pétersbourg, à celui de Rouen et chez M. Escalle à Grenoble. Une autre a été vendue avec la collection Marcille en 1857. Gravé par M. Dossier pour être placé en tête de l'édition de ses œuvres complètes (1709) ; en contre-partie sans nom de graveur ni date ; en petit ovale au milieu d'Apollon et des muses par B. Picard en 1727.

[4] David-Nicolas Bertier ou Berthier, premier évêque de Blois de 1693 à 1719, date de sa mort. Existe en original au palais épiscopal de Blois et en répétition chez Mme la marquise de Flers, au château de Saint-Gervais, près Blois. Gravé par P. Leroy, en 1709 d'après les *Mémoires des membres de l'Académie.*

[5] Gabriel de Roquette, évêque d'Autun de 1667 à 1707.

[6] Claudie de Linange, femme d'André Hébert, dont l'article suit.

[7] André-Pierre Hébert, seigneur du Buc et de Villiers, né en 1637, conseiller au parlement de Paris en 1659, maître des requêtes en 1675, mort en 1707.

[8] Octave-François de Solare, comte de Govon. Voir à l'année 1697.

Une coppie de Monsgr................... 250ᶠ
Une de Mʳ le maréchal de Noailles....... 250
Une de Mʳ le maréchal de Noailles pour
    Mʳ de la Vallière..................... 100
Une de Mʳ Ducase 75
Une de Mʳ Adam...................... 75
Une de Mʳ le président Le Camus pour
    Mʳ son fils......................... 75
Une de Mʳ Gilet, procureur au parlement . 75
Une de Mʳ Fontenelle................... 50

[Mémoire de l'argent donné pour les copies faites pendant l']année 1702.

Fontaine.

Deux têtes du portrait du Roy 10
Un roy d'Espagne sur une toile de 4 francs. 20
Trois bustes du roy d'Espagne 30
Une tête de Mʳ le maréchal de Villeroy... 5
Une copie de Mʳ Adam................. 10
Une tête de Mʳ le duc de Bourgongne 5
Un buste du roy d'Espagne.............. 10
Une tête du Roy...................... 5
Une tête de Mʳ le duc de Bourgongne 5
Deux têtes du Roy.................... 10
Un buste de Mʳ le prince de Brunsvik.... 10
Deux têtes du Roy.................... 10
Un buste de Mʳ du Casse............... 10
Une cuirasse à Mʳ Carinant............. 5
Une tête de Mʳ le maréchal de Noailles... 5
Une cuirasse, la perruque de Mʳ du Tirzénet. 6 14ˢ
Trois têtes du Roy.................... 15
Un beuste de Mʳ Valier................ 10
Une tête de Mᵉ la princesse de Conty..... 5

L'habit de Mr du Casse................	10 ♯
Un beuste de Mr Mansart...............	10
Deux beustes du Roy.................	20
Une grande copie du Roy..............	30
Une tête de M^r le duc de Bourgongne	6
Deux têtes de l'évêque d'Autun..........	12
Une tête de Me Coustard	6
Un buste de Mr Coustard...............	12
Une tête de Me Coustard...............	6
Habillé Mr Mansart....................	20
Une tête du Roy....................	6
Un buste de Mr Fontenelle.............	12
Une teste de M^r De Ve...sû.............	12
Autre de Mr Landais...................	12
Un buste de Mlle Castillon¹.............	12
Une teste de M^r le [duc de] Bourgoune ...	6
Autre du même........	6
Une du Roy, la tête...................	6
Deux têtes de M^r le mare^l de Villeroy....	12
Une copp. de M^e la cont^e de Guiscar².....	14

Prieur.

Deux têtes de M^r Le Dieu	20
Une tête de Monseigneur	10
Une copie de M^r le comte d'Avaux	20
Habillé M^r le président Le Camus	50
Une tête du même....................	10
Cinq têtes du roy d'Espagne retouchés....	40

---

¹ Probablement N. de Castillon, fille de Jean de Castillon, seigneur de Mauvezin et de Carboste, morte sans s'être mariée vers 1730. Il n'est pas question de son portrait dans la liste des portraits originaux de Rigaud.

² Angélique de Langlée, née en 1653, mariée en 1677 à Louis, marquis de Guiscard (voir en 1699), morte en 1725. Ce nom ne paraît pas dans les portraits originaux.

Deux têtes du roy d'Espagne.	20 ♯
Une copie du Roy en pied.	200
Une copie du Roy toille de 4 ♯.	60
Autre du Roy toille de 4 ♯.	60
Copie du Roy toille de 4 ♯.	60
Une tête de Mᵉ Pécoil.	10
Les mains et la tête du morre.	10
L'habit de Mʳ l'envoyé de Parme.	10
Copie de Mʳ l'anvoyé.	60
Une tête du roy de Danemark[1].	10
Copie de Mᵉ Coustard.	20
Habillé l'original.	10
Copie de Mᵉ la présidente d'Osenbrez.	60
Copie de Msegr le duc de Bourgogne.	60
Autre de Msegr le duc de Bourgogne.	60
Autre de Msegr le duc de Bourgogne.	60
Copie de Mᵉ de Pécoil.	60
Habillé Mˡˡᵉ Fermé.	50
Un buste du Roy.	20
Copie de Mʳ Périchon, de Lyon.	20
Copie de Monsegr le duc de Bourgogne. . .	60
Autre de Monsegr le duc de Bourgogne. . .	60
Habillé une copie de Moñgr.	60
Un buste du Roy.	10
L'habit de Mʳ de***.	50
Copie de Mʳ de Gourville.	20

MÉNARD.

Une copie de Monseigneur, du masque. . . .	5
Une du Roy, de même.	5

---

[1] Frédéric IV, né en 1671, monté sur le trône en 1699, mort en 1730. Voir le même comme prince royal aux années 1691 et 1693.

Bayeul.

L'habit de M^r le marquis Danjot..........	15[#]
Un buste du Roy......................	10
Un buste du roy d'Espagne	10
La cuirasse d'une copie du Roy..........	5
Une cuirasse à Mr Valter...............	5
Une [me]me à M^r le maréchal d'Estrées...	5
Une pour un buste du Roy..............	4
Une de même à un buste de Monseigneur.	4
Le buste de M^r le marquis de la Chasse..	5
Un habillement de M^r le Ma^l de Noailles..	5
Un autre de Mr de Marville.............	5
Un autre de Monsr de Chavigny..........	5
Un autre d'un buste du Roy.............	5
Une copie du Roy jusqu'aux genoux......	30
Un buste du Roy	10
Une copie de M^r l'abé Robert............	10
Ebauché l'habit de Mr Coustard...........	2
Ebauché de même celuy de Mr Crevon....	2
Ebauché l'habit de Mr Chauvelin..........	4
Habillé un buste de M^r de St Gervais[1]....	5
Une coppie de M^e la princesse de Conty, or le masque.........................	15
Un habillement du conte de Vérue........	5
Autre de M^r le mare^l de Villeroy.........	5
Du même.............................	5
Un habillement de M^r le duc de Bourgogne.	5
Encor deux du même..................	10

---

[1] Peut-être Léonard de Saint-Gervasy, major au régiment de Foix, inspecteur des troupes du Cambrésis en 1685. Il n'est pas question de ce portrait dans la liste des peintures originales.

PARROSSEL.

Un fonds pour Mr du Casse.............. 28[#]
Un pour M^r le marquis de la Vallière..... 14
Un fonds du portrait de M^r le duc de Bour-
gogne............................... 55

DE LAUNAIES.

Un portrait de Mr Gillet................ 10
Une copie de M^r l'abbé Beignier.......... 10
Une copie du Roy..................... 10
Fait l'habit du portrait de Mr Landais..... 5
Fait l'habit de Mr Dalibour.............. 5
Une copie du Roy..................... 10
Un buste du portrait du Roy............ 10
Habillé trois portraits de Mr Lévèque..... 15
L'habit de Mr Coustard en buste.......... 5
Celuy de M^r l'abbé Robert de même...... 5
Et celuy de Me Coustard................ 5

1703

Mgr le duc de Bourgogne. *Le fonds de J. Parrocel*[1]	1.000 ♯
M^r l'abbé Bossuet[2]	150
Mr Périchon, de Lion[3]	150
M^r le marquis Palaviciny[4]	150
Mr Cniphausen[5]	150
M^r le marquis de Marillac[6]	150
Mr Fontanieux, trésorier général de la marine[7]	150
M^r le comte de Linières[8]	150
Mad^e Dalibour	150

---

[1] Louis, duc de Bourgogne, né en 1682, dauphin en 1711, mort en 1712. Existe en quatre originaux ou répétitions au musée de Versailles, une chez Mgr le duc de Parme et une dernière chez Mme Chevillon à Paris. Une autre a été vendue en vente publique à Francfort en 1913. Gravé par P. Drevet, en 1707 d'après les *Mémoires des membres de l'Académie;* par le même, portrait différent sans date; par Tardieu fils après 1712, deux états différents; par un anonyme, copie en petit et sans date du premier portrait de Drevet; par Simonneau aîné, en 1712 d'après les *Mémoires des membres de l'Académie;* par Gaillard après 1712; par Hubert le jeune et par Roger, tous deux en petits médaillons et sans date; par Thomassin et par Mougeot, bustes ovales sans date; par Delaistre en 1862.

[2] Jacques-Bénigne Bossuet, neveu du grand Bossuet, né en 1664, d'abord abbé de Saint-Lucien de Beauvais, puis évêque de Troyes en 1716, mort à Paris en 1743.

[3] Pierre Perrichon, échevin de Lyon. Voir à l'année 1698.

[4] Paolgirolamo, marquis Palavicino, de Gênes, né en 1677, chargé de missions à Vienne, Londres, Turin et Paris, mort en 1746.

[5] Dodon-Henri, baron de Knyphausen. Voir à l'année 1700.

[6] Jean-François de Marillac, dit le marquis de Marillac, brigadier des armées du roi, tué en 1704.

[7] Charles de Fontanieu, trésorier général de la marine, père de Gaspard-Moyse, bibliophile et intendant en Dauphiné.

[8] Louis Colbert, comte de Linières. Voir à l'année 1694.

M^r le comte d'Evreux. *Habillement répété*[1].	400 #
M^r le marquis de Droménil[2]	150
M^r d'Olivier, de Lion[3]	150
Mad^e de Laravoye[4]	600
Mr de Gourville de M^r le Prince. *Habillement copié retouché*[5]	300
Mr Renaudot[6]	150
M^r le comte de la Marque[7]	
Mr de Villebois[8]	150
Mad^e de Bragelonne[9]	400
Mad^e la princesse de Guiméné[10]	150
M^r le marquis de Montperroux[11]	500

---

[1] Henri-Louis de la Tour d'Auvergne, comte d'Evreux, colonel général de la cavalerie. Existe en original au musée de Versailles, en répétition au musée de Tours. Deux autres répétitions appartenaient à M. Tondu à Paris en 1865 et à M. de Tarade à Poitiers en 1878. Gravé par G.-F. Schmidt en 1739.

[2] Emmanuel-Jean d'Hallencourt, marquis de Dromesnil. Voir à l'année 1694.

[3] Daniel Olivier, comte de Sénozan depuis 1710, banquier à Lyon, mort vers 1720.

[4] Anne Varice de Vallière, femme de Jean Neyret de la Ravoye, seigneur de Lirré et Beaurepaire, trésorier général de la marine en 1692, puis grand audiencier; elle était veuve en 1722. Ce tableau, allégorie de Pomone et de Vertumne, eut un très grand succès. L'original est au musée de Tours. Gravé par Dossier, en 1709 d'après les *Mémoires des membres de l'Académie*.

[5] Jean Hérault, seigneur de Gourville, né en 1625, attaché à la maison de Condé, mort en 1703. L'original appartenait en 1850 au général d'Espinoy. Gravé par Edelinck en 1705 d'après le P. Lelong.

[6] Eusèbe Renaudot, petit-fils de Théophraste Renaudot, fondateur de la *Gazette de France*, érudit; il entra dans les ordres et mourut en 1710.

[7] Louis-Pierre, comte de la Marck et Sleiden, lieutenant général, né en 1674, mort en 1750. Il fut ambassadeur extraordinaire en Espagne et créé grand d'Espagne.

[8] Pierre-Gabriel de Villebois, seigneur de Volstun et Frileuse, d'abord capitaine, puis président des trésoriers de France dans la généralité d'Alençon (1683).

[9] Marie-Hector de Marle, née en 1620, épousa en 1642 Thomas de Braguelongue, seigneur d'Inginville, conseiller au parlement de Paris, puis président à celui de Metz. Elle mourut en 1705.

[10] Charlotte-Elisabeth de Cochefilet, qui épousa en 1679 Charles de Rohan, duc de Monbason, prince de Guéméné, et mourut en 1719.

[11] Eléonor-François de Dio, comte de Saligny, marquis de Montpeiroux et Roquefeuil, maistre de camp de cavalerie, lieutenant général, mort en 1714.

Mr Mercader, *Marcadé*, m^e des comptes[1] . .   150 #

Mr Girardot, marchand de bois[2]   150

M^r l'abbé Danfreville[3]   150

Mr de Barmont *le père. L'habit répété*[4] . . .   150

Mr Thibert, conseiller d'Etat[5]   150

M^r le duc d'Albret. *Hab. répété*[6]   500

Mr Desvieux. H. r.[7] . . . .

Mr Mérault. H. r.[8] . . . .

Mr Rollé. H. r.[9] . . . .

Mad. de Pomponne. H. r.[10] . . . .

Mr de la Croix[11] . . . .

Mr Prondre Paulin[12] . . . .

Mr de Ferriol, recev^r gũl des finances[13] . . .   150

---

[1] Charles Marcadé, maître des comptes de 1693 à 1722, mort avant 1727.

[2] Jean Girardot de Chancourt, marchand de bois pour l'approvisionnement de Paris, mort avant 1719.

[3] Philippe Poirier d'Amfreville, licencié en théologie, archidiacre d'Auché, professeur en théologie au collège de la Marche (1703-1721).

[4] Jacques Perrotin, seigneur de Barmont, contrôleur général de la marine, garde des registres du contrôle des finances (1705), chevalier de Saint-Michel (1729).

[5] Jacques-Ennemond Thibert de Martrais, né en 1660, receveur des consignations du conseil, parlement et autres cours, maître des requêtes, conseiller d'Etat, mort en 1734.

[6] Emmanuel-Théodose de la Tour, duc de Bouillon, d'Albret et de Château-Thierry, né en 1668, mort en 1730. Gravé sans signature et inachevé d'après les *Mémoires des membres de l'Académie*.

[7] Louis-Maurice des Vieux. Voir aux années 1685 et 1690.

[8] Jérôme Mérault, né en 1681, conseiller au grand conseil (1703), puis procureur général (1722), mort en 1751.

[9] Peut-être André Rollé, seigneur de Montavert, capitaine major à Bapaume, chevalier de Saint-Louis.

[10] Constance de Harville des Ursins, femme de Simon Arnaud, marquis de Pomponne. Voir à l'année 1702.

[11] Jean de la Croix, créé maître des comptes en 1691.

[12] Paulin Pondre, seigneur de la Sibilière, Milancay et Marcheval, receveur général des finances à Lyon (1699-1703), grand audiencier de France, bailli d'épée de l'artillerie, président de la Chambre des comptes de Paris (1711), honoraire (1722), encore vivant en 1736.

[13] Charles-Augustin de Ferriol, trésorier receveur général alternatif en Dauphiné, conseiller, puis président au parlement de Metz (1718), comte du Pont de Veyle, né en 1662, mort en 1737.

Mʳ de Blair, fermier général. *L'habillement copie retouchée*[1] . . . . 150 ♯

Madᵉ Robert, la procureuse du Roy[2] 150

Mʳ de la Roche, marchand à Blois 150

Mʳ le marquis de Léberon, en Dauphiné[3] . . 150
Madᵉ la comtesse de la Bourlie[4] . . . .

Madᵉ la marquise de Marillac[5] 150

Mʳ Loubert, trésorier *receveur* général des finances[6] 150

Mʳ Milon, mᵉ des requestes. *Alexandre Milon sgʳ d'Aranon*[7] 150

Mʳ Geoffroy[8] 150

Madˡˡᵉ des Vieux. *L'habillement copie retouchée*[9] 150

Madˡˡᵉ de Mérault. Id.[10] . . . .

Madᵉ Le Gendre, mˢᵉ des requestes[11] 150

---

[1] Melchior de Blair de Fayolles, seigneur de Cernay, né en 1657, fermier général de 1687 à 1719, mort en 1744.

[2] Je n'ai pas retrouvé le nom de famille de cette dame qui était femme de Claude Robert, procureur du roi au Châtelet (1674-1709).

[3] François-Joseph de Gélas de Léberon, comte, dit le marquis du Passage, seigneur d'Upie et de Saint-Georges-d'Espéranche.

[4] Catherine Le Breton, qui épousa en 1684 François de Guiscard, seigneur de Coste-Grezels, dit le marquis de la Bourlie, mort en 1734.

[5] Marie-Françoise de Beauvillier, fille du duc de Saint-Aignan, qui épousa en 1703 Jean-François, dit le marquis de Marillac.

[6] N... Loubert, trésorier général des finances à Orléans, mort en 1733.

[7] Alexandre Milon, seigneur de la Borde-Varenne, maître des requêtes.

[8] Étienne-François Geoffroy, né en 1672, médecin, botaniste, chimiste, directeur du jardin du roi, doyen de la Faculté de médecine de Paris, mort en 1731.

[9] N... des Vieux, qui épousa en 1705 Philippe-Guillaume de la Vieuville. Elle était fille de Louis-Maurice des Vieux, greffier du conseil privé. Voir à l'année 1685.

[10] Marie de Mérault, fille de Jean de Mérault, seigneur de Villiers, le Bascle et Imonville; elle fut religieuse au couvent de Gif.

[11] Marie-Anne Pajot, qui épousa en 1695 Antoine-François-Gaspard Legendre de Lormoy, seigneur d'Ons-en-Bray, maître des requêtes, et mourut en 1709.

Mr Berthier, premier président *du parlement*
à Peau[1] .... 500[#]
M^r le duc d'Havré[2] 150
Mr Titon Duplessis[3] 150

Coppies de la même année 1703.

Une de Mr Landay 75
Une de Mad^e la comtesse de la Bourly sur
toile de 50^s 100
Une de Mr Périchon, de Lion 75
Deux de M^r l'abbé Le Dieu 100
Une de Mad^e la princesse de Conty p͞r m^r
Le Chevalier 75
Deux de Monsr l'évêque d'Autun 150
Une de Monsr le maréchal de Villeroy
p͞r son cap^{ne} des gardes 75
Une du même maréchal pour Mr Carle 75
Une de Monsr le président Berthier p͞r m^r
l'évêque de Blois 75
Une de Monsr l'évêque de Meaux p͞r m^r
l'abbé Dieu 50
Une de Monsr le marquis de Marillac 150
Une de Mr Girardot 75
Une de Monsr de Gourville de M^r le Prince 75

---

[1] Louis-Bénigne Bertier, conseiller au parlement de Paris (1699), premier président au parlement de Pau (1703), maître des requêtes (1693), intendant (1699-1718). Existe en petit (probablement une esquisse) chez M. le comte de Bertier, château de Bonrepos (Haute-Garonne) et la tête seule au palais de justice de Toulouse.

[2] Jean-Baptiste-Joseph de Croy, duc d'Havrech ou Havré, maréchal de l'Empire, grand d'Espagne (1686-1727).

[3] Jean-Jacques Titon, sieur du Plessis, conseiller maître à la Chambre des comptes en 1692. Existe en original chez M. le général Récamier à Paris.

Une de Mad^e de Laravoye en grand p̄r̄ m^r
le m. Brignoly........................ 250[#]
Une de Mad^e Pécoëlle pour le même...... 250
Une de Monsr le marquis de Torcy p̄r̄ m^r le
M. de Médavy........................ 75
Une de Monsr le comte d'Evreux......... 150
Une de Monsr Fériol.................... 75
Une de Monsr Bignon pour son commis... 75
Une de Monsg^r pour M^r de S^t ***......... 60
Une de Monsg^r le duc de Bourgogne p̄r̄ le
même............................... 75
Une du Roy pour le même.............. 75
Une du Roy pour Monsr le comte de Gra-
mont................................ 500
Une du Roy pour Monsr Poussin......... 150

[Mémoire de l'argent donné pour les copies faites pendant l'année] 1703.

FONTAINE.

Une tête de M^r le maréchal de Villeroy... 7
Une tête de Me Pécoil.................. 7
Deux têtes du Roy..................... 14
Une tête de Mr Terner.................. 14
Ebauché un portrait du Roy en pied...... 15
Habillé Mlle des Vieux................... 7
Habillé Mlle Mérault................... 7
Copie de M^r l'évèque de Meaux.......... 14
Un buste du Roy....................... 14
Portrait du Roy en ovalle.............. 25
Autre en grand....................... 35
Portrait du roy d'Espagne.............. 30
Une tête de M^r le comte de Liniéres....... 7
Une tête de M^r le marquis de Marillac..... 7

Une tête de Mr Landay................... 7^#
Une tête de Monsg^r le duc de Bourgogne ... 7
Une de Monseigneur.................... 7
Autre de Monsgr...................... 7
Une de Monseigr le duc de Bourgogne...... 7
Une tête de Mr Girardot............... 7

PRIEUR.

L'habit de Mr de Gourville................ 10
Une tête de M^e la prin^esse de Conty......... 10
Autre de M^e la prin^esse de Conty............ 10
Autre de M^e la prin^esse de Conty............ 10
Ebauché une tête de Me Laravoye........... 2
Habillé le portrait de Mr Rollé............. 10
Un buste de M^r le marquis de Torsy........ 20
Une tête du même....................... 10
Une tête de Mr Fériol.................. 10
Huit jours au portrait de M^r le Cte d'Evreux.. 50
Pour la bataille de Mr de Montpérux......... 18
Habillé Me de Pomponne.................. 10
Surplus pour les portraits de Me de la Ravoye
 et Pécoïl.............................. 4

DELAUNAY.

Un buste du Roy......................... 12
Un du comte d'Evreux.................... 8
Une armure de M^r le comte de La Marque... 6
Deux habits de Mr Fériol................. 12
Habillé Mr Bignon...................... 6
L'habit de Mr Chambré................... 6
L'habit de Mr Promte.................... 6
Celui de Mr de la Croix.................. 6
Un habit d'un buste de Mr de Torsy........ 6

1704

Monsr le président Fondebon, de Montpellier[1].	150[#]
Mlle de Brévan[2]	150
Mr Despréaux Boileau p̄r̄ Mr Coustard[3]	400
M^r le comte de la Mark[4]	150
M^r le maréchal de Villars[5]	530
M^r le marquis Brignoly, envoyé de Gênes[6]	300
Mr Bignon, conseiller d'État[7]	150

---

[1] Jean-Jacques Fontbon, conseiller à la Chambre des comptes de Montpellier (1688), président en 1702.

[2] Louise de La Luzerne, dite Mlle de Brévan, fille d'Antoine de La Luzerne, marquis de Brévan. Elle épousa vers 1710 Nicolas-Raymond Girardin.

[3] Nicolas Boileau des Préaux, le poète satirique (1636-1711). Ce portrait, commandé par Coustard, a été gravé à ses frais par Pierre Drevet. Existe en original et en répétition au musée de Versailles et en répétition dans la galerie Dulwich en Angleterre. Gravé par P. Drevet en 1706 ; par P. Chéreau, en 1710 d'après les *Mémoires des membres de l'Académie ;* encore par le même, différent du précédent et sans date ; par Desrochers pour être placé en tête des œuvres de Boileau ; par Ravenet en 1740 ; par Ingoul sans date ; tous les précédents tournés à gauche. Tourné à droite par G. Roy, Daullé, G. Petit ; deux fois par Savart en 1769 et sans date ; par Duflos jeune, par Dien et par Soliman (deux états) sans date. En petit ovale entouré d'Apollon et des muses par B. Picard en 1719 et par le même, plus grand, en 1724. En couleur par Alix sans date. Au trait par Landon vers 1820.

[4] Louis-Pierre, comte de la Marck. Voir à l'année 1703.

[5] Claude-Louis-Hector de Villars, né en 1653, duc de Villars, maréchal de France, mort en 1734. Existe en original chez M. le marquis de Vogüé à Paris, en répétitions aux musées de Versailles et de Marseille. La tête seule chez M. de Nugent au château des Menus près Montfort l'Amaury. Gravé par J. Langlois en 1708 ; par Rochefort en 1712 ; par P. Drevet, en 1714 d'après les *Mémoires des membres de l'Académie ;* par Desrochers sans date ; par Schmidt après 1734 ; par de Marcenay en buste en 1773 ; au trait par Landon vers 1820. Lithographié par Maurin sans date.

[6] Le marquis Gio-Francesco de Brignole fut envoyé extraordinaire de Gênes en France en 1704, puis en 1738. Existe en original à Gênes au Palais-Rouge. Photogravé dans le catalogue de ce musée.

[7] Jérôme Bignon, conseiller d'Etat et prévôt des marchands. Voir à l'année 1699.

Mr de Vieubourg[1] . . . .   150 #

Mr Loubert, receveur général des finances[2].   150

Mr l'abbé Jolly[3]   100

Mr Fériol, reçeveur général des finances[4]. .   150

Mr de Montfort, cap^ne des fusiliers[5]   150

Made Le Gendre, maitresse des requestes[6].   150

Mr Chambrier[7]   150

Mr l'évêque de Viviers[8]   500

Made l'inconnue[9]   300

Mr de Monteau[10]   150

Mr Gendron[11]   150

Mr le maréchal de Vauban[12]   500

Mr de Lavesière, de Rouen. H. r. . . . .

---

[1] Edme Ravau de Vielbourg, marquis de Mayannes, né en 1665, lieutenant général au gouvernement du Nivernais en 1697, mort en 1720.

[2] N... Loubert, trésorier général à Orléans. Voir à l'année 1703.

[3] Michel Jolly, bachelier en Sorbonne (1677), sous-diacre, prévôt d'Ingré et prieur de Carembier en 1701. Voir à l'année 1682.

[4] Charles-Augustin de Ferriol, marquis du Pont de Veyle. Voir à l'année 1703. Cette mention a été effacée comme faisant probablement double emploi avec celle de l'année précédente.

[5] Pierre-Claude de Montfort, seigneur de Méry, né en 1688, capitaine, lieutenant-colonel en 1735.

[6] Marie-Anne Pajot, femme d'Antoine-François Legendre de Lormoy. Voir à l'année 1703.

[7] François Le Chambrier, maire de Neuchâtel et conseiller d'Etat du royaume de Prusse. Gravé par E. Desrochers en 1736 et par G.-F. Schmidt en 1741.

[8] Charles-Antoine de la Garde-Chambonas, évêque de Viviers de 1690 à 1713, date de sa mort.

[9] Il s'agit très probablement ici d'une dame de mœurs légères, dont le nom n'a pu être inscrit à côté de tant de prélats et de personnages officiels.

[10] Joseph-Hector de Montaut, marquis de Montbéraut, vicomte de Saumont, syndic de la noblesse de l'Armagnac; vivait en 1718.

[11] Claude des Hais-Gendron, né en 1653, docteur en médecine à Montpellier, mort en 1750. Existe en original chez M. Claude des Hais-Gendron à Paris avec l'inscription erronée : *peint par Hyacinthe Rigaud*, 1719. Gravé par Daullé en 1737.

[12] Sébastien Le Prestre, seigneur de Vauban, maréchal de France, né en 1633, mort en 1707. Existe en original chez M. le comte de Fontenay à Paris et en répétition au musée de Saintes. Gravé par N. Dupuis, en 1738 d'après les *Mémoires des membres de l'Académie;* par Bertonnier en 1813; par Babel et par le graveur Busch, de Berlin, sans date.

Mr Morel du Meix[1]...................... 150 #
Mr et Made d'Olivier[2]................... 400
Mr de Montulet[3]........................ 150
Mr de Quévilly, président à mortier à Rouën[4] 150
Mr le prince de Courtenay[5].............. 150
Mr le marquis de Puysieulx[6]............. 150

Coppies de la même année 1704.

Une en grand de Monsr l'évèque de Blois.. 250
Un en buste pour Monsr l'évèque de Valence. 75
Deux de monsieur Robert, grand vicaire de
    Nismes............................... 100
Une du Roy pour Monsr Férand.......... 100
Une du Roy et de Mgr pour Mr le marquis
    de Castres........................... 300
Quatre coppies de Mr Bignon, conseiller
    d'État............................... 300
Une de Made Legendre, maitresse des re-
    questes.............................. 75
Une de Mr de Torcy.................... 75
Une de Mr Chambrier pour Mr Bouret..... 50
Une de Mr Bouret pour Mr Chambrier..... 50

---

[1] Pierre-Benoit Morel, seigneur du Meix, Courtavaut et Vindé, né en 1668, conseiller, puis président à la cour des aides de Paris (1708), mort en 1735.

[2] David Olivier de Sénozan, échevin de Lyon, et Françoise Areson, sa femme, qu'il épousa en 1675. Voir aux années 1691, 1698 et 1703.

[3] Jean-Joseph de Monthulé, conseiller au parlement de Paris de 1671 à 1706.

[4] Thomas-Charles de Becdelièvre, marquis de Quévilly, président à mortier au parlement de Rouen en 1681, mort en 1711.

[5] Charles-Roger, prince de Courtenay, capitaine de dragons, né en 1671, mort sans postérité en 1704.

[6] Roger Brulard, marquis de Puysieux et de Sillery, né en 1640, lieutenant général, ambassadeur en Suisse, mort en 1719. Rigaud avait été mis en relations avec le marquis de Puysieux par le célèbre collectionneur Gaignières en 1701.

Une du Roy pour Monsr Avril............ 150[#]
Quatre coppies des ancestres de M. le comte
 de Guiscard.......................... 560
Une coppie de M^r le comte de Guiscard de
 même grandeur..................... 140
Une de M^r le comte de Guiscard, son fils. 140
Une de Mad^e la comtesse de la Bourly de
 même grandeur..................... 140

[Mémoire de l'argent donné pour les copies faites pendant l'année] 1704.

BAYEUL.

Copie de M^e la contesse de Labourly...... 20
Ebauché l'habit de M^r l'évêque de Meaux.. 30
Un buste du Roy...................... 12
Une copie de M^e la prin^{sse} de Conty....... 30
Une copie du Roy..................... 30
L'habit de Mr de Barmont............... 6
Habillé Mr de Laversiére, de Rouen....... 6
L'habit de la copie de Mr Girardot........ 6
L'habit d'une copie de M^e la P^e de Conty.. 6
L'habit de Mr de la Roche............... 7
Cuirasse de Mr Duplessy[1]............... 7
Un habit du Roy...................... 7
Habillé le buste de Me Pécoille........... 7
Habillé Me Legendre.................... 7
Plus l'habit de Mr de Fontanieux......... 7

---

[1] Louis du Plessis, marquis du Plessis, Châtillon et Nonant, né en 1674, colonel en 1700, brigadier des armées du roi en 1704, maréchal de camp en 1718, lieutenant général en 1734, mort en 1754. Son portrait n'est pas mentionné au nombre des œuvres originales de Rigaud.

Celuy de Mr Loubert	7$^\sharp$
L'habit de Me de Marillac	7
Un buste du Roy	14
L'habit du buste de Mr Bertier	7
L'habit de M^r le comte de la Marque	7
L'habit de Mlle de Brévant	7
Deus habits de Mr Robert	14
La cuirasse de Mr de Forf	7
L'habit de Me Coustard la jeune	7
L'habit de M^r l'évèque de Dol	7
L'habit de M^r le prince de Birkemfeld	7
L'habit de Mr de Blairé	7
Une copie de Mlle Sonnain[1]	14
L'habit de Me Legendre, de la copie	7
La cuirasse de M^r le marquis d'Autefort[2]	7
Trois copies de Mr Bouret	42
Un buste du Roy	14
Un autre en cuirasse	24
Deux copies de Mr Véron	24
Un buste du Roy	14
Habillé Mr Sendron	9
Une copie de Me Pécoil, ors la tète	40
L'habit de M^e la marquise d'Anzié	9
L'habit de M^r le président de Cardeville	9
L'habit de Mr de Montaud	9

---

[1] André-Nicolas de Sonning, receveur général des finances à Paris, laissa quatre filles : Yolande et Marguerite ne se marièrent pas ; Charlotte-Sophie épousa en 1721 Guy-Etienne de Favrey et Françoise-Adélaïde épousa en 1728 Henri de Bermond. Je ne sais de laquelle il est question dans l'article précédent. Ce portrait ne paraît pas au nombre des peintures originales.

[2] François-Isaac de Gontaut, marquis d'Hautefort, Pompadour et Sarcelles, comte de Montignac, vicomte de Ségur, baron de Julhac, né en 1627. colonel en 1681, brigadier des armées du roi (1693), maréchal de camp (1696), lieutenant général en 1702, mort en 1718. Son portrait n'est pas mentionné au nombre des œuvres originales de Rigaud.

Fontaine.

Copie de M^r le comte d'Evreux...............	36[#]

Copie de M^r le comte d'Evreux............ 36 #
Copie de Mr Robert.................... 14
Retouché 3 de mes portraits............ 24
Une tête de Mr de Montpéreu 7
Une tête de Me Legendre Pajot.......... 7
Quatre de mó portraits................ 56
Un buste du Roy.................... 14
Habillé M^e l'inconnue................ 28
Quatre bustes de Mr Bignon 56
Une tête de Mr Chambrier.............. 7

Delaunay.

Deux portraits du Roy jusqu'aux genoux,
    hors la tête.................... 50
L'habit de M^r l'abbé Joly.............. 6
Celui de Mr Bégon l'intendant.......... 6
Un buste du Roy 12
Habillé M^r le prince de Conty. Fait [en] 1703. 6
Un buste du Roy.................... 10
L'habit de M^r l'abbé Bossuet............ 5
Copie de Me de la Burly.............. 20
Copie du Roy.................... 40
Habillé Mr de Marillac.............. 5
Une copie du Roy.................... 10
L'habit de Me de Marillac.............. 5
Un buste de Me de Guiméné 10
Trois cuirasses de Monseigneur.......... 10
Un habit de M^e la princesse de Conty..... 5
Un habit de Mr de Gourville............ 5
Un habit du Roy.................... 5

Prieur.

Habillé l'original de Mr le comte d'Evreux. 50#
Une tête du même.................... 12
Habillé Me de Laravoye................. 58
Une teste de la même.................. 12
Une copie de la même en grand......... 70

1705

Mr de la Houssaye, de Rouën[1]	150 #
Mr Bourdin et son ami, pour Mr Lomellini, de Gênes. *Hab. répété*[2]...............	150
Mad^e la marquise de Tibergeau[3]..........	140
Mr Lulin, de Genève[4]....................	140
Mr de Coppe, de Tours.................	140
M^r le marquis de Catano, de Génes.......	200
M^r le maréchal de Rosen. *Habillement répété*[5].	500
M^r l'abbe Baluze[6]......................	140
Mr de Gréder, lieutenant général. *Habillem. répété*[7]............................	140
M^r le comte d'Evreux. *Hab. répété*[8]......	400
M^r le maréchal de Château Regnault. *Hab. répété*[9]............................	500

---

[1] Charles-Félix Le Pelletier de la Houssaye, conseiller au parlement de Paris, puis président à mortier au parlement de Rouen (1715), ou Marc-Antoine Brédevent, sieur de la Houssaye, lieutenant général du bailli de Rouen, puis conseiller au parlement de Rouen (1668), mort en 1721.

[2] Nicolas Bourdin, marquis de Vilaines, gouverneur de Vitry-le-François, ou son fils Pierre-Aimé Bourdin, seigneur de Moussures (1700).

[3] Gabrielle-Françoise Brulart de Sillery, née en 1649, qui épousa en 1675 Louis de Tibergeau, marquis de la Motte, et mourut en 1732.

[4] Pierre Lullin, seigneur syndic de la république de Genève, mort en 1720.

[5] Conrad de Rosen, comte de Bolweiler, maistre de camp général de la cavalerie, maréchal de France en 1703, mort en 1715.

[6] Etienne Baluze, né en 1630, savant historien et diplomatiste, mort en 1718. Une jolie répétition de petite dimension existe chez M. Bellefonds, antiquaire à Paris. Gravé par S. Thomassin en 1714.

[7] Louis Gréder, colonel, puis lieutenant général. Voir aux années 1690, 1691 et 1692.

[8] Henri-Louis de la Tour d'Auvergne. Voir à l'année 1703.

[9] François-Louis Rousselet, comte de Châteaurenaud, vice-amiral, maréchal de France en 1703, mort en 1716.

M‍ʳ Des Granges le fils[1]	140 ♯
M‍ʳ Vatebois le fils[2]	140
M‍ʳ de Rochebonne, lieutenant des gardes du corps[3]	140
M‍ʳ Girardon. *Hab. rép.*[4]	140
M‍ʳ le bailly Spinola, de Gênes. *Hab. rép.*[5]	200
Le père Jacques, augustin déchaussé. C'étoit le cousin de M‍ʳ Rigaud	[gratis]
M‍ʳ Olivier, de Dunkerque. Hab. rép.	150
Mad‍ᵉ Narcisse. Hab. rép.[6]	160
M‍ʳ Hénin le fils. Hab. rép.[7]	150
M‍ʳ le marquis de la Frette. Hab. rép.[8]	150
M‍ʳ de Torpane	140
M‍ʳ Guigou[9]	140
M‍ʳ le président Voisin. *Hab. répété*[10]	500
M‍ʳ l'évêque de Blois. *Hab. rép.*[11]	140
M‍ʳ et Mad‍ᵉ Glucq. *Habillement répété*[12]	300

---

[1] Michel-Ange des Granges, mousquetaire, capitaine de cavalerie au Royal Roussillon (1706), colonel du régiment de Guienne (1707), maître des cérémonies de France (1731), brigadier des armées (1734).

[2] Louis-Joseph de Vatboy, seigneur du Metz, receveur général des rentes assignées sur les fermes (1708), capitaine en chef du vol de la grande fauconnerie, encore vivant en 1718.

[3] N... de Châteauneuf, seigneur de Rochebonne, lieutenant aux gardes, colonel du régiment de Villeroy, tué en 1709 à Malplaquet.

[4] François Girardon, né en 1628, célèbre sculpteur, mort en 1715. Existe au musée de Dijon et chez M. Gréau, à Troyes. Gravé par Duchange en 1707 et par P. Dupin après 1715.

[5] Giovanni-Carlo Spinola, petit-fils du doge de Gênes Agostino Spinola, chevalier de Malte, bailli de Crémone à partir de 1693.

[6] Encore une dame de mœurs légères portant un nom de guerre.

[7] Nicolas-Alexandre Hénin, conseiller au parlement de Paris en 1717.

[8] Nicolas de Gruel, marquis de la Frette. Voir à l'année 1688.

[9] Nicolas Guigou, seigneur de Varastre, conseiller du roi, puis conseiller au grand conseil (1692-1720).

[10] Louis-Charles Voisin, seigneur de Saint-Paul, conseiller au parlement de Paris, président à mortier en 1701.

[11] David-Nicolas Berthier ou Bertier, évêque de Blois. Voir à l'année 1702.

[12] Claude Glucq, conseiller au parlement de Paris (1710) ; le nom de sa femme m'est inconnu. Un Glucq fut aussi directeur de la manufacture royale de drap d'écarlate et de la teinturerie des Gobelins.

Mr Roché, de Blois. *Hab. rép.*[1] . . . . 140 #

Mr de Mollondin, de Suisse[2] 140

M^r le marquis de Chabanne. *Hab. rép.*[3] . . . 500

M^r le président Boullanger[4] 150

Mad^e la duchesse de Nemours[5] 700

M^r l'évèque de Mirepoix[6] 150

M^r l'évèque de Senés, *Soanen. Habillement*

répété[7] 150

M^r l'archevèque d'Alby, *d'Arles. Hab. rép.*[8]. 150

M^r l'évêque de Viviers. Hab. répété[9] 500

Mr de Pontcarré, premier président de

Rouën[10] 150

Mr Bossuet, évêque de Meaux, en pied[11] . . 2.000

---

[1] François Rocher, sieur de la Grenouillère, originaire de Blois, premier président au bureau des finances de Tours, mort vers 1720.

[2] François-Pierre de Stavay-Mollondin, dit le chevalier de Mollondin, officier au régiment des gardes suisses du roi en 1699.

[3] Henri de Chabannes, comte de Rochefort, marquis de Curton, né en 1654, mort en 1714.

[4] Claude-Antoine Le Boullanger, conseiller au parlement de Paris (1692), puis président à mortier, mort en 1726.

[5] Marie d'Orléans-Longueville, née en 1634, qui épousa en 1657 Henri de Savoie, duc de Nemours. Elle fut princesse de Neuchâtel et mourut en 1707. Existe en original chez M. le duc de Luynes, au château de Dampierre, et en répétition chez le prince Mavrocordato. Une répétition appartenait en 1888 à M. Gellinard à Paris. Gravé par Pierre Drevet en 1707 et par le peintre Léopold Robert. Cette dernière gravure est inachevée.

[6] Pierre de la Broue, né en 1643, évêque de Mirepoix de 1680 à 1720. Gravé par C.-J. Duflos, en 1707 d'après les *Mémoires des membres de l'Académie;* un deuxième état après 1720; par Tournelles en 1741.

[7] Jean Soanen, évêque de Senez en 1696, déposé comme janséniste en 1727, mort à la Chaise-Dieu en 1740. Gravé par Desrochers sans date, mais avant 1727.

[8] Henri de Nesmond (1704-1710), s'il s'agit de l'archevêque d'Albi; François de Mailli (1698-1710), s'il s'agit de l'archevêque d'Arles. C'est plutôt le second, car son nom paraît dans la liste des copies de Rigaud.

[9] Charles-Antoine de la Garde-Chambonas, évêque de Viviers. Voir à l'année 1704.

[10] Nicolas Camus, seigneur de Pontcarré, conseiller au parlement de Paris, puis premier président à celui de Rouen.

[11] Jacques-Bénigne Bossuet, évêque de Meaux. Voir à l'année 1698. Ce portrait, l'un des chefs-d'œuvre de Rigaud, existe au musée du Louvre et en répé-

Coppies de la même année.

Une coppie du Roy p̄r M^r le comte de Murcie.	400 ᵐ
Une de M^r l'abbé d'Anfreville............	50
Une de M^r le duc d'Albret..............	200
Trois en buste du même................	225
Deux de Me Lulin, de Genève...........	150
Une de M^r l'abbé Baluze................	50
Une de M^r le maréchal de Château Régnault.	250
Une de M^r le bailly Spinola.............	100
Une de Mr de Torpane.................	75
Une de Mr de Mallodin pour Mr Bourret..	50
Une de Mr de Beaubrian................	75
Une de Mad^e la duchesse de Nemours en grand.	750
Une de Mad^e la duchesse de Nemours.....	100
Une de M^r l'évêque de Mirepoix..........	75
Une de M^r le maréchal de Villars pour Lion.	75

[Mémoire de l'argent donné pour les copies faites pendant l'année] 1705.

Delaunay.

Habillé M^r l'abbé d'Enfreville............	6
Un buste de Me de Mantoü..............	12

---

tition à celui de Versailles. Gravé en pied par P. Drevet en 1723 ; par Esbrard, par Masson, par Rouargue, par Grateloup en contre-partie, et par deux anonymes, tous sans date ; par Pauquet terminé par Dupréel en 1811, par Gaitte et Henriquel-Dupont vers 1850, par Pigeot pour l'éditeur Furne, enfin par un anonyme sur bois. Gravé partiellement par Petit pour Desrochers ; par C. Roy ovale (deux états) ; par Sarrabat le buste à droite, tous sans date ; par Delvaux, ovale en 1797 ; par Petit le buste à droite ; par Grateloup en buste ; par Mlle Declomesnil pour l'éditeur Blaisot. Lithographié par Julien.

Trois habits d'évèques	18 ♯
L'habit de Mʳ de Tibergaud[1]	6
2 copies du Roy en grand	58
Un autre armé	12
L'habit de Mʳ de Bérulle[2]	24
Celuy de Mᶜ Baluze	6
Habillé la copie de Mʳ l'armateur	6
L'habit de Mᵉ de Mérault	6
Le rochet de Mʳ l'évêque de Senés	6
Celuy de Mʳ l'archevèque d'Arles[3]	6

BAPTISTE[4].

	20

FONTENÉ.

	15

DÉPORTE[5].

	12

---

[1] Louis de Thibergaud, seigneur de de la Motte, de Flée, de Toiré et de la Pilletière, marié en 1675, vivant en 1702. Il n'est pas question de ce portrait dans la liste des peintures originales.

[2] Pierre de Bérulle, nommé premier président au parlement de Grenoble en 1694, mort en 1723. Existe en original au musée du Louvre, collection La Caze. N'est pas cité dans la liste des peintures originales de Rigaud.

[3] François de Mailli, archevêque d'Arles (1698-1710), transféré à Reims en 1710, créé cardinal en 1719 et mort en 1721. Un portrait de ce prélat, attribué à Van Loo, mais qui pourrait être de Rigaud, existe chez M. le marquis de Boisjelin à Aix-en-Provence.

[4] Antoine Monnoyer, fils du célèbre peintre de fleurs Jean-Baptiste Monnoyer, dit Baptiste, mort en 1699. Son fils, dit Baptiste comme lui et également peintre de fleurs, fut membre de l'Académie de peinture en 1704.

[5] François Desportes, né en 1661, mort en 1743, le célèbre peintre d'animaux, membre de l'Académie.

LINBOURG[1].

. . . .   18ᵗ

PRIEUR.

Une tête du Roy.   12
Une tête de Mᵉ Pécoil et le paysage.   16
Une copie de Mʳ le comte de Revel en grand.   70
Une tête de Mᵉ la duchesse de Mantoü. . . .   12
Autre de Mᵉ de Mantoü.   12
Habillé l'original.   58
Une tête de Mʳ le maréchal de Villars. . . .   12
Autre du même.   12
Deus journées.   8
Un portrait du Roy en pied.   140
Une copie de mon portrait[2].   24
L'habit de Mʳ le maréchal Rozen.   58
Celuy de Mʳ le maréchal de Château Regnaᵈ.   44
Une tête du même.   12
L'habit de Mʳ Bourdin.   12

BAILLEUL.

Six jours et demi au portrait de Mʳ d'E-
vreux.   18   10ᵗ
Une tête de Mʳ l'abbé d'Aufreville.   9
L'habit de Mʳ le duc d'Albret.   40
Une copie du même en grand.   40
Une tête du même.   9

---

[1] Hendrick van Limborg, né en Hollande en 1680, mort en 1758.
[2] En 1706, Rigaud envoya par l'intermédiaire du cardinal Gualterio au grand duc de Toscane la répétition de son portrait ; ce tableau s'étant perdu en mer, il en fit un second en 1716. Ce dernier est au musée des offices à Florence.

L'habit du fils du chambélant de Pologne..	9ᵈ
L'habit de Mʳ le maréchal de Vaubam.....	40
Deux copies du même maréchal..........	100
L'habit de Mʳ Gréder..................	9
Celuy de Mʳ le bailli d'Espinola...........	24
Dux jours sur Mʳˢ le marˡ de Vralos et de Même.................................	6

1706

Mʳ Collandre et Madᵉ Pécoïlle[1]	3.000 ℔
Mʳ le prince de Monaco. *Habillement répété*[2].	500
Mʳ l'évêque de Fréius. *H. r.*[3]	150
Mʳ de La Badie Lullier. *H. r.*[4]	150
Mʳ l'évêque de Valence. *H. r.*[5]	500
Mʳ de Barbaret major[6]	150
Mʳ d'Imécour, lieutenant général. *H. r.*[7]...	500

---

[1] Catherine-Marie Legendre, femme de Claude Pécoil. Voir à l'année 1701. Collandre est Thomas Legendre, seigneur de Colandre ou de Colaudre. brigadier des armées du roi, son frère. Voir aux années 1710 et 1713.

[2] Antoine de Grimaldi, prince de Monaco, duc de Valentinois, né en 1661, mort en 1731. Existe en original au palais de Monaco.

[3] André-Hercule de Fleury, né en 1653, évêque de Fréjus (1698-1715), cardinal, premier ministre, mort en 1743. Existe à mi-corps aux musées de Versailles, de Buda-Pest, de Stockolm et de Metz ; en buste aux musées de Perpignan, de Quimper, de Darmstadt, à la National Gallery et au musée Wallace à Londres. Gravé à mi-corps par P. Drevet (1730) ; par Pedretti pour la *Galerie historique de Versailles* (1838). En buste à droite par Chéreau aîné, en 1725 d'après les *Mémoires des membres de l'Académie;* par C. Roy. par Desrochers. par un anonyme pour Gauterot, tous sans date. En buste à gauche par Chéreau, en 1726 d'après les *Mémoires des membres de l'Académie;* par Boilly vers 1813 ; par Landon au trait vers 1820. Dans un ovale soutenu par Diogène par Thomassin, Houbraken, Pinel, Pinssio, Roy (deux états) et un anonyme, tous sans date. Gravé en couleur par Leblond en 1738, c'est l'un des premiers essais de ce genre de gravure. En Italie par Gaspard Massi à Rome. En Allemagne par Bodenehr à Vienne, manière noire ; par Heidegger. En Angleterre par un anonyme (ovale soutenu par Diogène) en 1740 ; par A. Pool ; par deux anonymes, l'un pour Roffe, éditeur. sans date. l'autre pour Th. Kelly en 1830.

[4] François de L'Abadie, dit Luillier du nom de sa femme, fermier général en 1721 et 1722.

[5] Jean de Catelan, évêque de Valence de 1705 à 1725, historien de son siège épiscopal. Existe en répétition à l'évêché de Valence.

[6] Antoine-Denis de Barbaret, major, lieutenant au gouvernement de Saint-Omer, encore vivant en 1719.

[7] César-Hector de Vassinhac d'Imécourt de la Loge, marquis d'Imécourt, né en 1658. capitaine (1682), lieutenant-colonel (1693), brigadier des armées (1714), maréchal de camp (1718), lieutenant général, mort en 1743.

M{::}{::} de Rébé. *Hab. répété*[1] .... 130#

M{::} *de S{::} Contest. Hab. rép.*[2] 150

M{::} *de la Chétardie. Hab. rép.*[3] 150

M{::} *de S{::} Pouange. Hab. rép.*[4] 150

M{::} *Milon. Hab. rép.*[5] 150

M{::} *de Murivault. Hab. rép.*[6] 150

M{::} le prince de Birkenfeld[7] 150

M{::} Perry, lieutenant-général. *Hab. rép.*[8] .. 150

M{::} Chavin, *Chauvin, Hab. rép.*[9] 150

M{::} Buisson, colonel suisse. *H. r.*[10] 180

M{::} le marquis de Rozé[11] 140

M{::} de Raffetange. *Hab. rép* 150

M{::} Lambert[12] 150

M{::} Labbé[13] 150

---

[1] Marie-Sophie de Rébé, qui épousa en 1707 Léonor du Maine, marquis du Bourg. Voir en 1696.

[2] Jacques Barbérie, seigneur de Saint-Contest. Voir à l'année 1699.

[3] Joachin Trotti de la Chétardie, seigneur de Coustières, brigadier des armées (1683), gouverneur de Bitche (1683), Landrecies (1701), Brissac (1703), mort en 1705.

[4] Gilbert Colbert, marquis de Sainte-Pouange, trésorier des ordres royaux, mort en 1719.

[5] Alexandre Milon, maître des requêtes. Voir à l'année 1703.

[6] Hardouin de l'Isle, seigneur d'Anscauvilliers, marquis de Marivaux, brigadier des armées (1693), maréchal de camp (1702), lieutenant général, mort en 1709.

[7] Christian de Bavière, comte Palatin, prince de Birckenfeld, duc des Deux-Ponts, né en 1674, colonel en France, brigadier des armées du roi (1697), maréchal de camp (1702), lieutenant général (1704), mort en 1735.

[8] Jean-Baptiste, marquis de Péry, Corse, colonel, brigadier d'infanterie (1702), lieutenant général (1706), mort en 1721.

[9] Pierre Chauvin, d'abord médecin à Lyon, puis médecin du roi.

[10] Ami du Buisson, lieutenant-colonel, puis colonel du régiment suisse de May, brigadier des armées du roi en 1706, mort en 1721.

[11] César-Armand, marquis de Rozel, lieutenant de cavalerie (1664), maréchal de camp (1696), lieutenant général (1702), mort en 1726.

[12] Pierre-Charles Lambert, seigneur d'Herbigny, conseiller au parlement de Paris (1685), puis maître des requêtes (1693).

[13] Jean Labbé, ingénieur du roi, mort avant 1729, ou Jean-Baptiste Labbé, maître général des eaux et forêts au bailliage de Chaumont, mort avant 1719.

Mr du Bourget et Mad^e[1]	300 [#]
M^r le cardinal Gualtierio, nonce du Pape[2]	300
Mr de Manse. *H. r.*[3]	150
M^r l'ambassadeur de Moscovie. *H. r.* et Mad^e *H. r.*[4]	300
M^r De Vienne, conseiller au parlement. *Hab. rép*[5]	150
M^r d'Arménonville, *Joseph Jean Baptiste Fleuriau Sḡr d'Arménonville*[6]	400
M^r le marquis de Roménil, *le marquis de Drosmènil*[7]	150
M^r le comte de Nogent[8]	150
Mad^e la princesse de Conty la douarière, *fille du Roy. H. r.*[9]	1.000
Mr de Langamet, *Langeamet*[10]	150

---

[1] Deux frères du Bourget vivaient à cette date : Jacques, seigneur de Chaulieu, conseiller au parlement de Rouen, et Jean, seigneur de Saint-Sauveur. J'ignore le nom de leurs femmes.

[2] Philippe-Antoine Gualterio, abbé de Saint-Victor, cardinal, nonce du pape de 1706 à 1726. C'est probablement ce portrait qui existe au musée de Vienne (Autriche), comme celui d'un cardinal inconnu.

[3] Louis-Auguste de Bourbon-Malause, baron de Manses, puis en 1707 marquis de Malause, né en 1694.

[4] André Artamonovitch Matvieev (Matheof), ambassadeur de Moscovie en France de 1706 à 1711, et sa femme, née princesse Bariatinski. Le portrait original du mari appartient à M. P. Dournovo à Okhta et celui de la femme à M. Serge Chérémetiev à Saint-Pétersbourg.

[5] Pierre de Vienne, seigneur de Giraudot, conseiller au parlement de Paris en 1694.

[6] Joseph-Jean-Baptiste Fleuriau d'Arménonville. Voir à l'année 1697.

[7] Emmanuel-Jean d'Hallencourt (voir aux années 1694 et 1703), à moins qu'il ne s'agisse de son fils Charles-François-Gabriel d'Hallencourt, brigadier des armées en 1744, maréchal de camp (1748) ; il ne fut marquis de Drosménil qu'en 1745 et mourut en 1749.

[8] Louis-Armand Bautru, comte de Nogent, maistre de camp (1693), brigadier des armées (1696), maréchal de camp (1702), lieutenant général (1706), mort en 1736.

[9] Anne-Marie de Bourbon, dite Mlle de Blois, fille naturelle de Louis XIV et de Mme de Montespan, née en 1666, épousa en 1680 Armand de Bourbon, prince de Conti, et mourut en 1739. Existait en 1888 dans la galerie Gellinard à Paris, en répétition.

[10] François de Vaucouleurs, seigneur de Lanjamet, capitaine, gouverneur de Concarneau (1697).

Mr Lange, notaire. *Hab. rép.*[1]   150

Mad^e de Franconville sa fille[2]   150

Mr Doyen, notaire. *H. r.*[3]   150

Mad^e Cavillier, de Rouën. *Hab. rép.*[4]   150

*Mr Ithier, figure jusqu'aux genoux toute
originale pour servir de patron des attitudes reposées. Ce Mr Ithier étoit un
joueur de luth de la musique du Roy,
ancien ami de Mr Rigaud, à qui ce portrait est resté. A fait partie du legs de
Mr Collin de Vertmont*[5] . . . .

M^r l'évêque d'Angers. Hab. rép.[6]   150

M^r de l'Echelle. Hab. rép.[7]   150

Coppies de la même année 1706.

Une coppie du Roy en pied pour M^r le duc
de Roquelaure   600

---

[1] Deux notaires de Paris avaient à cette date ce même nom de famille : Denis-Gabriel, notaire de 1671 à 1709, et François, successeur de Boulard, de 1667 à 1717.

[2] Aucun des deux marquis de Franconville qui vivaient alors n'épousa une demoiselle Lange, ni Gabriel-René d'O (1658-1728), mort avant sa femme, ni son fils Gabriel-Simon d'O (1697-1734), marié en 1715. Il y a là évidemment une erreur.

[3] Deux notaires de Paris portaient ce nom à cette époque : Antoine Doyen, successeur de Manchon (1672 à 1711), et Louis, successeur de Barbar de 1703 à 1735.

[4] La femme d'Henri Cavelier, seigneur de la Motte, contrôleur du domaine à Rouen ; je n'ai pas trouvé son nom.

[5] Léonard Itier, musicien ordinaire du roi, danseur dans les ballets de la cour, marié en 1664 avec la fille de Louis de Mollier, musicien du roi, dont il eut l'office en survivance.

[6] Michel-Poncet de la Rivière (1706-1730) ; à moins qu'il ne s'agisse de son prédécesseur Michel Le Pelletier (1692 à août 1706).

[7] Philippe-Michel de Vérine, seigneur de l'Echelle, Hohi et Leval, né en 1665, page de la petite écurie en 1682, disgracié en 1698 à propos des affaires du quiétisme. Il avait épousé Marie de la Chaussée.

Une autre du Roy pour Monsr de Véville
envoyé à Gennes...................... 100[#]

Une de M^r le marquis de Roménil........ 75

Une de la famille de Mr Bourret p̄r͞ m^r de
Mollondin........................... 375

Trois coppies de l'évêque de Meaux p̄r͞ M^r
l'abbé Bossuet, une pour M^r l'évêque de
Fréjus, l'autre p̄r͞ M^r l'évêque de Mirepoix
et la troisième p̄r͞ le P. de la Rue...... 300

Deux coppies du père Jaques............ 120

Une de M^r l'évêque de Valence en grand.. 250

Une en buste du même p̄r͞ M^r l'évêque de
Mirepoix............................ 75

Une de M^r l'évêque de Mirepoix p̄r͞ M^r l'évêque de Valence...................... 75

Trois coppies de M^r le prince de Birkenfeld. 225

Une de M^r le duc d'Albret p̄r͞ M^r l'abbé d'Anfreville............................. 75

Une seconde de la famille de Mr Bourret p̄r͞
Mr Chauvin........................... 375

Une de M^e l'ambassadrice de Moscovie.... 75

Une de Mr de Saint-Contay............. 75

Une de Mad^{lle} de Rébée................. 60

Une de Mad^e la duchesse de Nemours p̄r͞
l'ambassadeur de Moscovie............ 100

Une de M^r le cardinal Gualtierio p̄r͞ M^r l'abbé
Tamisier............................ 100

**[Mémoire de l'argent donné pour les copies
faites pendant l'année] 1706.**

PRIEUR.

Une tête d'abbé........................ 12

L'habit de M^r le commissaire le Salle..... 12

Un portrait du Roy en pied..............	150 #
L'habit de Mr Girardon..................	12
Trois jours et demy au portrait de Mr de Laroque...........................	14
L'habit de Me de Nemours..............	70
Une coppie de Mad^e la duchesse de Nemours en grand.......................	70
Une coppie de la famille de Mr Bourret...	120
Habillé l'évêque de Viviers en grand......	58
Une teste de Mr de Vienne..............	12
Une teste de Mlle de Rébée..............	12
Une teste de la femme de l'envoyé de Dannemarck...........................	12
Habillé le président Voisin en grand......	58
Une coppie de la famille de Mr Bourret...	120
Une coppie de Mr de Lanjamet...........	24
Trois testes du prince de Birkenfeld......	36
Une coppie du prince de Birkenfeld.......	24
Une coppie du cardinal Gualtierio.........	36
Habillé Mr de Monpéroux en grand.......	58

BAILLEUL.

Une tête de M^r le baille Espinola.........	9
Une copie de Mr de Torpanne...........	18
Une tête de Mr Malondin...............	9
Un habit du Mar^l de Vilars.............	9
Une coppie de la duchesse de Mantoue en grand...........................	60
Une coppie d'après la famille de Mr Bourret.	89
Une coppie de Mad^e la duchesse de Nemours en grand.......................	60
Un buste de ladicte avec une main........	24
Un habillement de Mr Lambert...........	10
Deux bustes du duc d'Albret.............	40

Habillé M⁰ la princesse de Conty, original
en grand.......................... 50 #
Un habillement à la coppie de l'embassadeur
de Moscovie.......................... 10
Un buste du Roy..................... 20
Habillé l'original du marquis de la Frette.. 10
Habillé Mad^{lle} de Rébée............... 10
Habillé Mad⁰ Cavillier................. 10
Habillé la coppie du marquis de la Frette. 10
Une coppie du comte de Nogent.......... 20
Habillé l'original en buste de M^r l'évêque
d'Angers.......................... 10
Deux coppies dudit évêque.............. 40
Une teste du même................... 10
Un buste de Mr Milon................. 20
Habillé l'original en buste de M^r l'évêque
d'Orléans.......................... 10
Un buste dudit évêque................. 20
Habillé l'évêque de Vallence en grand..... 50
Une teste du maréchal de Villars......... 10
Une teste de Mr Aubert................ 10
Habillé M^r de l'Echelle................. 10

DELAUNAY.

L'habit de Mr Gluque.................. 7
Celuy de M⁰ Gluque.................. 7
Un buste du P. Jaques................ 14
Deux bustes de Mr de la Live........... 28
L'habit de M^r le comte d'Evreux.......... 30
Un buste en petit du père J[aques]........ 14
Deux habits de Mr de Barbaret........... 14
Le rochet de M^r l'évêque de Fréjus....... 7
Un buste du Roy..................... 16
La belle mère de Mr de Roménil......... 14

L'habit de Mr de la Badye Lullier	7 ♯

L'habit de Mr de la Badye Lullier........ 7 ♯
Celuy de Mr Depéry................... 7
Celuy de Mr Olivier, de Donkerque....... 7
L'habit de Mr de Monaco............... 21
M^r de St Conté.................... 14
2 habits de M^r le prince de Birkenfeld.... 14
Habillé M^r d'Imécourt................. 28
Ebauché Mr Cousin................... 2
Deux bustes de M^r le duc d'Albret........ 28
Habillé Mr de Valence................. 7
Habillé l'ambassadeur de Moscovie........ 7
Habillé Mr de la Citardie............... 28
Habillé Mr Buisson, suisse.............. 7
Habillé Mr de Raffetange............... 7
Habillé Me Narcisse.................. 7

Legros.

Huit jours au portrait de Mr de Blois..... 16
L'habit de M^r le marquis de Chabanne.... 37
Habillé la copie de M^r le baille Espinola.. 16
Une journée.......................... 2
Ebauché un buste..................... 4
L'habit de Mr Rocher[1]............... 8
Une copie du père Jaques............... 16
Le cammail de M^r l'évêque de Blois...... 8
Un buste de Mr de Mirepois............ 16
Un autre de M^r l'évêque de Maux........ 16

---

[1] Il s'agit ou bien de François Rocher, sieur de la Grenouillère, conseiller du roi, premier président au bureau des finances de Tours, mort avant 1712, ou de René Rocher, sieur de la Charprais, d'abord gentilhomme du duc d'Orléans, puis élu dans l'élection de Loches, mort avant 172.

Linbourg.

Un fons par Mr Linbourg................. 16 ♯

Monmorency.

L'habit de M^r de St Pouange............. 16
L'habit de Mad^{lle} Brissonnet.............. 5
L'habit de la coppie de Mr de Vienne..... 5
L'habit de Mr Milon.................... 5
L'habit de Mr Doyen................... 5
L'habit de Mr de Marivault............. 25
L'habit de la coppie de Mr de Roménil.... 5
L'habit de la coppie de Mad^e de Rébée.... 5
L'habit de Mr Lange................... 5
Une coppie de Mr Rigaud.............. 5
Une coppie de Mad^e de Nemours......... 14
Deux coppies entières de Suisses pour
  Mr Chambrier..................... 16
Un habillement de Mad^e Dalibour......... 5
Une coppie entière de la mère de Mr Che-
  valier......................... 10
Un habillement de Mr de Beauvais le père[1]. 5
Un habillement de Mr de Manse.......... 5
Repeint la tête et l'habillement d'un portrait
  du Roy........................ 6
Trois habits de M^r et Mme Aubert......... 6
L'habit d'un buste de Mr de Villars....... 15
L'habit d'un buste de M^r l'évêque d'Angers. 4
L'habit de Mr Houël................... 5

---

[1] Alexis de Beauvais, seigneur de Voury et de Bonnelles par sa femme Madeleine Roger. On ne trouve pas mention de ce portrait dans les originaux de Rigaud.

Sept habits de M^r et Mad^e Rolland........   31 #
Ebauché l'habit du portrait de la mère de
    Mr de Bonnac.......................   8
Habillé le portrait du fils de Mr Hénin....   5
Un habit d'une des coppies de Mr Haynaut.   5
Habillé M^r le marquis de Monsoreau......   5

1707

M^r l'évêque d'Orléans *Fleuriau*[1]...........	150 ♯
M^r de l'Echelle. *H. r*[2]..................	150
Le vidame d'Amiens, Chevreuse. *H. r*[3]...	500
M^r et Mad^e Aubert[4].....................	300
Mr de Folville, conseiller à Rouën[5].......	150
Mr Houël, capitaine aux gardes. *Hab. rép.*[6].	150
M^r l'abbé Bignon, conseiller d'État[7].......	150
M^r et Mad^e Rolland. *Barthélemy Rolland, recev^r gén^l des finances, et Catherine-Agnés Langlois, sa femme. Habillement répété*................................	300
M^r le marquis du Bourg[8]................	230
M^r l'évêque d'Angers. *H. r.*[9].............	150

---

[1] Louis-Gaston Fleuriau d'Arménonville, évêque d'Orléans de 1706 à 1733, auparavant évêque d'Aire. Gravé par Jean Moyreau en 1727, face à face avec le buste de Nicolas-Joseph de Paris, évêque d'Europe et coadjuteur d'Orléans, peint par le P. André Chervas.

[2] Cette mention est effacée comme faisant double emploi avec la même de l'année 1706.

[3] Louis-Auguste d'Albert de Luynes, vidame d'Amiens, duc de Chaulnes en 1711, né en 1676, mort en 1744. Existe en répétition au musée de Versailles et en original chez M. le duc de Luynes à Dampierre.

[4] Louis-Urbain Aubert, seigneur de Tourny, conseiller à la Chambre des comptes de Rouen, maître des requêtes (1719), intendant à Limoges (1730), Bordeaux (1743), conseiller d'Etat. J'ignore le nom de sa femme.

[5] Jean Le Sens, seigneur de Folleville, conseiller clerc au parlement de Rouen (1688), vend sa charge (1700), en rachète une de conseiller lai, se marie et meurt en 1733.

[6] Charles Houël, capitaine aux gardes; il épousa Anne-Henriette de Cordouan de Langey.

[7] Jean-Paul Bignon, bibliothécaire du roi. Voir aux années 1691 et 1694.

[8] Emmanuel-Gaspard du Bourg, marquis de Bozas, né vers 1680, marié en 1714.

[9] Cette mention est effacée comme faisant double emploi avec celle qui existe à l'année 1706.

M^r le chevallier Destouches. *Des Touches.
H. r.*[1] .... 150 ♯

M^r de St Laurent le fils[2] 150

M^r le duc de Chevreuse[3] 150

M^e la comtesse de Ligniéres. *Hab. répété*[4]. 150

Mr *Pierre* Grouïn, garde du trésor royal[5]. 150

Mad^e la marquise d'Usson de Bonnac[6] 500

Mr Hainaut, *Hénault,* le père[7] 150

M^r l'abbé de Louvois. *Camille Le Tellier*[8]. 200

Mad^e la présidente de Quévilly. *Habillement
répété*[9] 150

M^r le marquis de Houdetot, *buste. Habillement répété*[10] 150

Mr Dudégnon, d'Auvergne 150

---

[1] Jean d'Andigné, seigneur des Touches, chevalier de Malte. Au musée de Tours il existe un portrait de Rigaud qu'on dit être celui de Néricault-Destouches, auteur du *Glorieux;* rien n'indique que Rigaud ait fait le portrait de cet homme de lettres. Il y a peut-être là une erreur d'attribution.

[2] Armand-Joseph de Saint-Laurent de Bertrandy, lieutenant de cavalerie (1691), major, colonel (1714).

[3] Honoré-Charles d'Albert de Luynes, duc de Luynes, de Chevreuse et de Chaulnes, né en 1646, mort en 1712. Existe en original chez M. le duc de Luynes à Dampierre.

[4] Marie-Louise du Bouchet de Sourches, épouse de Louis Colbert, comte de Lignières. Voir à l'année 1696.

[5] Rolland-Pierre Gruyn, garde du trésor royal (1707), conseiller au parlement de Paris (1719).

[6] Esther de Jaussaud, qui épousa en 1672 Salomon d'Usson, marquis de Bonnac, capitaine de cavalerie, capitaine des gardes-côtes, mort en 1698.

[7] Jean-Rémi Hénault, seigneur de Guines, premier commis de Colbert, fermier et directeur des tabacs, des aides, greffier du conseil privé, père de l'historien membre de l'Académie française; né en 1648, il mourut en 1737. Voir à l'année 1692.

[8] Camille Le Tellier, abbé de Louvois, abbé de Bourgeuil, académicien, bibliothécaire du roi, né en 1671, mort en 1718. Gravé par J. Audran, son buste à gauche, d'après les *Mémoires des membres de l'Académie* en 1710.

[9] Anne-Marie Pellot, mariée en 1671 à Thomas-Charles de Becdelièvre, marquis de Quévilly, président à mortier au parlement de Rouen.

[10] Charles, marquis de Houdetot, né en 1675, lieutenant général, gouverneur de l'Ile-de-France, mort en 1748.

M^r le marquis de Coetlogon, deux portraits[1].	300 #
Mr de Bouville, cons^r d'État[2]	150
M^r le prince de Vaudemont. *Hab. répété*[3].	500
Mr de Verzure. *Hab. rép*	150
Mr Secousse[4]	150
Mr Hébert, m^e des req^{es}, demie figure avec une main. Attitude répétée[5]	300
Mr du Bousset, id	300

Coppies de 1707.

Une de Mr Milon	75
Une de M^r l'évêque d'Orléans p̅r̅ m^r d'Arménonville	75
Une de Mr de Bernard de Rezé[6]	65
Une de Mr Aubert	75
Une de M^r le maréchal de Villars pour Strasbourg	75
Deux de Mr Chambrier, suisse	300
Une de M^r le comte de Reventlau	150
Deux de Mr Rolland	150

---

[1] Alain-Emmanuel, marquis de Coetlogon, né en 1646, capitaine de vaisseaux, maréchal de France, mort en 1730.

[2] Michel-André Jubert, seigneur de Bouville, marquis de Bizy, avocat général à la cour des aides (1664), maître des requêtes (1674), intendant en province, conseiller d'Etat (1696), mort en 1720.

[3] Charles-Henri de Lorraine, prince de Vaudemont, fils de Charles IV, duc de Lorraine, né en 1649, gouverneur du Milanais, mort en 1723. Existe au musée de Bar-le-Duc.

[4] Jean-Léonard Secousse, conseiller et secrétaire du prince de Dombes, chevalier d'honneur du parlement de Paris. Gravé par Loir en buste avec la date 1708.

[5] André-Pierre Hébert, maître des requêtes, conseiller au parlement. Voir à l'année 1702.

[6] Guillaume Benard de Rézé ou Rezay, conseiller au parlement de Paris (1674), président aux enquêtes, mort vers 1710. Ce portrait n'est pas mentionné parmi les originaux de Rigaud.

Une de Mr Rolland et M^e p̄r̄ Mr Soulier...   150 #
Deux de Mr Desmarest...................   150
Deux de Mr de Bouville................   150
Une de Mr Hébert, m^e des requestes......   75
Une de Mr Darménonville p̄r̄ Mr Périchon..   75
Une de Mr Darménonville p̄r̄ Mr Nicolle...   75
Une de Mr Darménonville................   75
Une autre du mème pour luy............   75
Une de M^r le cardinal Gualtierio p̄r̄ luy
   même................................   150
Trois coppies de M^r l'évèque d'Angers.....   300

[Mémoire de l'argent donné pour les copies faites pendant l'année] 1707.

Prieur.

Habillé M^r le vidame d'Amiens en grand..   58
Habillé un chevalier d'après Mr Perry.....   12
Ebauché le portrait du Roy, en pied, trois
   journées.............................   12
Finy la teste, les jambes, les soulliers et la
   draperie.............................   28
Ebauché le portrait de Mr de Villeroy en
   pied, deux journées...................   8
Finy la cuirasse, les mains, l'écharpe et le
   casque, quatre journées...............   16
Repeint l'écharpe de Mg^r et le casque, deux
   journées et demy.....................   10
Réduit en petits careaux le houzard qui est
   dans le tableau de Mg^r................   16
Avoir coppié une bataille d'après Mr Parous-
   sel, 5 journées.......................   20

Coppié la teste de M⁰ Ebert; avoir ébauché l'habillement d'aprés M⁰ Passera; avoir finy les mains et la drapperie de velour rouge avec le pot de fleurs et le rideau, 7 journées.................................... 28 #

Avoir habillé et finy l'original de M⁰ Ebert, avoir changé les mains, l'habillement et le rideau, 5 journées.................. 20

Une teste du marquis de la Frette........ 12

Une coppie du Nonce, avec une main..... 36

Deux testes de l'évêque de Valence....... 24

Une autre teste.......................... 12

Une coppie de Mr l'évêque d'Orléans sur toille de 30{s}.......................... 36

Quatre testes de Mr et Mad⁰ Rolland...... 48

Habillé l'original de Mad⁰ Rolland........ 12

MONMORENCY.

Une teste et l'habit de Mr Desmarets...... 10

L'habit de Mad⁰ la baronne de Sparx...... 5

Deux habits de Mad⁰ de Franconville...... 10

Un habit de Mr le comte de Reventlau.... 5

Changé une drapperie d'après Mr Perry.... 1

Deux autres habits de ***................ 10

Deux habits de deux coppies de Mr de Bou-ville............................... 8

Un habit de Mr le comte de Hou[de]tot ... 5

Un habit de Mr de Verzun.............. 4

Habillé deux bustes de Mr Darménonville.. 8

Ébauché l'habillement de Mad⁰ la présidente de Quévilly............................ 2

Un dessein du nonce du Pape........... 4

Un dessein du portrait en buste de Mr Ébert 3

Un dessein de Mr le comte d'Évreux...... 6

Un dessein de M^e la duchesse de Mantoue[1]	6 ♯
Un dessein de M^e De Laravoye............	6
Un dessein de Mr Ithier...............	6
Un dessein de M^r l'évèque d'Angers......	6
Un dessein de Mr Groüin..............	4
Habillé M^r l'abbé de Louvois............	4
Habillé Mr de la Sourdière..............	5
Un dessein de Mg^r le duc de Bourgogne..	6
Un dessein de Mr de Villars.............	6

BAILLEUL.

Habillé Mr Destouches...................	10
Une teste de Mr de Reventlau...........	10
Une coppie de Mr Desmarests...........	20
Deux testes de M^r et Mad^e Rolland.......	20
Une coppie de Mr Darménonville en grand.	50
Un buste coppié d'après Mr Desbordes.....	20
Cinq jours au bureau de Mr de Meaux....	14
Quatre jours au bureau de Mr Darménon-ville................................	12
Une teste de M^r l'abbé de Louvois........	10
Une teste de Mr Darménonville..........	10
Habillé Mr Ébert, toille de 50^s...........	40
Un buste du Roy.....................	20
Habillé Mr du Bousset, avec une main....	24
Une teste de M^r l'abbé de Louvois........	10
Deux jours au buste de M^r D'Argençon...	3
Un jour ébauché la teste de l'évèque d'An-gers................................	3
Un buste de M^r D'Argençon.............	20

---

[1] Un dessin attribué à Rigaud et représentant la duchesse de Mantoue existe au musée de Vienne (Autriche).

1708

M^r le cardinal de Bouillon, doyen du sacré collège[1]. *Reçu à compte* .... 1.000 #

M^r le comte de Toulouze, grand amiral de France *Alexandre de Bourbon, légitimé de France*[2] 1.200

Le roy d'Angleterre, *buste en armure, tout original*[3] 300

Le Grand prévôt de France, *de Sourches*[4]. 150

M^r d'Argençon, lieutenant général de police *Marc-René de Voyer de Paulmy*[5] 150

Mr de la Sourdière, de St Malo[6] 150

Mr de Campaneux, de St Malo, gentilhomme ord^{re}. *Hab. rép* 150

Mad^e de Guamel 150

---

[1] Emmanuel-Théodore de la Tour d'Auvergne, né en 1644, cardinal en 1669, doyen du sacré collège, mort en 1715. Existe au musée de Perpignan : le cardinal, un marteau à la main, ouvre la porte sainte. L'esquisse de ce tableau a passé en 1773 dans la vente Lempereur. Gravé intégralement par C. Drevet en 1749 (deux états) ; par Jean-Martin Preisler en 1744 ; en buste par Dumont vers 1860.

[2] Louis-Alexandre de Bourbon, comte de Toulouse, fils naturel légitimé de Louis XIV. Voir à l'année 1690.

[3] Jacques-François-Edouard Stuart, fils de Jacques II et prétendant au trône d'Angleterre, né en 1688, mort en 1766. Gravé par Daullé à mi-corps en 1744 et par un anonyme en contre-partie sans date.

[4] François-Louis du Bouchet, marquis de Sourches, né en 1645, grand prévôt de l'hôtel du roi et auteur de mémoires sur son époque ; mort en 1716. Existe en original au château de Sourches chez M. le duc des Cars. Gravé d'après les *Mémoires des membres de l'Académie* sans signature ni date.

[5] Voir à l'année 1694 tout ce qui concerne ce personnage, ses portraits et les gravures qui en ont été faites.

[6] N. de la Faye, seigneur de la Sourdière. Voir en 1692.

Mr de Tourode, colonel de cavalerie. *Hab.
répété*[1] .... 150 #

Mad[e] de la Houssaye, de Roüen[2] 150

M[r] le marquis de Palvechin, *Palavicini,* de
Gennes. *Hab. répété*[3] 150

M[r] le comte de Monroux, lieutenant général[4]. 150

Mr Langlois, correcteur des comptes, *buste.
Hab[t] original*[5]. 150

M[r] le président de Grenédan, de Bretagne[6]   150

Mr de Villerey. *H. r.*[7]. 150

Mad[e] Lebret[8] 150

Mr Lebret, intendant de Provence[9] 150

Mr Chauvin, médecin du roy. *Hab. rép.*[10]. 150

M[r] l'abbé Malet[11]. 150

Mr Courtin. Hab. rép.[12] ....

M[r] de St Eustache[13] 400

---

[1] Louis-François de Bellanger de Thourotte, seigneur de Blacy, colonel, maistre de camp de cavalerie, brigadier des armées du roi.

[2] Marie Loquet, qui épousa Marc-Antoine de Brévedent, lieutenant général au bailliage de Rouen, puis conseiller au parlement de cette ville, mort en 1721.

[3] Paolo-Girolamo, marquis Palavicino, de Gênes. Voir aux années 1698 et 1703.

[4] Philippe-Marie de Montroux, lieutenant général, originaire de Savoie.

[5] Hilaire-Hercule Langlois, correcteur des comptes en 1680, mort en 1708.

[6] Jean-Baptiste du Plessis, vicomte de Grénédan, né en 1675, président aux enquêtes au parlement de Rouen (1705), mort en 1729.

[7] Jacques de Villery, mari de Madeleine Papillon, était marchaud libraire à Paris en 1708; il mourut vers 1710.

[8] Marguerite-Charlotte-Geneviève Le Ferron, troisième femme de Pierre-Cardin Lebret; mariée en 1708, morte la même année.

[9] Pierre-Cardin Lebret, premier président au parlement d'Aix. Voir à l'année 1697.

[10] Pierre Chauvin, de Lyon. Voir à l'année 1706.

[11] Philippe Mallet, docteur en Sorbonne, aumônier du duc d'Orléans.

[12] Isaac Courtin, seigneur du Saussoy, né vers 1650, écuyer ordinaire du roi et de la dauphine, vivait encore en 1722.

[13] Pierre de Saint-Eustache était en 1695 major au régiment des dragons de Senneterre.

M^r le comte de Monsoreau, maréchal de camp. *Hab. rép.*[1]	150 #
Mad^e la comtesse de Monsoreau. *Hab. rép.*[2]	150
Mr de Cartigny, secrétaire du roy. *Hab. rép.*[3]	150
Mad^{lle} de Cartigny	150
M^r et Mad^e de Louville. *Hab. rép.*[4]	600
M^r de St Sulpice[5]	500
Mr de Ceré, *Serré,* conseiller au parlement. *H. r.*[6]	150
M^r le prince de Bouïllon[7]	150
M^r l'abbé Bégol *ou Bégaud,* archidiacre de Nismes. *Hab. rép.*[8]	150
Mr Jolly, secrétaire du roy. *Hab. rép.*[9]	150
Mr Rasle. Hab. rép.[10]	150

---

[1] Voir quelques lignes plus haut au mot Grand prévôt; c'est peut-être un double emploi.

[2] Marie-Geneviève, dame et comtesse de Montsoreau, mariée au précédent en 1664, morte en 1715. Existe en original au château de Montsoreau chez M. le duc des Cars.

[3] François Castagner, comte de Clermont-Lodève, commissaire de la marine en 1708, fermier général en 1720 et 1721, mort en 1759. Gravé par R. Gaillard en 1751.

[4] Charles-Auguste d'Allonville, marquis de Louville, né en 1664, diplomate, gentilhomme de la chambre du duc d'Anjou, chef de la maison du roi d'Espagne, colonel en Lombardie, gouverneur de Courtray, mort en 1731. Il épousa en 1708 Hyacinthe-Sophie de Beschamel-Nointel, née en 1689, morte en 1756. Cet article contient deux portraits séparés, l'un du mari, l'autre de la femme. Le portrait du mari a été gravé deux fois par Derodes à mi-corps, par un anonyme en buste, tous deux pour la *Galerie historique de Versailles* (1838).

[5] Philippe-Emmanuel de Crussol, comte, puis marquis de Saint-Sulpice et Montfort, seigneur de Castelnau, colonel, né en 1686, mort en 1761.

[6] Jean-Joseph de Serré, conseiller au parlement de Paris en 1692.

[7] Godefroi-Maurice de la Tour d'Auvergne, duc de Bouillon, d'Albret et de Château-Thierry, grand chambellan, né en 1641, mort en 1721. Existe au musée de Besançon.

[8] Gilles Bégault, chanoine de la cathédrale de Nîmes en 1696, troisième archidiacre (1708-1723).

[9] Deux frères Jolly vivaient à cette date : Gabriel-Joseph, seigneur de Chassy, conseiller à la cour des aides (1679-1695), et Jacques-Joseph, seigneur de Méninville, conseiller à la Chambre des comptes de Paris (1679), vivant encore en 1720.

[10] Probablement Rasle fils. Voir aux années 1683 et 1684.

Coppies de 1708.

M^r d'Argençon	75 #
Une de M^r l'abbé Bignon p̄r̄ m^r Filibien. . .	75
Une du Roy p̄r̄ m^r le prince de Vaudemont.	500
Une du Roy en buste p̄r̄ le même	150
Une du roy d'Espagne p̄r̄ le même	150
Une de Monsgr p̄r̄ le même	150
Une de Monsr le cardinal de Bouillon p̄r̄ luy même	75
Une de M^r le cardinal de Bouillon p̄r̄ m^r Lefevre.	75
Une de M^r le maréchal de Villars p̄r̄ son secrétaire.	250
Une de Mr Campaneux, gentilhomme ord^{re}.	75
Deux de M^r le chevalier Destouches.	150
Deux de Mr de Bouville p̄r̄ m^r Legrand . . .	75
Une de M^r le comte de Monroux	75
Une de M^r l'évêque de Meaux p̄r̄ m^r l'évêque de Valence	75
Une de M^r le cardinal de Coaslin p̄r̄ m^r Charpentier	75
Deux de M^r le président Voisin	150
Une de Mr Lebret.	75
Une de Mr Phélippeaux p̄r̄ m^r Prat	150

[Mémoire de l'argent donné pour les copies faites pendant l'année] 1708.

Prieur.

Une coppie du duc de Mantoue en grand . .	70
Deux testes de l'intendant d'Orléans	24

Habillé Mr de Cormery en grand . . . .   50 ♯
Habillé M^r le prince de Vaudemont en grand.   50
Une coppie de Mlle Alexandre avec une main.   30
Une coppie de M^r l'abbé Bignon   24
Une coppie de M^r le cardinal de Bouillon .   24
Une teste de Mr de Monroux   12
Deux testes de Mr de la Vallière   24
Une coppie de Mr Langlois   24
Une coppie de Mr de Villars en grand   70
Une teste dont l'habillement d'après M^r de
   la Vallière   12
Une coppie du président Voisin   70
Une coppie de M^r le comte de Toulouze en
   grand   70
Une coppie de Mad^e Ebert en grand   60

MONMORENCY.

Un dessein de Me Pécoëlle   6
Un dessein de Mr Collin   6
Un dessein de M^i Forcadel   6
Un dessein de M. le duc de Mantoue   6
Habillé Mr de Campaneux   5
Habillé M^r le marquis de Sourches   5
Habillé M^r le marquis de Hou[de]tot   5
Habillé Mr de Tourode   3
Un dessein de M^r le marquis Palavicin   3
Habillé M^r l'évêque de Valence en grand . .   25
Une coppie du buste de M. l'évêque de Meaux.   10
Habillé la coppie de Mr de Monroux   5
Habillé deux coppies de Mr Destouches   10
Habillé la coppie de Mr de Campaneux   8
Habillé un portrait d'après M^r d'Albaret . . .   5
Un dessein du buste de M^r le président de
   Grénédan   3

Une coppie entière de Mr le prince de Conty.   10 #
Deux habits de Me Lebret................   10
Un dessein de Mr Lieutaud   5
Une coppie du Roy en buste............   12
Un dessein d'un portrait envoyé en Angle-
        terre....................................   3
Un dessein de Mr Mignard..............   6
Habillé Mr Rasle......................   5
Habillé Mr l'abbé Bégaut................   6
Habillé Mr de Cartigny   5
Habillé Mr le marquis de Louville   8
Une coppie de Mr de Bouville............   12
Habillé Mr Chauvin....................   6
Habillé Mr de Villerey..................   6
Habillé Mr Jolly......................   6
Un dessein de M. Darménonville   6
Habillé Mad{e} la comtesse de Montsoreau...   6
Habillé Mr de Seré....................   6
Habillé Mad{e} la comtesse de Lignières   6

Delaunay.

Deux armures du prince de Birkenfeld....   14
Habillé Mr d'Imécourt jusqu'aux genoux...   28
Habillé Mr Courtin   2
Deux bustes de Mr d'Albret   28
Habillé Mr l'évêque de Valence..........   7
Habillé Mad{e} l'ambassadrice ***...........   7
Habillé Mr de la Citardie jusqu'aux genoux.   28
Un buste d'un suisse, hors la teste.......   7
Habillé Mr de Raffetange................   7
Mr de Saint Contest....................   14
Me Narcisse.............................   7

BAILLEUL.

Une coppie de Monseigneur, toille de 5♯ ..	60♯
Une copie du roy d'Espagne avec 2 mains, toile de 50ˢ..........................	60
Une coppie du Roy de même grandeur....	60
Habillé Mʳ de Montrouge[1]	10
Habillé Madᵉ de la Houssaye............	10
Un buste de Mʳ de Bouville.............	20
Plus un buste de Mʳ de Bouville	20
Une teste de Madᵉ Le Bret.............	10
Habillé Mʳ Mallet	10
Un buste du card. de Bouillon	20
Une bataille d'après Mʳ de Paroussel [dans le] tableau de Mʳ de Caluo...............	12

---

[1] René-François Dupleix, seigneur de Bacquincourt, sous-fermier, mort en 1735. Il acquit en 1699 la seigneurie de Montrouge aux héritiers de M. de Morstin. Il n'est pas question de ce portrait dans la liste des œuvres originales de Rigaud.

1709

Mr du Port, trésorier de France à Lyon[1]..	150 #
M[r] le marquis de Fontenay[2]	150
M[r] des Vieux, major au régiment de Navarre[3]................................	150
M[r] le marquis de Gassion[4]...............	500
M[e] la comtesse Genty, envoyée de Gènne..	150
M[r] le comte Genty, envoyé de Gènne[5]....	150
M[r] le duc de Chevreuse[6].................	150
Mr de Cantorbe, *Hénault de Cantobre*, fermier général[7]........................	150
M[r] le marquis de Seinelé, *Seignelay*[8].....	500
M[r] de L'Estre, *Laitre*, conseiller au parlement[9]................................	150
Mr Cardos	150

---

[1] Jean-Philibert du Port, né en 1676, nommé trésorier général à Lyon en 1709, mort vers 1747.

[2] François-Victor Le Tonnelier de Breteuil, marquis de Fontenay-Trésigny, né en 1686, conseiller au parlement, maître des requêtes, maître des cérémonies, secrétaire d'Etat, mort en 1723.

[3] Je trouve Henri des Vieux, seigneur de Brion, officier, mort le dernier de sa famille, sans alliance, vers 1730.

[4] Pierre-Armand de Gassion, vicomte de Montboyer, marquis de Gassion, frère du maréchal de France de ce nom.

[5] Stefano Gentile, comte de Tagliolo, envoyé extraordinaire de Gênes en France de 1704 à 1709.

[6] Charles-Honoré d'Albert de Luynes, duc de Chevreuse et Chaulnes. Voir à l'année 1707.

[7] François-Alphonse Hénault de Cantobre, né en 1648, fermier général de 1710 à 1718, mort en 1731.

[8] Marie-Jean-Baptiste Colbert, marquis de Seignelay, brigadier des armées du roi, né en 1683, mort en 1712.

[9] Nicolas de Laistre, conseiller au parlement de Paris en 1694.

Mr de Villarcy, *Thiroux de Villercy,* payeur
des rentes, *depuis receveur général des
finances, enfin controlleur au Grand
Conseil*[1].............................. 150#

Mr le comte d'Auroy. *H. r.*[2]............ 150

Mr de Cartigny, com̃issaire de marine[3].... 150

Mr Magnanis, *secrétaire de Mr le duc de
Vendome, natif de Perpignan. Grand
buste avec une main. Tout original*[4].... 300

Mr Girardo de Champcourt[5].............. 500

Mlle de Follin[6]...... 150

Me Le Page, de Roüen[7]................. 150

Mr d'Arménonville, conseiller d'Estat[8]..... 500

Madme la duchesse de Mantoue. *Hab. rép.*[9]. 500

Mr le duc de Mantoue. *Attitude originale,
un des beaux portraits de Mr Rigaud*[10]. 500

---

[1] Claude Thiroux de Villercy, né en 1680, seigneur d'Ouarville et de Ville-mesle, receveur général en 1717, payeur général des rentes (1723-1735), con-trôleur au grand conseil.

[2] Paul de Grivel de Gamaches, comte d'Auroüe ou Auroüer, maistre de camp du régiment d'Anjou, mort en 1752.

[3] François Castagnier, comte de Clermont-Lodève. Voir à l'année 1708.

[4] N... Magnanis, né à Perpignan. Il fut anobli et se fixa à Narbonne. Existe en peinture originale chez Mme Bellaud-Dessalles à Béziers. Gravé d'après les *Mémoires des membres de l'Académie* sans date ni signature, en buste.

[5] Jean Girardot de Chancourt, marchand de bois. Voir à l'année 1703.

[6] Une des trois filles de Nicolas de Folin, président, puis premier président de la Chambre des comptes de Bourgogne. Gravé d'après les *Mémoires des mem-bres de l'Académie,* en buste, sans signature ni date.

[7] Anne d'Anfreville, femme de Claude Le Page, seigneur de Rouveroy.

[8] Joseph-Jean-Baptiste Fleuriau d'Arménonville, garde des sceaux. Voir aux années 1697 et 1706.

[9] Suzanne-Henriette de Lorraine, fille du duc d'Elbeuf, née en 1695, mariée en 1704 à Ferdinand-Charles de Gonzague, duc de Mantoue, morte en 1710. Gravé par Drevet sans date ; inachevé.

[10] Ferdinand-Charles de Gonzague, duc de Mantoue et Montferrat, né en 1652, mort en 1708. Ces deux portraits, non payés, furent acquis par le comte Durazzo et emportés par lui à Gênes. Cependant un portrait du duc passa en 1773 dans la vente de Colin de Vermont, héritier de Rigaud.

Mme la marquise de Bully[1]................ 150 #

Mr Moreau, de St Malo[2] 150

Mr de Montier, de Pontoise 300

Me du Jary[3]........................... 150

Mlle de la Carbonnière. *Hab. répété*[4].. ... 150

M^r l'abbé Guéton[5]...................... 150

M^r le Franc, p^{er} président de Montauban[6] . 150

M^r l'évesque de Nisme[7].................. 150

M^r d'Olivier[8] 150

Mr Boucher, receveur des tailles du Mans.
     Habillement répété[9].................. 150

La Menasseuse pour le mème Mr Boucher
     menaçeuse[10]........................ 1.400

---

[1] Catherine de Marle, mariée en premières noces à Petré de Soulgant, en deuxièmes à M. de la Bove et en troisièmes en 1709 à Henri de l'Estendart, baron d'Augerville, marquis de Bully ; elle mourut en 1731.

[2] Trois frères Moreau, de Saint-Malo, existaient à cette date : Antoine, dit Moreau du Gué, était lieutenant d'artillerie à Saint-Malo en 1701 ; René, sieur de la Millenière, était enseigne de vaisseau ; autre René, sieur du Plessis, était commissaire de la marine. Tous vivaient encore en 1712.

[3] Peut-être s'agit-il de la femme d'Antoine Jarry ou du Jarry, qui était en 1697 huissier au conseil d'Etat et privé.

[4] Elisabeth Morel de la Carbonnière, fille d'honneur en 1704 de la duchesse de Villeroy. Gravé, si l'on en croit les *Mémoires des membres de l'Académie*, sans date ni signature.

[5] Je trouve un abbé François Gueston, prieur de Mornanc dès 1659 et vivant encore à la fin du XVIIe siècle.

[6] Jean Le Franc de Pompignan, premier président de la cour des aides de Montauban en 1709, mort en 1724 ; il fut père du membre de l'Académie française et de l'archevêque de Vienne de ce nom.

[7] Esprit Fléchier, né en 1632. évêque de Nîmes de 1692 à 1710, membre de l'Académie française. Existe en original chez Mme Bellaud-Dessalles à Béziers. Gravé par Edelinck en buste ovale ; en contre-partie par le même, tous deux sans date ; par El. Marlié-Lépicié après 1710 ; par Duflos le jeune sans date ; par Bertonnier vers 1813 ; par Landon au trait vers 1820 ; par Delannoye vers 1860.

[8] François Olivier, comte de Sénozan, fils de Daniel Olivier (voir à l'année 1703). Né en 1678, il fut marquis d'Alincourt, agent général du clergé de France et mourut en 1739. Il avait épousé Marie-Anne-Jeanne-Madeleine de Grolée-Viriville.

[9] Nicolas-Jacques Boucher, receveur des tailles au Mans (1708-1712).

[10] Ce charmant tableau, dans lequel une femme en buste fait avec le doigt un geste de menace, existe au musée d'Aix en Provence. Derrière la toile on lit : *Fait par Hyacinthe Rigaud. 1708.* Il a été reproduit dans la *Gazette des Beaux-Arts* (année 1914, p. 275).

Coppies de l'année 1709.

Une copie en buste de M^r le c^l de Bouillon pour M^r l'abbé Baluse	75 ♯
Une copie de Mr du Port p̄r̄ Mr Annisson .	75
Deux copies de Mr Langlois, une pour son fils et l'autre pour Mr Boucher	150
Une en grand de M^r le M^l de Matignon...	300
Une en buste de M^r le c^l de Bouillon pour M^r Le Fèvre et une autre pour Mr Chevalier avocat.	150
Une en buste de M^r le comte d'Auroy.....	75
Une en buste de Me Passerat.............	75
Une en buste de M^r le marquis de Gassion	75
Une de Mr Cardos....................	75
Une de Mad^e de Jary....................	75
Une de M^r l'abbé Bignon p̄r̄ m^r le prévôt des marchands son frère...............	75
Une autre de M^r l'abbé Bignon pour M^r Le Camus	75
Une de M^r le p^{er} président de Bérule	150
Une de Mr Langlois....................	75

[Mémoire de l'argent donné pour les copies faites pendant l'année] 1709.

Prieur.

Une copie de Mr Darménonville en pied...	80
Une copie de Mr Darménonville en grand..	70

Habillé l'original de Mad⁰ de Bouville d'après
      Mad⁰ Pécoil[1]........................   58#
Une teste de M⁰ Darménonville............   12
Une teste de Mad⁰ de Lignères............   12
Une teste de M⁰ Chauvin, médecin........   12
Un buste d'un jeune homme de Lion.....   24
Un buste de M⁰ Langlois-Dampy..........   24
Une teste de M⁰ Langlois-Dampy.........   12
Une copie de M⁰ Rigaud en petit.........   24
Une copie de M⁰ Passerat................   24
Un buste du Card¹ de Bouillon...........   24
Un buste de M⁰ de Gassion..............   24
Habillé l'original du comte d'Auroy.......   12
Un habillement d'un homme de robe......   12
Habillé l'original de M⁰ Girardot en grand.   45
Un buste de M⁰ Girardot.................   24
Un buste d'un suisse....................   24

Bailleul.

Habillé M⁰ de S⁰ Sulpice, toile de 3#10⁰...   50
Une copie de M⁰ le président Voysin, toile
      de 4#.....   60
Une copie de M⁰ Phélipeaux, toile de 3#10⁰.   60
Habillé Mad¹¹⁰ de Cartigny..............   10
Habillé Mad. Le Camus.................   10
Un buste du Card. de Bouillon..........   20
Un habillement en cuirasse de M⁰ des Vieux   10

---

[1] Nicole-Françoise Desmarests, mariée en 1664 à Michel-André Jubert de
Bouville, marquis de Bisy et de Claire-Pavilleuse, avocat général, intendant
à Limoges, Moulins, Alençon, Orléans et enfin conseiller d'Etat; elle mourut
en 1720. N'est pas mentionnée parmi les peintures originales de Rigaud.

Un habillement en cuirasse au marq. de
    Fontenay............................. 10 #
Un habillement de Mr Langlois........... 10
Habillé Mr de Gassion, toile de 4 #....... 50
Un habillement de M^r le marq. d'Anzy.... 10
Habillé Mr de Cardos.................... 10
Habillé M^r le marq. de Seignelay, toile de
    4 #.................................... 50
Habillé Mr de Villarsy, buste............. 10
Habillé Mad^{lle} Folin 10
Un buste de Mr de Cardos............... 20
Habillé Mad^{le} Le Page................... 10
Habillé M^r l'abé Tamisier[1] 10
Habillé Mad. de St Olon[2] 10
Ébauché la teste de Mad. l'envoyée de Gen-
    nes, un jo^r.......................... 3

---

[1] Alexandre Tamisier, abbé de Saint-Martin de Huiron, grand vicaire et
agent du cardinal Gualterio. nonce du pape en France ; il mourut octogénaire.
Il n'est pas question de ce portrait dans la liste des peintures originales de
Rigaud.

[2] La femme de François Pidou, seigneur de Saint-Olon, gentilhomme ordinaire du roi (1703). Il n'est fait aucune mention de ce portrait dans la liste
des peintures originales de Rigaud.

1710

M[r] Le Gendre, intendant de Montauban [1] . .	150 ₶
M[r] le Camus de la Grange et sa femme [2] . .	360
M[r] l'abbé de Fourcy de St Vandrille. *Hab[t] répété* [3]	150
Mlle Nicolas. *Habillement répété*	150
M[r] le cardinal de Rohan [4]	1.000
Le comte de Kercado et sa femme. *H. r.* [5]	300
Mr Rollée, receveur g͞n͞al des finances. *H. r.* [6]	150
Mr Pajot, grand audiencier. *H. rép* [7]	150
Mr de Torcy, envoyé en Espagne [8]	150
Mr Chauvelin, avocat général. *H. r.* [9]	500
M[r] Le Bret, p[r] président de Provence [10] . . .	150

---

[1] Antoine-François-Gaspard Legendre. Voir à l'année 1695.

[2] Nicolas Le Camus, seigneur de la Grange, maître des requêtes, premier président de la cour des aides, mort en 1712. Sa femme était Marie-Elisabeth Langlois. Voir à l'année 1701.

[3] Balthazard-Henri de Fourcy, né en 1674, chevalier de Malte, puis abbé de Saint-Wandrille de Rouen (1690), mort en 1754. Gravé par P. Drevet en 1711 d'après les *Mémoires des membres de l'Académie.*

[4] Armand-Gaston-Maximilien de Rohan, né en 1674, évêque de Strasbourg, cardinal en 1712, de l'Académie française, mort en 1749. Existe aux musées de Versailles, de Nancy et chez M. le duc de Beauffremont. Gravé en buste à droite par L. Cars fils, par Marie Hortemels et par un anonyme, chez Crépy, rue Saint-Jacques, sans date ; en buste à gauche par P. Drevet en 1716 disent les *Mémoires des membres de l'Académie;* le même portrait avec additions d'ornements ; et par P. Dupin sans date.

[5] René-Alexis Le Sénéchal de Kercado, comte de Kercado, gouverneur de Quimper, lieutenant général, mort en 1744. Sa femme était Jeanne Magon qu'il épousa en 1709. Cet article comprend deux portraits.

[6] Pierre Rollée, seigneur du Mesnil-Garnier, intendant général des finances à Limoges (1702), mort avant 1720.

[7] Christophe-Joseph Pajot, conseiller au parlement de Paris, grand audiencier, puis maître des comptes en 1709, né en 1685, mort en 1759.

[8] Jean-Baptiste Colbert, marquis de Torcy. Voir aux années 1697 et 1699.

[9] Germain-Louis de Chauvelin, garde des sceaux. Voir à l'année 1702.

[10] Pierre-Cardin Le Bret, premier président à Aix. Voir l'année 1697. Ce portrait, jadis conservé dans le palais du parlement d'Aix, appartient aujourd'hui à M. le baron Guillibert dans la même ville. Gravé par Cundier en 1727.

Mr Beauver, hoᵯe d'affaire.............. 300 ♯

M[r] Le Mercier[1] 300

Mr Marion[2] 300

M[r] Du Mesnil, ch[er] de St Louis. *Hab. répété*[3] 150

M[r] le comte de Mailly. *Demi figure avec
une main, l'attitude originale*[4] 300

Me Marsolier[5] 150

Mr Biberon de Cormery. *Hab. rép.*[6] 150

M[r] de La Cy, procureur du roy à Mâcon[7]. 150

Mr de Fervaques. H. r.[8] 500

Mme de Fervaques. H. r.[9] 500

*Mr de Waubert, demie figure avec une
main, toile de 30[s] attitude répétée*[10] ... 300

---

[1] Philippe-Maurice Lemercier, seigneur du Coudray, lieutenant-colonel au régiment de Limousin, gouverneur de Saint-Sébastien, brigadier des armées du roi.

[2] Alexis Marion, né en 1674, lieutenant en 1707, capitaine en 1745, mort en 1749.

[3] Pierre du Mesnil, seigneur d'Ardoucelle, capitaine, chevalier de Saint-Louis (1692-1710). C'est peut-être lui qui est représenté dans un petit portrait gravé par Duflos sans date d'après Rigaud et portant pour toute légende un monogramme composé des lettres P et M placé dans un écusson au-dessous du personnage représenté.

[4] Joseph, comte de Mailly, marquis d'Haucourt, né en 1677, page du roi, officier de mousquetaires, colonel, gouverneur du Roussillon de 1750 à 1753, mort en 1755. Existe en original chez M. Sirven à Béziers. Gravé d'après les *Mémoires des membres de l'Académie* en 1711 sans signature ni date.

[5] Jeanne Duranti, femme de Denis Marsollier, conseiller au grand conseil; née en 1642, elle mourut en 1733.

[6] Nicolas-Robert Biberon, seigneur d'Equeville et Cormery, conseiller du roi aux eaux et forêts à Paris en 1719.

[7] Aucun procureur du roi ne portait en 1710 à Mâcon le nom de La Cy ou Lacy; ils se nommaient Viard, Dauphin et Chevrot. Ce nom doit être altéré.

[8] Anne-Jacques de Bullion, marquis de Fervaques et de Bonnelles, gouverneur du Maine et du Perche, maréchal de camp, lieutenant général.

[9] Marie-Madeleine Gigaut de Bellefonds, épouse du précédent en 1708.

[10] Plusieurs membres de la famille bourgeoise parisienne Waubert vivaient à cette époque : Pierre, seigneur de Vaubuisant; Joseph-François, avocat, son neveu; Louis, intéressé dans les fermes, frère du précédent; Louis-Jacques, trésorier de la duchesse de Berry; Pierre, seigneur de Chevilly et avocat, frère du précédent.

Mr et Mad{e} de Jean. *Habillement répété*[1]..   1.000 ♯

Mr de St Jus. *Habillement répété*[2]........   150

Mr l'abbé d'Arle[3]......................   150

Mr de la Porte, caissier *de Samuel Bernard. H. r.*[4]......................   500

Mr de la Bletonnière, de Mâcon[5].........   150

Mad{e} Moran de la Porte................   150

Mr l'archevesque d'Oche, *Auch, Maupeou. Hab. rép.*[6]......................   150

Mr le marquis Corsiny, envoyé de Florence. *Depuis cardinal, neveu du pape. Habillement répété*[7]......................   400

Mr Texier. *Habillement répété*[8]...........   150

Mr Tourton, *banquier. Hab{t} original*[9]....   150

Mr de la Croix, marchand, *vendeur de marée, demi figure avec deux mains, prenant du tabac; composition originale* ..   400

---

[1] Charles de Jean, grand maître des eaux et forêts (1714-1721), fermier général (1721-1726), mort en 1747. Sa femme se nommait Marie-Pélagie Hendret.

[2] Antoine de Saint-Just de Brillampré, né en 1649, capitaine au régiment d'Artois.

[3] L'abbé Pierre-Joseph d'Arlos de la Servette, comte d'Antremont, seigneur de Saint-Victor, Saint-Just et la Fouillouse en Forests; vivant encore en 1741.

[4] François de la Porte-Féraucourt, caissier principal de Samuel Bernard, puis fermier général de 1729 à 1731, mort en 1731.

[5] Abel de la Bletonnière, seigneur d'Igé, Dommanges et Espierres, conseiller au parlement de Paris (1702), honoraire (1724).

[6] Augustin de Maupeou, archevêque d'Auch de 1705 à 1712, date de sa mort. Il avait été auparavant nommé en 1682 à l'évêché de Castres.

[7] Nérée-Marie Corsini, neveu de Clément XII, né en 1685, créé cardinal en 1730. Gravé d'après les *Mémoires des membres de l'Académie* sans date ni signature. Existe en original au palais Corsini à Florence.

[8] Jacques Texier, fils d'un médecin réputé à Paris; il était de 1700 à 1720 avocat au parlement et officier du duc d'Orléans à Chartres. Son frère Pierre Texier de Montanville était à la même époque conseiller du roi à Chartres.

[9] Claude Tourton, originaire de Suisse, était avant 1668 contrôleur des rentes de la ville de Paris, puis il fut banquier, intéressé dans les fermes et mourut vers 1720. Gravé d'après les *Mémoires des membres de l'Académie* en buste sans signature ni date.

Mr Moreau, de St Malo. *Hab. rép.*[1] . . . .   150 #

Mad^{lle} Equai, *Esquet ou Hecquet. Hab. rép.*[2]   150

Mr Dobarède, *d'Aubarède. Demi figure avec
une main, toile de 30^s. Attitude répétée*[3].   300

M^r le marquis de Valancé[4]   500

Coppies de l'année 1710.

Trois coppies de M^r Le Gendre, int^t de
Montauban   225

Deux de M^r et Mad^e Le Camus   150

Deux de M^r et Mad^e Le Camus p̄r̄ m^r Aubert   150

Deux autres du même pour Mr Rollé   150

Une de M^r le M^{al} de Villeroy p̄r̄ m^r le Juge,
fermier général   250

Une de M^r le président de Bérulle   75

Une de M^r Le Bret le père, p^r président de
Provence, p̄r̄ mad^e sa fille   75

Une de Mr du Mesnil p̄r̄ m^r Boët   75

Une de Mr Beauver p̄r̄ m^r Savalet   75

Deux de Mr de Beauver pour Roüen   150

Une du roy Louis 14 pour M^r Le Bret   150

Une de M^r l'abbé Gueston p̄r̄ m^r de St Jus.   75

Une de Mr Rollé   75

Une de M^r le duc d'Antin p̄r̄ m^r Le Fevre[5].   75

---

[1] Voir à l'année 1709, note 2.

[2] Probablement une fille de Philippe Hecquet, docteur en médecine assez connu à Paris en 1700.

[3] Jacques d'Astorg, seigneur d'Aubarède, né en 1678, colonel, gouverneur de l'île de Ré.

[4] François-Henri d'Estampes, marquis de Valencey et de Fiennes, colonel de dragons, mort en 1711.

[5] Louis-Antoine de Pardaillan de Gondrin, duc d'Antin, marquis de Montes-pan, né en 1665, gouverneur de l'Orléanais, directeur général des bâtiments, mort en 1736. Ce portrait, qui n'est pas cité dans le *Livre de raison* au nombre

Deux de M^r l'archevêque d'Och............	150 ₶
Une de Mr Chauvelin, avocat g͞nal, p͞r m^r Bignon, prévôst des marchands......	75
Deux de Mr Tixier pour son fils.........	150

[Mémoire de l'argent donné pour les copies faites pendant l'année] 1710.

PRIEUR.

Un buste de Me du Jarry...............	24
Habillé l'original de Me du Jarry.........	12
Six journées au portrait de Mr de Bérulle.	24
Un buste de Mr de Bérulle..............	24
Un buste de Mr de Gassion	24
Un buste de Mr Langlois-Dampy.........	24
Un buste de Me du Bourget.............	24
Deux testes de M^r le marquis d'Antin.....	24
Un buste de M^r Le Gendre.............	24
Deux testes de Mr Legendre.............	24
Deux journées au portrait de Mlle de la Carbonnière......................	8
Un buste de M^r Le Camus.............	24
Un buste de M^e Le Camus.............	24
Deux testes de M^r et de Mad. Le Camus..	24
Habillé l'orig^l en grand de Mad. la cont^sse de Bielk[1].........................	50

---

des peintures originales de Rigaud, existe en original au musée de Versailles et en répétitions dans le même musée et dans celui de Châteauroux ; une autre répétition existait dans la collection de M. Eudoxe Marcille. Gravé par J. Audran en 1716 d'après les *Mémoires des membres de l'Académie*; copié sur le précédent en 1720 par Nic. Tardieu dont ce fut le morceau de réception à l'Académie ; par F. Chéreau (deux états) en 1724 d'après les *Mémoires des membres de l'Académie.*

[1] Brita Horn, femme du comte de Bielke, général suédois dont Rigaud peignit le portrait en 1692. Il n'est pas question du portrait de sa femme dans la liste des peintures originales, mais l'original existe chez M. le baron Ramel à Ovedskloter en Suède.

Une journée au portrait de Mr Hénaut....	4 [#]
Habillé l'original de Mr Chauvelin en grand.	40
Un buste de M^r le président Le Bret......	24
Habillé l'original de M. le marq. de Fervaque.	45

BAILLEUL.

Habillé Mad. l'envoyée de Gennes........	10
Habillé Mr Moreau.....................	10
Un buste du Roy.....................	20
Habillé M^r l'envoyé de Gennes...........	10
Habillé M^r l'évesque de Béziers[1]..........	10
Habillé Mr Magnanis, avec une main, toille de 30^s.............................	24
Habillé Mr de Moutiers, avec une main, toile de 30^s..........................	24
Habillé Mr de Coulondre.................	10
Un buste de M^r l'abbé Bignon............	20
Plus un buste de M^r l'abbé Bignon.......	20
Habillé le marq. de Valencé.............	10
Deux habillements aux copies de M^r Le Gendre.............................	20
Un buste du Roy.....................	20
Deux jours et demi à repeindre le velours de M^r le marquis de Seignelay.........	7 10^s
Un habillement à la copie de M^r Le Camus.	10
Un habillement à Mad^e Le Camus........	10
Habillé Mad^{le} Nicolas..................	10
Habillé M^r l'abé Danse[2].................	10

---

[1] Louis-Charles des Alrics de Rousset, évêque de Béziers de 1702 à 1744, date de sa mort. Il n'est pas question de ce portrait dans la liste des peintures originales de Rigaud.

[2] Etienne Dansse, conseiller, aumônier du roi, abbé commendataire de Doudeauville, prieur de Cachan (1696-1720). Il n'est pas question de ce portrait dans la liste des peintures originales.

Une copie de M^r Le Camus.............. 20^{ℓℓ}
Une copie de Mad. Le Camus........... 20
Habillé le comte de Bielk, toile de 4^{ℓℓ}.... 50
Habillé M. de Carcados................ 10
Habillé Mad. de Carcados.............. 10
Habillé Mr de Torcy en cuirasse......... 10
Habillé Mr Pajot, grand audiancier........ 10
Une copie de M^r le président de Bérule,
    avec une main, toile de 30^s........... 34

1711

M^r le marquis d'Anceny, *c'est Ancenis.* *Hab^t original*[1]	150 #
M^r le marquis de Valpo, de Cologne. *Hab. rép*	150
M^r le M^{al} de Montrevel. *Hab. rép. sur celui du Maāl de Vauban*[2]	150
M^r le baron Schorlemer, allemant. *Hab. rép.*	150
Mr Cherrier, de Genève. *Hab. répété*	150
M^r le comte de Beauveau. *Hab. original*[3].	150
Mr de Mégrigny, cons^{er} au parlem^t, et Mad^e de Mégrigny. *Habillements répétés*[4]	300
Mr Dantrègue et sa feme, cons^r au parlem^t. [5]	300
M^r le comte de Parabère. *Habillement répété*[6]	500
Mr Ersolin, de Roüen	150

---

[1] Paul-François de Béthune, marquis d'Ancenis, puis duc de Charost, de Béthune, maréchal de camps, lieutenant général en Picardie, né en 1682, mort en 1759.

[2] Nicolas-Auguste de la Baume, marquis de Montrevel, maréchal de France en 1703, mort en 1716.

[3] Marc de Beauvau-Craon, comte, puis marquis de Beauvau, prince de Craon, né en 1679, créé grand d'Espagne en 1744.

[4] Charles-Hubert de Mesgrigny, vicomte de Troyes, marquis de Mesgrigny et Vandœuvre, conseiller au parlement de Paris, mort en 1731. Il épousa en 1699 Espérance Fontaine.

[5] Pierre Gorge, seigneur d'Entraigues, conseiller au parlement de Metz, et Julie d'Estampes-Valencay, sa seconde femme. Julie-Christine, leur fille, épousa le duc de Charost. Voir ci-dessus note 1.

[6] César-Alexandre Momas de Baudéan, comte de Parabère et Pardaillan, brigadier des armées, mort en 1716. Existe au château de Boran (Oise), chez Mme de Sancy de Parabère.

Mr Duménil. *H. r.*[1] .... 150 ℔

Made la comtesse de Parabère. *H. r. d'après
   celui de Mme Pécoil*[2] 500

Mr de Lusignan[3] 150

Mr l'évesque d'Authun *de Dromesnil, depuis
   év. de Verdun*[4] 150

Mr de Beauvoir, consr à Roüen[5] 150

Mlle Bouret[6] 300

Mlle de la Saline. *Hab. rép* 150

Mr de Montauran, *Montaran,* trésorier des
   États de Bretagne. *Compl originale*[7] 600

Made Rolland. *Catherine-Agnès Langlois,
   femme de Barthélemy Rolland, sḡr de
   Chambaudouin, receveur général et secrétaire du roy*[8] 150

Mr Maussion, receveur gñal des finances.
   H. rép.[9] 150

Mr de Nolan. *Hab. origl*[10] 150

---

[1] François du Mesnil, sieur de Maricourt, associé aux fermes du roi, époux d'une demoiselle de Dampierre.

[2] Marie-Madeleine de la Vieuville, qui épousa M. de Parabère en 1711. Existe en original chez Mme de Sancy de Parabère. Gravé par Valée après 1713 d'après la *Gazette des Beaux-Arts,* qui reproduit le portrait original en héliogravure (3ᵉ série, t. XVIII, p. 339).

[3] Hugues-François de Lézay, marquis de Lusignan, mort en 1738.

[4] Charles-François d'Hallencourt de Dromesnil, évêque d'Autun de 1711 à 1721.

[5] Pierre-Aimable-Damien Hébert, seigneur de Beauvoir, conseiller au parlement de Rouen en 1698.

[6] Marie Bouret, sœur du trésorier Etienne-Nicolas Bouret, née en 1668, non mariée, morte en 1748.

[7] Jacques-Marie Michau, seigneur de Montaran, conseiller au parlement de Paris et trésorier des Etats de Bretagne, vivant encore en 1722.

[8] Voir à l'année 1707.

[9] Thomas Maussion, secrétaire du roi et receveur général des finances à Alençon.

[10] Philippe de Nollent, seigneur de Canappeville et de Bombauville. Gravé d'après les *Mémoires des membres de l'Académie* sans signature ni date.

Mᵣ l'évesque de Nisme. *Rousseau de la Parisière. Hab. rép.*[1]...................   150 #

Mᵣ de la Chapelle-Martin. *Hab. rép*.......   150

Mᵣ Dulivier, de Bayonne, l'ayné. *Hab. répété*[2]...................................   500

Coppies de 1711.

Une copie de Mḡr p̄r̄ mᵣ Bellanger.......   75

Une copie de Mᵣ le comte de Toulouse p̄r̄
le même............................   75

Une de Mᵣ le duc de Bourgogne p̄r̄ le
même...............................   75

Une de Mᵣ de La Croix p̄r̄ sa fille........   200

Une de Mᵣ le chevalier Destouche........   75

Une de Mᵣ de Mégrigny et une de sa fem̄e   150

Une de Mᵣ le Mᵃˡ de Villeroy p̄r̄ Mᵣ An-
nisson.............................   75

Une de Mᵣ l'évesque de Nisme...........   75

Une du Roy p̄r̄ Mᵣ Le Maée.............   500

Une du Roy p̄r̄ Mᵣ Mesnager...........   500

Trois de Mᵣ Maussion...................   225

Une du Roy p̄r̄ Mᵣ le Mᵃˡ Duxelle........   150

Une de Mᵣ l'évesque d'Authun...........   75

Une copie de Mᵣ d'Ulivier...............   75

---

[1] Jules-César Rousseau de la Parisière, né en 1667, évêque de Nîmes de 1710 à 1736, date de sa mort. Gravé en buste par Guétard après 1736.

[2] Pierre Dulivier, armateur, directeur de la Compagnie des Indes-Orientales et gouverneur de Pondichéry en 1697, venu en France en 1711, retourné aux Indes en 1713, rappelé en France en 1717.

[Mémoire de l'argent donné pour les copies faites pendant l'année] 1711.

PRIEUR.

Deux bustes de M^r le duc d'Antin........	24 #
Un buste de M^r l'abbé Guéton	24
Un buste de Mr de Vaubert..............	24
Deux testes de Mr de Vaubert...........	24
Habillé l'original de M^r Du Ménil........	12
Un buste de Mr Duménil................	24
Habillé l'original de Mr de Jan..........	58
Habillé l'original de M^r le duc de Noailles.	58
Un buste de Mr Chauvelin..............	24
Un buste de M^r Le Texier..............	24
Une teste de M^r Le Texier..............	12
Un habillement de M^r le duc d'Antin	12
Un buste de M^r le comte de Toulouse	24
Un buste de Monseigneur................	24
Un habillement d'après Mr Perry..........	12
Une copie de Mr de la Croix.......	40

BAILLEUL.

Habillé Mr Rollet.......................	10
Habillé Mr de Vaubert, avec une main; toile de 30 ^{s}...............................	24
Habillé Mr de Minsy	10
Ébauché l'habillement du marquis d'Antin, un jo^r................................	3
Deux habillements aux copies de Mr de Vaubert................................	20

Habillé Mr Moron [1]	10
Habillé Mr de la Bretonnière [2]	10
Une copie de Mr Rollet	20
Habillé Mr de la Porte, toile de 4	50
Un habillement de M. l'abé d'Arles	10
Habillé Mr Boucher	10
Habillé Mad^{le} Esquet	10
Habillé Mad^e Moron [3]	10
Habillé l'archev. d'Auch	10
Deux copies de l'archevesq. d'Auch	40
Ébauché Mr Corsini, toile de 50 s, un jour et demi	4 10 s
Habillé M^r de St Jude	10
Habillé M^r le comte d'Aubarède, avec une main, toile de 30 s	24
Habillé Mr de Cormery, un jour	3
Un habillem^t d'après Mr Cormery	10
Habillé Mr Tessier	10
Une coppie de Mad^e de Mégrigny	24
Habillé Mr Asselin	12
Habillé Mr de Roisse	12
Habillé Mr de Mégrigny	12
Habillé Mad^e la comtesse de Parabert, toile de 4	58
Habillé Mr de Beauvoir	12
Une coppie de Mr de Mégrigny	24
Habillé Mr de Roisse	12

---

[1] Antoine Moron, secrétaire du roi, receveur général des finances à Lyon en 1728. Il n'est pas question du portrait de ce personnage dans la liste des peintures originales.

[2] Annet de Clermont de Chaste de Gessan, seigneur de la Bretonnière, né en 1683, capitaine en 1705, lieutenant-colonel en 1740. Il n'est fait aucune mention de son portrait dans la liste des originaux de Rigaud.

[3] Françoise Le Court, femme d'Antoine Moron, dont il a été parlé quelques lignes plus haut.

Habillé Mlle de la Saline................. 12 #
Un buste du Maréchal de Villeroy........ 24
Habillé l'évesque de Nismes............. 12
Habillé Mr Maussion, deux jours et demi.. 10
Une coppie de l'évesque de Nismes....... 24
Une coppie de M. d'Arménonville, toille
    de 4 #............................. 30

Le Comte [1].

Une coppie de M^r l'évesque d'Autun....... 12
Autre coppie de Mr Maussion............. 12
Habit de M^r l'évesque d'Autun fait à l'ori-
    ginal............................. 6
Deux habits de Mr Maussion 12
Deux habits de M^r le président Aubert,
    scavoir l'original et deux copies..... 17
Une coppie d'habit de Mr de Bayonne [2].... 6

---

[1] Nicolas Lecomte, né vers 1633, mort en 1748, conseiller de l'Académie de Saint-Luc. Son fils, nommé aussi Nicolas, fut également peintre et était vivant en 1748.

[2] André Duillet, évêque de Bayonne de 1707 à 1727, date de sa mort.

1712

M^r le ch^{er} de Cartagaat, *Casteja*[1]	200 ♯
M^r l'évesque de Grace, *Mégrigny*[2]	200
Mr *Gallet* de Coulange. *Hab. rép.*[3]	150
M^r le comte de Vertus. *Hab. rép*[4]	150
M^r le président de la Mésangère[5]	200
Mr Des Alliez, *Dézallier*, imprimeur[6]	200
Mad^e Boucher, *femme du receveur des tailles du Mans*[7]	200
Mr Poulletier, controleur général, *intendant, des finances*[8]	700
Mr Perrain, d'Aix, *Perrin*[9]	200
Mlle Brissonnet, *c'est Briçonnet*[10]	200

[1] Charles-Louis de Biodos, seigneur de Castéja, chevalier de Saint-Louis. Existe, faussement attribué à Van Loo, chez Mme de Castéja, née Fournés, à Paris.

[2] Athanase-Jean-Baptiste de Mesgrigny, évêque de Grasse de 1711 à 1726, date de sa mort. Il était de l'ordre des capucins. Gravé par Coelemans en buste en 1714.

[3] Emmanuel-Philippe de Coulanges. Voir à l'année 1682.

[4] Armand-François de Bretagne, baron d'Avaugour, comte de Vertus, maréchal de camp, né en 1682, mort vers 1760.

[5] Guillaume Scott de la Mésangère, seigneur de Boucherville, conseiller, puis président à mortier au parlement de Rouen.

[6] Antoine Dezallier, de Lyon, né en 1655, imprimeur libraire à Paris, marié en 1679 à Marie Mariette, veuve de Jean Dupuis, libraire.

[7] Anne-Louise Lemaire, femme de Nicolas-Jacques Boucher, receveur des tailles au Mans. Voir à l'an 1709.

[8] Pierre Poulletier, seigneur de Nainville, né en 1680, intendant des finances, mort en 1765. Il ne fut jamais contrôleur général.

[9] Jean Perrin, né à Aix en 1663, trésorier général des finances en 1693, mort en 1717.

[10] Peut-être Catherine Briçonnet, fille de Thomas Briçonnet et de Clémence d'Elbène, morte sans alliance. Gravé d'après les *Mémoires des membres de l'Académie* sans date ni signature.

M^r le comte Durasso, envoyé de Gène.
 Hab. rép.[1] .... 200 ♯

Mr Dieupar, de Londres................ 200

Mr du Fey, *Faÿ, ancien capitaine au régiment des Gardes françaises*[2] 200

Mlle Porché[3]......................... 200

M^r et Mad^e Maée, con^{er} au parlem^t[4]....... 400

Mr Suiny, de Londres 200

M^e la p^{re} présid^{te} d'Aix en bust pour Mad^e
 de la Briffe, sa mère[5].......... ......

M^r De Launay, directeur des médailles.
 Hab^t orig^{al}[6] 500

Mr Lieutaud le cadet, *Lioteau. Buste avec
 une main gantée; c'est l'original de l'une
 des deux estampes de M^r le comte de
 Toulouse*[7] 200

M^r le Bret, p^{er} président de Provence[8].... ⎫
Mad^e la p^{re} présidente le Bret, sa fem̄e[9]... ⎭ 1.600

---

[1] Le comte Durazzo fut envoyé extraordinaire de la république de Gênes en France en 1704 et ambassadeur en 1715.

[2] Charles-Jérôme de Cisternay du Fay, capitaine aux gardes françaises. Gravé par Pierre Drevet en 1728 pour être placé en tête du catalogue de sa bibliothèque.

[3] Marguerite Porcher, fille de Claude Porcher de Condé, marchand drapier; elle épousa vers 1712 Michel Saulnier, avocat au parlement, puis président en la cour des aides.

[4] Etienne-Vincent Le Mée, conseiller au parlement de Paris en 1711; sa femme était une demoiselle Charmolue, dont je ne connais pas le prénom.

[5] Marguerite-Henriette de la Briffe, née en 1695, fut en 1712 la quatrième femme de Pierre-Cardin Le Bret, premier président à Aix, et mourut en 1724. Gravé par Claude Drevet en 1728 en Cérès et en pied.

[6] Nicolas de Launay, né en 1647, directeur de la monnaie des médailles de 1696 à 1723, mort en 1727. Gravé par Fr. Chéreau en 1719. Existe en répétition au musée de la Monnaie à Paris.

[7] Peut-être Jacques Lieutaud, mathématicien. Voir en 1699.

[8] Pierre-Cardin Le Bret, premier président d'Aix. Voir aux années 1697 et 1710. Ce portrait existe au château de la Potardière près la Flèche.

[9] Marguerite-Henriette de la Briffe. Voir quelques lignes plus haut.

Coppies de 1712.

Une de M^r d'Argenson.................. 75 #
Deux de Mr Aubert...................... 150
Une de Mr Dulivier..................... 75
Six de Mr de Coulange 450
Une de Mr de Montaran 75
Une de M^r l'évesque de Grace 75
Une de Mad^e Aubert $\overline{pr}$. m^r Rollé 32
Une de Mad^e la comtesse de Paraber 140
Deux de Mlle Brissonnet $\overline{pr}$. m^r Londes ... 150
Deux de M^r le card^l de Rohan 160
Une de Mlle Porché 75
Une de M^r le comte de Toulouse $\overline{pr}$. m^r
l'envoyé de Genne..................... 75
Une de M^r d'Argenson................... 75
Une de M^r le cardinal de Roüen $\overline{pr}$ m^r le
c^l Albano............................ 80
Une de Mr Tourton..................... 150
Une de M^r le card^l de Roüen $\overline{pr}$. Versailles. 80

[Mémoire de l'argent donné pour les copies faites pendant l'année] 1712.

Bailleul.

Habillé la copie de Mr Tessier 10
Copié la main, la manchette de Mr Chau-
velin et le bout de l'écharpe de M^r de
Fervaque, 4 jours.................... 12

Habillé M^r le comte de la Rivière avec une main, toille de 30 [1]	24 #
Un buste de M^r le duc de Bourgogne	20
Un buste de Mr Destouches	20
Un buste de M^r le duc de Noailles	20
Habillé le baron de Vualpot	10
Habillé le baron de Schorlommer	10
Habillé Mr Charrier	10
Habillé Mad. de Mégrigny	10
Un buste du duc d'Antin	20
Habillé Mr de la Chapelle Martin	10
Un buste de Mr de Bouville	24
Habillé Mr du Livier, toille de 4 #, hors le fond	24 58
Une teste de Mr du Livier	12
Deux testes de Mr Maussion	24
Deux testes de Mr Aubert	24
Un buste de M^r d'Artagnan	24
Plus six testes de Mr de Coulange	72
Un buste de M^r l'évesque de Grace	24
Ébauché l'habillement du comte de Vertus, un jour	4
Une coppie de la présidente Aubert	24
Habillé l'envoyé de Gènes hors la cravatte	12
Un buste de Mlle Brissonnet	24
Deux testes du cardinal de Rohan	24
Une teste de Mlle Pourché	12
Une coppie de Mr de Montarand, toille de 30 [s]	24
Habillé M^e le May, toille de 4 #	58
Une teste de M^e le May	12
Deux bustes de Mr Tourton	24

---

[1] André, comte de la Rivière, vicomte de Tonnerre et Quincy, gouverneur de l'Auxerrois, lieutenant général au gouvernement de Bourgogne, capitaine de cavalerie, mort en 1715. Son portrait ne paraît pas parmi les originaux de Rigaud.

Déporte.

Pour le portrait de Me Pécoyl............   24 ♯

Baptiste.

Pour le portrait de Me Bielque...........   20

Vial[1].

Un buste de M^r le comte de Toulouse   20
Un portrait en grand de Mad^e la comtesse
    de Paraber.............................   60
Un buste de Mr Bignon, intendant........   20
Un buste de Mr Rollet...................   20
Une coppie en grand de Mad^e la duchesse
    de Noailles...........................   50
Deux habillements en buste de M^r le comte
    de Levendal et de M^r le comte d'Au-
    quinquy...............................   20
Une copie du portrait du Roy............   20
Un habillement d'un buste hors la drape-
    rie, d'après M^r le duc d'Antin..........   3
Habillé deux bustes de M^r et Mad^e Régnault   20

[1] Louis-René Viali, peintre de portraits, né en 1680, mort en 1770.

1713

M^r l'Abbé le père, p̄r̄. son fils à Londres¹.	150 ♯
M^r le comte de Bellisle. *H. r.*².	500
Mr Boyer *de Lantenay,* de Dijon³	300
Mr Collandres ⁴	
Mr Cotte le père⁵	1.000
M^r le comte du Luc, ambassadeur en Suisse⁶.	200
M^r le duc de Suilly⁷	200
Madame douairière d'Orléans ⁸	6.000

---

[1] Jean L'Abbé, seigneur de Toras, ingénieur du roi (1690-1707), mort avant 1729.

[2] Charles-Louis-Auguste Fouquet de Belleisle, né en 1684, créé maréchal de France en 1741, mort en 1761. Existe en original chez M. le comte de Bertier de Sauvigny à Paris et en répétition provenant de Mgr Fouquet, archevêque d'Embrun, chez Mme Isoard à Embrun. Autres répétitions dans les musées de Metz et de Rodez. Gravé par G. Wille en 1743 ; par Desrochers sans date, contre-partie de la gravure précédente, manière noire ; par Landon au trait vers 1820 ; par le graveur allemand Gabriel Bodenehr ; par le graveur anglais G. Bickham, ces deux derniers sans date.

[3] Bernard-Antoine Bouhier de Lantenay, marquis de Bouhier, conseiller au parlement de Dijon, encore vivant en 1724.

[4] Thomas Le Gendre, seigneur de Colandre ou de Colaudre, brigadier des armées du roi. Voir à l'année 1706. C'est probablement ce portrait qui est conservé comme d'un personnage inconnu au musée d'Aix en Provence. Une inscription nous apprend en effet qu'il fut peint en 1713.

[5] Robert de Cotte, né en 1657, premier architecte du roi, contrôleur et directeur des bâtiments, manufactures et médailles, mort en 1735. Existe en original au musée du Louvre. Gravé par P. Drevet en 1717 d'après les *Mémoires des membres de l'Académie;* copie sur bois de la précédente gravure par Verdeil sans date.

[6] Charles-François de Ventimille, comte, puis marquis du Luc, né en 1653, ambassadeur en Suisse. Gravé par J. Cundier en 1722.

[7] Maximilien-Pierre-François-Nicolas de Béthune, duc de Sully, né en 1664, mort en 1712, ou son frère Maximilien-Henri, né en 1669, qui devint duc de Béthune en 1712.

[8] Elisabeth-Charlotte de Bavière, née en 1652, mariée en 1671 à Philippe, duc d'Orléans, frère de Louis XIV, morte en 1722. Existe en original chez

Mr Arnault, con^{er} au parlem^t et mad^e sa femme[1]	400 ♯
Mr de Rouesse, *de Roise. Hab. rép.*[2]	150
M^r le baron de Levandal, fils du grand ma^{al} du roy de Pologne[3]	200
M^r le comte Ogenski, palatin[4]	200
M^r le président de Lamoignon. *Hab. rép.*[5]	700
Mr Nicolaÿ, p^{er} président de la chambre des comptes. *Attitude toute originale*[6]	700
Mr Roll le fils[7]	400
Mr de Beaujour	
Mad^e *Thiroux* de Villercy[8]	200

Mgr le duc d'Orléans et en répétitions dans les musées de Versailles, de Vienne (Autriche), de Buda-Pest, de Brunswick et de Genève, et chez M. le baron de Rotchild au château de Ferrières. Gravé par P. Drevet petit buste dans un ovale; par Guibert sans date; par Marie Horthemels; par Ch. Simonneau d'après les *Mémoires des membres de l'Académie* en 1714; il existe dans le recueil de l'école des beaux-arts une épreuve et une contre-épreuve de cette gravure; par un anonyme copiant Simonneau, petit ovale soutenu par deux génies sans date; par Blanchard pour la *Galerie historique de Versailles* (1838). Lithographié par un anonyme pour l'*Histoire du Palais Royal* (1834).

[1] Henri Arnaud, seigneur de Rousset et de Vallongne, conseiller au parlement de Provence (1673-1716); il épousa en 1687 Elisabeth du Périer.

[2] Charles de Vançai, seigneur de Roissé et Coulouasné, chevau-léger de la garde (1699), colonel en 1704.

[3] Waldemar, comte de Lowendalh, fils de Wordemar de Lowendalh, grand maréchal de Pologne; né en 1700, il devint maréchal de France en 1745 et mourut en 1755.

[4] Grégoire-Antoine Oginski, staroste de Samogitie, général de Lithuanie (1703), commandant en chef pour la confédération de Sandomir (1707), mort en 1709.

[5] Chrétien de Lamoignon, marquis de Baville, né en 1676, président au parlement de Paris en 1706, mort en 1748. Existe en original chez M. le comte de Ségur-Lamoignon à Paris.

[6] Jean-Aimar de Nicolaï, marquis de Goussainville, né en 1657, premier président de la Chambre des comptes (1686), mort en 1737.

[7] Jean-Georges, baron de Roll, seigneur d'Emmenholtz, trésorier général du canton de Soleure.

[8] Anne Le Maignau, qui épousa en 1712 Claude Thiroux de Villarcy, receveur général payeur des rentes; elle mourut en 1729.

Coppies de 1713.

Une copie de M^r le M^{al} de Villeroy p̄r. la
ville de Lyon...................... 1.100 [#]
Une autre pour le provost des marchands
de la ville de Lyon................. 500
Deux de Mr Mesnager p̄r. Roüen......... 150
Une du Roy p̄r. Mad^e de la Carbonnière.. 150
Deux de Mr Girardo de Champcourt...... 400
Une de Mr Tourton.................... 75
Deux de M^r Le Gendre, int^t de Montauban 150
Une de M^r le M^{al} de Villeroy p̄r. Mr Doret 75
Une du Roy p̄r. la reine d'Angleterre..... 150
Deux de M^r et Mad^e Renault p̄r. Mr Rodeau 150
Deux de Madame de la même grandeur que
l'original......................... 2.000

[Mémoire de l'argent donné pour les copies faites pendant l'année] 1713.

Bailleul.

Un buste de M^r d'Argenson.............. 24
Un buste du cardinal de Rohan.......... 24
Une teste de M^r le duc d'Antin.......... 12
Un buste de Mlle Brissonnet............. 24
Un buste du cardinal de Rohan.......... 24
Un habillement de Mr Girardau.......... 12
Ébauché la teste dud. un jour........... 4
Cinq jours à la grande coppie de M^r le ma-
réchal de Villeroy................... 20
Deux de Madame..................... 400

1714

Mr Chenard de la Faye le fils, de Màcon[1].	200 ♯
M^r l'évesque d'Allais, *Jean-François-Gabriel de Hénin-Liétard*[2]	200
Mr *Joseph de Gillet, marquis* de la Caze, p^{er} président du parlement de Bordeaux[3]	200
Mad^e de la Briffe[4]	200
Mad^e l'abbesse d'Espagne de Torigny[5]	200
Mr de Fleury Loscelon, gouverneur de Quimper[6]	200
Mad^e la marquise Danceny. *Hab. répété*[7]	700
Mr *Nicolas* Le Camus, p^{er} président de la cour des aydes[8]	500

[1] Salomon Chenart, seigneur de Saint-Léger et de la Faye ou de Faise, conseiller du roi, lieutenant général au siège présidial de Màcon.

[2] Jean-François-Gabriel de Hénin-Liétard, évêque d'Alais de 1713 à 1719; transféré à l'archevêché d'Embrun; il mourut en 1724.

[3] Joseph Gillet, marquis de la Caze, né en 1670, conseiller au parlement de Bordeaux (1691), président à mortier (1692), premier président (1714), mort en 1734.

[4] Bonne Barillon d'Amoncourt, qui épousa en 1691 Arnaud de la Briffe, procureur général au parlement de Paris, puis conseiller au grand conseil. Voir à l'année 1700.

[5] Elisabeth-Léonore de la Tour d'Auvergne, élue abbesse en 1702, démissionnaire en 1731, morte en 1746.

[6] Jacques-Corentin de Fleury, seigneur de Lossulien, né à Landernau, gouverneur de Quimper.

[7] Julie-Christine-Régine Gorge d'Entraigues, qui épousa en 1709 François de Béthune, marquis d'Ancenis, puis duc de Charost et de Béthune; elle mourut en 1737. Voir à l'année 1711.

[8] Nicolas-Pierre Le Camus, seigneur de Pontcarré, premier président de la cour des aides. Voir aux années 1701 et 1710.

Mr *Simon-Joseph* Tubouef, con^{er} au parlement[1].................................
M^r le marquis du Luc le fils[2].............   700 #

Coppies de 1714.

Une de Mad^e le Camus p̄r. Mr Rollé......   75
Une de M^r l'évêque d'Allais.............   75
Trois de M^r le président de Lamoignou ...   225
Une de M^r le comte de Toulouse p̄r. m^r Fleury,
gouverneur de Quimper................   75
Trois de Mr de Fleury, gouverneur de Quim-
per..................................   225
Une de Mr Girardo p̄r. son fils...........   200
Une de M^r Le Camus, p̄r. président......   75
Une de Mr Usson p̄r. son neveu..........   75
Une du Roy p̄r. le Roy................   400
Une de Mr de Bérulle p̄r. M^r l'abbé son fils.   200
Une de M^r le comte de Toulouse p̄r. m^r l'en-
voyé de Gennes......................   75

[Mémoire de l'argent donné pour les copies faites pendant l'année] 1714.

BAILLEUL.

Deux bustes de Mr Ménager..............   48
Un habillement de Mr Girardau...........   12

---

[1] Simon-Joseph Tubœuf, conseiller au parlement de Paris (1714).

[2] Gaspard-Madelin-Hubert de Vintimille, marquis du Luc, brigadier des armées du roi, né en 1687, fils du comte du Luc, ambassadeur en Suisse. Voir
à l'année 1713.

Ébauché la teste dud. un jour............ 4 #
Une coppie de Mr le Maréchal de Villeroy,
    toille de 4#, hors la drapperie et le paisage. 70
Deux testes de Mr Le Gendre............ 24
Habillé Mr Le Bret.................... 12
Un buste du Roy 24
Une teste de Mr Régnault.............. 12
Une teste de Madme Régnault............ 12
Deux copies de Madame d'Orléans dorière. 400

LAPENAYE[1].

Un buste de Mr le comte de Toulouse 24
Un portrait en grand de Mr Le Camus.... 60
Une teste de Madame douairière.......... 12
Fini une teste du maréchal de Montrevel.. 10
Et ébauché l'habillement................. 6
Habillé l'original du maréchal de Montrevel. 50
Trois bustes du gouverneur de Quimper... 72
Un buste de Mr de Maussion............. 24
Un habillement d'après un anglois........ 12
Une coppie de Mr le président de Bérulle,
    en toille de 40 ou 50'................. 40
Habillé le portrait en grand de Mr le comte
    de Bélisle......................... 52
Habillé le portrait en grand de Mr le mar-
    quis du Luc......................... 58
Une coppie en grand du même.......... 70
Un buste du même..................... 24

---

[1] Charles Sévin de la Penaye, né en 1686, élève de Rigaud dont il fut le copiste attitré pendant vingt-cinq ans, mort en 1749.

Vial.

Deux coppies du portrait de M^r et Mad^e Régnault	20 #
Deux bustes de M^r le Mar^l de Villeroy	40
Une coppie en grand de Mr de Matignon	45
Un buste de M^r le duc de Sully	20
Habillé un buste de Mr Roque	10
Un buste du Roy	20
Travaillé à un bureau d'après M^r d'Arménonville	16
Habillé un buste, hors la drapperie consistant en doublures de drap d'or et autres.	5
Trois bustes de M^r le président de Lamoignon.	60
Habillé Mad^e la marquise de Bully	8
Un buste de Mr Lieutaud	20
Un habillement d'après M^r d'Olivier	10
Une teste de Mad^e Le Camus	10

1715

Mad^e la présidente de la Mésangère [1]......	250 #
M^r le chevalier de Frénelle [2]..............	250
M^r le duc de Montbazon [3]................	
Mad^e Le Gendre, intendante de Montauban.	
Habillement répété [4]..................	200
Mr de Montesquiou [5].....................	300
M^r le prince électoral de Saxe fils du roy de Pologne [6]...........................	4.000
M^r le baron d'Haguin, con^{er} d'Estat du roy de Pologne...........................	100
M^r le comte de Hoym, de Saxe [7]..........	800
Mr Bouret, curé de St Paul [8].............	300

[1] Marguerite de Rambouillet, femme de Guillaume Scott de la Mésangère (voir à l'an 1712). Fille de Mme de la Sablière, née en 1658, elle fut célèbre par son esprit; La Fontaine et Fontenelle lui dédièrent quelques-uns de leurs ouvrages. Elle épousa en secondes noces le comte de Nocé.

[2] François Asselin, seigneur de Frenelles, chevalier de Malte. Existe en original chez M. Gaston Le Breton, provenant de la collection de M. Pouyer-Quertier à Rouen.

[3] Charles de Rohan, prince de Guemené, duc de Montbazon, né en 1655, mort en 1727.

[4] Anne Rouillé, seconde femme, mariée vers 1709, de l'intendant Antoine-Gaspard-François Le Gendre. Voir à l'année 1695.

[5] Daniel de Montesquiou, seigneur de Préchac et Galiax, né en 1634, lieutenant général, mort en 1715. Existe en original au musée d'Aix en Provence comme personnage inconnu, mais une inscription date ce tableau de 1715.

[6] Frédéric-Auguste de Saxe, fils de Frédéric-Auguste, roi de Pologne; né en 1696, duc de Saxe en 1733, mort en 1763. Existe en original au musée de Dresde. Gravé par Baléchou en 1747.

[7] Charles-Henri, comte de Hoym, bibliophile célèbre, ministre plénipotentiaire de Saxe en France, mort vers 1736. Gravé par Morse sans date, buste ovale.

[8] Michel Bouret, curé de Saint-Paul de Paris, frère aîné du trésorier Etienne-Nicolas Bouret. Voir à l'année 1689.

Mr *Antoine* Paris, receveur général des finances [1]...................................... 200 #

M^r l'abbé de Montville. *Habillement original* [2]................................... 300

M^r le chancellier Voisin [3] 4.000

M^r le M^{al} de Matignon [4]..................

M^r *Le Pelletier* de la Houssaye, cons^r
d'Estat [5] 300

M^r le marquis de Villars, *la tête seulement,
le reste n'a point été achevé* [6] ....

Mr *Jean-Antoine* de Même, p^{er} président du
parlement de Paris. *Hab. rép.* [7] 1.000

---

[1] Antoine Paris, comte de Sampigny, l'aîné des quatre frères Paris, célèbres financiers. Né en 1668, il fut trésorier général et garde du trésor royal ; il épousa en 1706 Elisabeth-Jeanne de la Roche et mourut en 1733. On a de lui un portrait peint par Rigaud où il est représenté avec sa femme. Voir à l'année 1724.

[2] Cet abbé appartenait peut-être à la famille Bigot de Montville dont plusieurs membres furent des bibliophiles célèbres, parmi lesquels Robert Bigot de Montville, conseiller au parlement de Paris (1679-1689), et Alexandre Bigot de Montville, président à mortier au parlement de Rouen. Un portrait original par Rigaud de Jacques-Jean Bigot a fait partie jusqu'en 1830 du musée de Rouen et a été alors donné par la municipalité à M. de Martainville en reconnaissance de services rendus. Il peut se faire aussi que le personnage désigné dans cet article du *Livre de raison* soit l'abbé Pierre Mazières de Monville qui fit imprimer en 1730 une vie fort intéressante du peintre Pierre Mignard qui fait encore autorité.

[3] Daniel-François Voysin, né en 1654, chancelier de France de 1714 à 1716, mort en 1716.

[4] Charles-Auguste de Matignon, comte de Gracé, maréchal de France en 1708. Voir à l'année 1691. Existe en original au château de Thorigny et en répétition au musée de Versailles. J'ai signalé un autre portrait du même personnage au musée de Caen, peint avant qu'il fût maréchal de France.

[5] Félix Le Pelletier de la Houssaye, conseiller au parlement de Paris, maître des requêtes, intendant à Strasbourg, conseiller d'Etat.

[6] Honoré-Armand de Villars, marquis, puis duc de Villars, né en 1702, gouverneur de Provence, membre de l'Académie française, fils du maréchal de Villars. M. le marquis de Vogüé possède du marquis de Villars un portrait terminé qui est attribué à Largillière.

[7] Jean-Antoine de Mesmes, comte d'Avaux. Voir aux années 1690, 1700, 1701 et 1702.

M^r l'archevesque de Toulouse. *René-François
de Beauveau du Rivau, depuis arche-
vesque de Narbonne* [1] .... 1.000 #
Mad^e la marquise de Montal. *Hab. rép.* [2].. 300
Mad^e la marquise d'Avaugour fille naturelle
de Monseigneur. *Hab. répété* [3] 300
M^r le C^{al} de Bissy [4] 300
M^r le baron Cruyptrausen, envoyé du roy
de Prusse [5] 300
Mad^e d'Altremalde, sœur de Mr de Montes-
quiou. *Hab. rép.* [6] 300
Mr Miret [7] 1.000
M^r le baron d'Esparre, *de Spaar,* pour une
coppie du roy de Suède, son maître.
Hab. rép. [8] 900

---

[1] René-François de Beauvau du Rivau, évêque de Bayonne (1700-1708), de Tournay (1708-1713), archevêque de Toulouse (1713-1719), de Narbonne (1719-1739). Gravé par P. Drevet comme archevêque de Narbonne en 1727 ; par Schmidt comme archevêque de Narbonne sans date ; par un anonyme sans date pour Crépy. Il est douteux que cette dernière gravure reproduise le portrait de Rigaud.

[2] Marguerite de Saulx-Tavannes, qui épousa en 1678 Louis de Montsaulnin, marquis de Montal.

[3] Cette fille naturelle du dauphin épousa Armand-François de Bretagne, comte de Vertus, marquis d'Avangour, maréchal de camp. Elle était même adultérine étant fille du dauphin et de Fanchon Pitel, femme du comédien Jean-Baptiste Raisin, dit Raisin cadet. Il n'en est fait, naturellement, aucune mention dans la généalogie de la maison de France du P. Anselme.

[4] Henri de Thiard de Bissi, né en 1657, abbé de Saint-Germain, évêque de Toul (1687), de Meaux (1704), cardinal (1715), mort en 1737. Existe en répétition au musée de Versailles. Gravé par Nicolas Tardieu en 1716 d'après les *Mémoires des membres de l'Académie;* par Marie-Hyacinthe Horthemels ; par Marie-Nicolle Horthemels plus petit que le précédent ; par E. Desrochers.

[5] Dodon-Henri, baron de Kniphausen. Voyez à l'année 1700.

[6] Marie de Montesquiou, épouse d'Urso d'Altermat, capitaine suisse, maréchal de camp.

[7] Peut-être Pomponne Mirey, conseiller du roi et receveur des consignations des requêtes du Palais en 1702.

[8] Eric-Axelsson, baron de Spaar, ambassadeur de Suède. Voir aux années 1698 et 1701.

M^r le comte de Gergy, envoyé du roy à
  Ratisbonne. *Hab. répété*[1] . . . .   300 #
Mr Voisin, panetier de France[2] . . . .
M^r le cardinal de Polignac[3] 1.000
Le roy Louis quinze[4] 8.000

Coppies de 1715.

Une du roy de Suède en grand pour M^r
  le baron de Spars[5] . . . .
Une de M^r le marquis du Luc en grand...   1.000
Cinq en buste du mesme   700

---

[1] Jean-Vincent Languet, comte de Gergy, ambassadeur de France à Venise, à Florence, puis plénipotentiaire à Ratisbonne.

[2] Peut-être est-ce François Voisin, marquis de Millars, Caissonville et Bouqueval, époux de Marie-Renée de Blaigny-Cessac, et vivant en 1704. Cependant je ne l'ai pas trouvé dans la liste des panetiers de France.

[3] Melchior de Polignac, né en 1661, abbé de Corbie, archevêque d'Auch (1725-1741), cardinal (1713), membre de l'Académie française, auteur de l'*Anti-Lucrèce*, mort en 1741. Existe en original signé : *H. Rigaud pinxit*, au musée du Louvre ; en répétition à mi-corps chez M. le comte de Polignac à Paris ; en buste aux musées de Besançon, de Dieppe, du Puy, de Lisbonne et à Straffort house en Angleterre. Gravé à mi-corps à gauche par Chéreau en 1729, par le même avec adjonctions postérieures ; en buste à gauche par L.-F. Cars en 1720 ; en buste à droite par J. Daullé (trois états) sans date ; par P. Dupin également sans date. Gravé sur bois par un anonyme, copie de Chéreau sans date.

[4] L'original de ce portrait existe au musée de Versailles signé : *Fait par Hyacinthe Rigaud en septembre 1715*. L'esquisse originale a passé en 1773 dans la vente Collin de Vermont, héritier de Rigaud. Autres répétitions aux musées de Caen, de Reims, de Compiègne, de Hampton curt en Angleterre et chez le marquis de Boubers à Amiens. Gravé par P. Drevet à deux reprises d'après les *Mémoires des membres de l'Académie* en 1718 et 1724 ; cependant une gravure du recueil de l'école des beaux-arts porte la date de 1723 écrite à la main ; par N. Larmessin fils après 1720 en buste ; par Cars également en buste après 1720.

[5] Charles XII, roi de Suède de 1699 à 1718. Rigaud, qui ne l'avait jamais vu, a fait son portrait d'après un dessin ou une esquisse d'un peintre suédois. Il n'en est fait aucune mention dans la liste de ses portraits originaux, l'original existe cependant au musée de Stockholm signé : *Peint par Hyacinthe Rigaud à Paris*, 1715.

Deux de Mr le chevalier de Frenelle	150 ♯
Une de Mad{e} Le Gendre.	75
Deux de Mr et Mad{e} Le Bret	200
Deux de Mr de la Houssaye	150
Une de Mad{e} de Montal p̄r̄. Mr l'abbé de Villecerf.	400
Une de Mr le Chancelier [1].	100
Une de Mr le C{al} de Bissy.	100
Une de Mr le C{al} de Pollignat.	200
Une de Mr Chauvelin.	100
Une en pied de Mr le prince électoral de Saxe, et trois sur toile de quatre francs.	3.000

[Mémoire de l'argent donné pour les copies faites pendant l'année] 1715.

LAPENAYE.

Une copie de Louis 14 en grand qui est restée là	24
Une coppie du buste de Louis 14.	24
Fait un fond à un tableau de Mad{e} de Mantoue.	6
Habillé un buste de Mr de Montesquiou. . .	12
Habillé le buste de Mad{e} de la Mésangère .	12
Habillé le buste de Mad{e} Le Gendre.	12
Un cordon bleu et le rabat à un buste du cardinal de Rohan	3
Une coppie du buste de Mad{e} Le Gendre. .	24
Deux coppies du buste du chevalier de Frenelle.	48

---

[1] Le chancelier Voysin. Voir aux portraits originaux de la même année 1715. Rigaud avait chez lui le portrait original en 1743 et en faisait une copie.

Habillé le buste du prince de Conty......	12#
Un habillement d'après l'abbé de Monville.	12
Deux bustes de M^r le Chancelier.........	48
Habillé en grand Mr Tubœuf............	58
Un buste d'un évesque en camail blanc...	24
Un buste de Mr de Chauvelin...........	24
Une coppie en grand de Mad^e de Montal..	70
Un buste du cardinal de Bissy...........	24
L'ordre de la Toison d'or au portrait du M^{al} de Villars.......................	3
Habillé le buste de Mad^e de Villeroy......	12
Habillé le buste de Mad^e Altermalt........	12
Une teste du cardinal de Polignac........	4

1716

M[r] le marquis d'Avaré, lieutenant général, ambassadeur en Suisse. *Habillement répété*[1] .... 300 #

Mlle de Montesquiou. *Hab. rép.*[2] 300

M[r] *l'évêque de Troy. Denis-François Bouthellier de Chavigny*[3] 300

Mr de Chavigny Villesavin. *H. r.*[4] 300

Mr de Courcelle, officier aux gardes suisses[5] 300

Mr de Blancmeny, *Ménil*, de Lamoignon[6] . 1.000

M[r] d'Andrezel (*Jean-Baptiste-Louis Picou, cheval[r] sg[r] d'*). *Hab. rép.*[7] 300

---

[1] Marc-Théophile de Béziade, comte, puis marquis d'Avarey, brigadier des armées (1694), maréchal de camp (1702), lieutenant général, ambassadeur en Suisse (1715-1726), mort en 1746.

[2] Quatre sœurs du maréchal de Montesquiou vivaient à cette époque : Jeanne qui ne se maria pas ; Gabrielle, religieuse à Etrun ; Luce, religieuse au Val-de-Grâce, et Anne-Jeanne, religieuse à Hays. Il s'agit vraisemblablement de la première.

[3] Denis-François Le Bouthillier de Chavigny, évêque de Troyes de 1678 à 1697 ; il donna sa démission, se retira à la chartreuse de Troyes et y mourut en 1731.

[4] Louis Le Bouthillier de Chavigny, marquis de Villesavin, colonel d'infanterie, marié en 1709 à Antoinette le Goulz-Maillard.

[5] François de Champlais de Courcelles, seigneur de Massery, lieutenant aux gardes suisses, puis lieutenant général en Bretagne.

[6] Guillaume de Lamoignon, seigneur de Blancménil et Malesherbes, qui fut chancelier de France de 1750 à 1768, né en 1683, premier président de la cour des aides en 1746, il mourut en 1772.

[7] Jean-Baptiste-Louis Picou, seigneur d'Andrezel, de la Motte-Saint-Méry et Montgimont, secrétaire du cabinet du roi, intendant en Roussillon (1716-1719), ambassadeur à Constantinople. Gravé par François Chéreau en 1719 d'après le P. Lelong ; autre gravure allemande anonyme et sans date d'après la précédente.

Coppies de 1716.

Trois du Roy pour le Roy.............. 1.200#
Une de Mr de Montroux, évesque de Pié-
    mont[1]............................ 100
Une de M^r le p^{er} président............ 150
Une de Mlle de Montesquiou............ 100

[Mémoire de l'argent donné pour les copies faites pendant l'année] 1716.

LAPENAYE.

Habillé le portrait en grand de M^r le p^{er} pré-
    sident.................................. 48
Une grande coppie ovale de M^r le p^{er} pré-
    sident.................................. 40
Deux petits bustes de Louis 15........... 48
Ébauché l'habillement de M^r le comte de
    Gergy................................. 3
Deux coppies du portrait de Louis quinze. 80
Habillé le buste du comte d'Avaret....... 12
Un habillement d'après le portrait de M^r Ri-
    gaud.................................. 12
Ébauché l'habillement du buste de Mlle de
    Montesquiou........................... 4
Une coppie du même buste.............. 24

---

[1] Charles-Joseph Morozzo, évêque de Bobbio (1693-1698), puis de Saluces
mort en 1729. Il n'est pas question de ce portrait dans la liste des peintures
originales de Rigaud.

L'ordre du St Esprit au portrait de M^r de
    Vertamont...........................   4 ♯

Une coppie de Mad^e que je n'ay pas entiè-
    rem^t finie................................ 24

Habillé le buste de Mr de Courcelle....... 12

Habillé le buste du marquis de Villesavin. 12

Une armure d'après M^r d'Avaret sur le buste
    du maréchal de Villeroy...............   6

Habillé le buste de M^r d'Andrezel......... 12

BENNEVAUX.

Un buste de M^r Le Bret....... 24

Un buste de Mad^e Le Bret.............. 24

Habillé le roi de Suède en grand......... 48

Deux coppies de Mr de la Houssaye 48

Habillé Mad^e de Montal en buste......... 12

Habillé M^r le May en grand.............. 48

Une teste de Mad^e d'Anseny............. 12

Un buste du Roy... 24

1717

Mr le baron d'Esparre, *de Spaar,* ambassadeur du roy de Suède. *Hab. rép.*[1] ......   300 ♯

Coppies de 1717.

Une de Mr le baron d'Esparrè   300
Une du Roy pour Mr le Grand duc   300
Une du Roy p̄r̄. Mr l'archevesque d'Aix ...   300
Une de Mr de Coulange   100

[Mémoire de l'argent donné pour les copies faites pendant l'année] 1717.

LAPENAYE.

Habillé le buste de Mad{e} Davancourt   12
Une coppie en grand du duc d'Antin   70
Une autre coppie du roy Louis XV   30
Ce que j'ai fait aux quatre coppies du prince
électoral de Saxe   50

---

[1] Eric-Axelsson, baron de Spaar. Voir aux années 1698, 1701 et 1715.

1718

Mr Dorcigny..........................	300#
Made la comtesse de Montal[1].............	300
Mr de Barville, consr d'État. *Portrait jusqu'aux genoux, attitude originale*[2].....	1.000
Mrs les deux frères Guitton, de Marseille[3].	600
Mr Castagnier l'ainé[5]....................	300
Mr Aix, *Hess*, de Londre................	300

Coppies de l'année 1718.

Une de Made Le Bret pour Mr Lange.....	100
Deux de Mr Dorcigny...................	200

[Mémoire de l'argent donné pour les coppies faites pendant l'année] 1718.

LAPENAYE.

Fait un morceau d'étofe d'or à un buste..	5
Ébauché un buste dont il y en a un que j'ai ébauché deux fois, sur quoi j'ay mis cinq jours...........................	25

---

[1] Marguerite de Saulx-Tavanes, femme de Louis de Montsaulnin, marquis de Montal. Voir à l'année 1715.

[2] Louis-Robert de Barville, seigneur de Romainville, né en 1694, conseiller d'Etat.

[3] Deux frères Guitton habitaient Marseille vers 1700; Honoré était marchand et Joachin était marchand et banquier.

[4] Guillaume Castagner, frère aîné de François Castagner qui fut fermier général (1720-1721).

Retouché une grande copie de M[r] l. D. d'Antin faite par le Sr Lecomte, ou j'ai demeuré 17 j[r]......	28[ll]
L'habillement à un buste de M[r] l'évêque de Troye que je n'ay pas entièrement fait..	10
Un habillement d'après Mr Dargençon.....	15
Un habillement d'après M[r] le comte d'Arlin[1].	15
Un habillement d'après un jeune [homme] de Lyon.............................	15
Une tête de M[r] l. D. d'Antin, d'un buste dont j'ai retouché l'habillement.........	20
Une autre tête de M[r] l. D. d'Antin, dont j'ai retouché l'habillement..............	10

---

[1] Jacques-André, comte d'Arlin, capitaine des gardes du corps de la duchesse d'Orléans, nommé en 1717 gouverneur de Sommières.

1719

Mr de Berbizy, premier président au parlement de Dijon, *Jean de Berbisey, baron
de Ventoux. Habillement répété*[1]....... 400ᵗ

M^r le comte Dherlin, cap^{ne} des gardes de
Mad^e d'Orléan la doyrière. *Hab. rép.*[2].... 300

M^r D'Argenville Deshaliez, *Antoine-Joseph
Desailler d'Argenville, maitre des comp-
tes. Habillement répété*[3].............. 300

Mr de Guesdan, avocat g͞nal au parlement
d'Aix. *Habillement répété*[4]............ 300

Autre portrait de Mr de Guesdan en grand.

Mad^e de la Jonchère. *Entièrement original*[5] 1.500

Mr de Bariville, con^r au parlem^t de Roüen.
Hab. répété[6]........................ 300

---

[1] Jean de Barbizey, baron de Ventoux, premier président au parlement de Dijon. Existe en original au musée de Dijon.

[2] Eberhard-Ernest, comte d'Harling, né en 1665, entré dans la maison de la duchesse d'Orléans en 1673, colonel en 1702, brigadier des armées du roi en 1705, capitaine des gardes de la duchesse de Berry en 1715, gouverneur de Sommières en 1717, maréchal de camp en 1718, mort en 1729.

[3] Antoine-Joseph Dezallier, sieur d'Argenville, né en 1680, littérateur, naturaliste, maître à la Chambre des comptes, mort en 1765. Il était fils du libraire Antoine Dezallier. Gravé par V. Vangélisty sans date et daté de 1775, deux états.

[4] Pierre de Gueydan, créé marquis de Gueydan en 1752, avocat général, puis président à mortier au parlement de Provence. Les deux portraits de lui peints par Rigaud en 1719 existent au musée d'Aix en Provence. L'un est en costume civil, l'autre en costume de magistrat est signé : *Hyacinthe Rigaud*, 1719. Ce dernier a été reproduit dans les *Procès-verbaux de la réunion des sociétés des beaux-arts à la Sorbonne en 1910* en photogravure.

[5] Charlotte Raisin, femme de Gérard-Michel de la Jonchère, trésorier général de l'ordinaire et de l'extraordinaire des guerres, des gendarmes et de l'ordre royal de Saint-Louis (1704-1729).

[6] François-Philippe Brévedent, seigneur de Bariville, conseiller au parlement de Rouen en 1719.

Coppies de 1719.

Une de M^r le duc d'Antin pour Mr Adam .	150^{tt}
Une de M^r le duc d'Antin pour le duc d'Antin..............................	500
Une de Mr de Baville pour Mad^e de Mopoux, sa petite fille.........................	500
Une de M^r d'Argençon pour M^r l'archevèque de Bordeaux, son frère................	500
Une de M^r le duc de Nouailles pour Mlle de St Gilles..............................	100
Une de M^r le comte des Vertu	900
Une coppie de M^r le duc de Nouailles pour Mr Ozon..................................	

[Mémoire de l'argent donné pour les coppies faites pendant l'année] 1719.

Lapenaye.

Ébauché la table de l'original de Mr de Bérulle.	5
Ébauché l'habillement de Mr de Bervisy, premier président....................	5
Ébauché l'habillement de M^r d'Argenville..	5
Une copie en grand de Mr de Baville.....	90
Un buste de M^r l. D. de Noaïlles	30
Une grande copie de Md^e Le Bret, or la teste	90
Ébauché l'habillement d'un cons^r de Rouën en buste	5

1720

Mr Dulivier, de Bayonne .... 700 #

M^r l'archevesque d'Halby, *Armand-Pierre*
de la Croix de Castries[1] 500

Mad^e de Coste la jeune[2] 1.000

M^r l'évèque de Montauban, *François de*
Haussonville de Vaubecourt[3] 500

Mr Chambrier, *Hab. répété*[4] 500

Mr Morel, con^{er} au parlement de Metz.
Hab. rép.[5] 500

Mr Ozon, *secrétaire de M^r le duc de Noailles*[6].

Copies de l'année 1720.

Deux copies d'un con^r de Rouën, *Barville*. 200

Une de M^r le D. de Noailles pour M^{le} de
St Gille 100

Une copie en grand de Mr Dargençon, garde
des sceaux 500

Une copie de M^r l'abbé Pucelle........... 100

---

[1] Armand-Pierre de la Croix de Castries fut archevêque d'Albi de 1719 à 1747, date de sa mort. D'abord archevêque de Tours à partir de 1717.

[2] Suzanne de Launay, fille de Nicolas de Launay, directeur de la monnaie; elle épousa Jules-Robert de Cotte, architecte du roi, contrôleur des bâtiments, enfin directeur de la monnaie.

[3] François-Henri de Nettancourt-Vaubécourt d'Haussonville, évêque de Montauban de 1704 à 1729. Il donna sa démission en 1729 et mourut en 1736.

[4] François Le Chambrier, maire de Neuchâtel. Voir à l'année 1704.

[5] Antoine Morel, d'abord prévôt de Bar-sur-Aube, puis en 1695 conseiller au parlement de Metz.

[6] Famille de Montargis; en 1678 Etienne Ozon était juge au présidial de Montargis; Henri, son fils, était conseiller du roi dans la même ville, et Jean, son frère, était garde du corps en 1720.

[Mémoire de l'argent donné pour les coppies faites pendant l'année] 1720.

Lapenaye.

Deux copies du même conseiller de Rouën.	60 ♯
Habillé le portrait en grand de Md⁶ la marquise d'Anceny......................	75
Habillé le buste de Monsʳ................	15
Habillé le buste de Md⁶ Bouché..........	15
Une grande copie de Mʳ d'Argençon......	90
Ebauché le buste de Mʳ Morel et fini l'étofe d'or, où j'ay resté deux jours..........	10
Habillez un buste de Md⁶ de la connoissance de Mʳ de Forcadelle...................	15
Habillez le portrait de Mʳ Guédant, avocat général au parlement d'Aix, or la drapperie rouge et la main	50
Ébauché un habillement en grand.........	21
Habillé à l'esbauche le buste de Mʳ l'abbé Pucelle, où j'ay resté un jour..........	6

1721

Le Roy en pied pour le roi d'Espagne .... 8.000#
L'ambassadeur du roy d'Espagne, *Patricio*
    Laulès[1]............................... 1.000
Mr Milyns, de Coppennague.............. 1.000
M^r l'abbé Pucelle[2]....................... 500
Mr Billart, payeur des rentes. *Habillement*
    original[3]........................... 500
M^r le mq^s d'Assigny, *jusqu'aux genoux ;*
    l'habillement répété d'après celui du
    maréchal de Montrevel[4]............... 1.500
M^e la M^{se} d'Assigny, *jusqu'aux genoux ;*
    l'habillement répété d'après celui de
    Mad. Le Bret représentée en Cérès [5] ...
Mr de la Jonchère[6]....................... 1.500
Me de la Jonchère....................... 1.500
Mr de Beaubourg....................... 500

---

[1] Patricio Laulès fut ambassadeur d'Espagne en France de 1720 à 1723.

[2] René Pucelle, abbé de Corbigny, conseiller clerc au parlement de Paris en 1684, né en 1655, mort en 1745. Gravé par P. Drevet en 1739 et d'après lui deux autres fois sans nom de graveur ni date, mais une fois après 1745. Gravé en contre-partie par Ficquet sans date.

[3] Pierre Billart de Vaux, payeur des rentes, trésorier de France, président en 1732 du bureau des trésoriers de France, encore vivant en 1752.

[4] Lancelot Turpin de Crissé, comte de Crissé, marquis d'Assigny, brigadier des armées du roi, qui mourut en 1720.

[5] Marie-Claude-Geneviève Chérières d'Eligny. qui épousa le précédent en 1712.

[6] Gérard-Michel de la Jonchère, trésorier de l'ordinaire et extraordinaire des guerres, des gendarmes et de l'ordre de Saint-Louis, né en 1675. Voir aux années 1701 et 1719.

M^r le chevalier Sehaub, envoyé d'Engleterre.
 Habillement répété[1]................... 500[#]
Autre portrait en buste de M^r le chevalier
 Séaub.............................. 500

Copies de 1721.

Une grande copie en pied du feu Roy pour
 le roy d'Espagne.................... 4.000
Une copie de feu Mg^r le Dauphin......... 1.000
Une copie de Mr de la Jonchère pour M^r
 Michel............................ 300
Autre copie en buste de Me de la Jonchère. 300
Seconde copie de M^r l'abbé Pucelle....... 100
Un buste de Louis quinze.............. 300
Autre buste de Louis quinze............ 300

[Mémoire de l'argent donné pour les copies faites pendant l'année] 1721.

LAPENAYE.

Une copie en buste de M^r l'abbé Pucelle.. 40
Ébauché l'habillement de M^r d'Argenville,
 un jour et demi..................... 9
Une tête de Louis 15................. 20
Un buste de Louis 15................. 40
Un autre buste de Louis 15 sur une toille
 de trente sols....................... 40
Habillez le portrait de M^r le comte d'Assigny
 d'après M^r le M^l de Morver........... 120
Habillez le portrait de Md^e la marquise
 d'Assigny d'après Md. Le Bret......... 120

---

[1] Le chevalier Luc Schaub fut chargé d'affaires d'Angleterre en France en 1721 et 1722. Il était né à Bâle. Existe en original au musée de Bâle.

1722

M^r le duc de St Agnan[1]	1.400 #
Me de Lalier Tiroux, *Thiroux de Lailly*[2].	300
M^e d'Argenville, *femme du M^e des comptes.*	
Habillement répété[3]	300
Mr Orval Bodet, de St Malo	500
M^r le prince Doulourousqui, *Doulgourouki*[4].	
Mr Télusson, *Thélusson*, bancquier[5]	1.500
M^r le duc de Monfort[6]	1.000
Mr Eon, de St Malo[7]	500

Copies de 1722.

Une copie de M^r le baron Despart	100
Une copie de Mr Eon, de St Malo	100
Une copie en grand de M^r d'Argençon pour M^r son fils	500

---

[1] Paul-Hippolyte de Beauvillier, duc de Saint-Aignan, né en 1684, brigadier des armées, ambassadeur en Espagne, membre de l'Académie française. Voir à l'année 1693.

[2] Marie Brunet, née en 1652, épousa en 1679 Lazare-Louis Thiroux de Lailly, seigneur de Lailly-Vaujour, fermier général; morte en 1722.

[3] Françoise-Thérèse Hémart, née en 1680, épousa Antoine-Joseph Dezallier d'Argenville et mourut en 1765. Voir à l'an 1719.

[4] Le prince Dolgorouki fut ambassadeur extraordinaire de Moscovie en France de 1720 à 1722.

[5] Isaac Thélusson, de Genève, négociant, banquier, ministre de Genève en France (1733), son envoyé extraordinaire (1736), intéressé dans les fermes générales et les approvisionnements de Paris. Neveu et héritier du banquier Tourton. Voir à l'année 1710.

[6] Charles-Philippe d'Albert de Luynes, duc de Montfort, puis duc de Chevreuse et de Luynes, né en 1695, mort en 1758. Existe en original chez M. le duc de Luynes à Dampierre.

[7] Guillaume Eon, conseiller secrétaire du roi à Saint-Malo, mort après 1723.

[Mémoire de l'argent donné pour les copies faites pendant l'année] 1722.

Lapanaye.

Un habillement en buste d'après Mr Billard.	20 #
Ébauchez l'habillement de M^r le cheval^r Seaube, un jour	6
Ébauché l'habillement de M^r l'ambas^r de Suède baron de Spart, trois jours.......	18
Un buste de Mr Chambrier..............	40
Un buste de Mr de la Jonchère, avec une main.................................	50

1723

Mʳ l. cˡ Dubois [1]	3.000 ♯
Dubois, son frère, et sa femme [2]	1.000
Mʳ d'Argenson, archevèque de Bourdeaū [3]	1.200
Mʳ de Monteuil, brigadier des armées du roy [4]. Autre portrait de Mʳ de Monteil	700
Mʳ le Nonce du Pape ; *Mascei, arch. d'Athènes* [5]	500
Mʳ Chambriel, de Neuchâtel, *ministre du roi de Prusse. Habillement répété* [6]	500
Mʳ Coste le fils, *controleur des batimens* [7]	1.000

---

[1] Guillaume Dubois, né en 1658, précepteur du régent, premier ministre en 1717, archevêque de Cambrai en 1720, cardinal en 1721, mort en 1723. En 1764 ce portrait appartenait à Mˡˡᵉ Violet, héritière du cardinal Dubois, au château de Villemenon, près Brie-Comte-Robert. Aujourd'hui il fait partie de la collection de M. Ed. Kann à Berlin. Gravé par P. Drevet à mi-corps à droite en 1724 ; par Roy en buste à gauche sans date (deux états). Lithographie par Baudran pour l'éditeur Amyot sans date.

[2] Joseph Dubois, frère du précédent, né en 1650, secrétaire du cabinet du roi, directeur général des ponts, chaussées et levées de France, secrétaire des commandements de la reine d'Espagne, mort en 1740. Sa femme se nommait Marie-Anne David de la Plagne.

[3] Elie-François de Paulmy de Voyer d'Argenson, archevêque de Bordeaux de 1719 à 1728. Il avait été d'abord évêque de Dol (1702), puis archevêque d'Embrun (1715). Il mourut à Bordeaux en 1728.

[4] Jean-Baptiste de la Valette, baron de Cornusson, comte de Monteil. brigadier des armées et sénéchal de Toulouse, mort en 1725.

[5] Barthélemy Massei, né en 1663, évêque d'Ancone, nonce en France (1721-1730), archevêque d'Athènes (1726). cardinal (1730), mort en 1745.

[6] François le Chambrier, maire de Neuchâtel. Voir aux années 1704 et 1720. Je n'ai pas trouvé le nom de sa femme dont il est question quelques lignes plus bas.

[7] Jules-Robert de Cotte, seigneur de Châteaugontier, architecte du roi, intendant des bâtiments, jardins, arts et manufactures, directeur de la monnaie, mort en 1767. Voir aux années 1713 et 1720.

M[r] le président d'Aigrefuille[1] . . . .   500[#]

M[r] l'évêque de Marseille. *Habillem. répété*[2].   500

Mr de Lévignan (*Guyardon de Lévignan,
intendant du commerce*)[3]   500

M[r] l'archevêque de Cambray[4] 3.000

M[r] d'Odun, controlleur général[5] 3.000

M[r] le comte de Dhen, envoyé de Brunswick[6] . .   3.000

Mr Tessier[7]   600

Copies de 1723.

Une copie de M[r] le C[l] Dubois $\overline{\text{pr}}$. m[r] son
neveux   300

Une copie de M[r] le C[l] Dubois pour M[r] le
chevalier Schaub   300

Une de Me Bossuet $\overline{\text{pr}}$. m[e] Le Bret[8]   150

---

[1] Fulcrand-Jean d'Aigrefeuille, seigneur de Caunelle et de la Fosse, président de la Chambre des comptes de Montpellier. Existe en original chez M. le comte de Saporta à Montpellier. Gravé par Dequevauvilliers en 1811.

[2] Joseph-Hyacinthe-Henri-Xavier de Belzunce, évêque de Marseille de 1710 à 1755. Né en 1671, célèbre par son dévouement lors de la peste de Marseille, mort eu 1755.

[3] Joseph-Marie de Gayardon de Lévignan, intendant, maître des requêtes (1723), conseiller au parlement de Paris (1735).

[4] Louis-Charles d'Orléans de Saint-Albin, fils naturel du régent, archevêque de Cambrai de 1723 à 1764. Existe en original et en répétition à l'archevêché de Cambrai et aux musées de Cambrai et de Tournai. Gravé par Georges-Frédéric Schmidt en 1741 en deux états et par Desrochers sans date.

[5] Charles-Gaspard Dodun, marquis d'Herbault, conseiller d'Etat, membre du conseil de régence, contrôleur général (1722-1726). Existe en répétition au musée de Nantes. Gravé par P. Drevet en 1726.

[6] Conrad Detlev de Dehn, ministre du duc de Brunswick, son envoyé en France. Existe en original au musée de Brunswick. Gravé par F. Chéreau sans date ; second tirage avec adjonction de l'ordre de Dannebrog en 1730 d'après les *Mémoires des membres de l'Académie*.

[7] Antoine Teissier, sieur du Plessis, conseiller du roi, contrôleur des quittances des receveurs des tailles dans l'élection de Lyon (1720), démissionnaire en 1722.

[8] Marguerite de la Briffe, femme de Louis Bossuet, conseiller au parlement de Metz, maître des requêtes, qu'elle épousa en 1700. Elle ne paraît pas dans l'énumération des portraits originaux de Rigaud.

Deux de Mr Tessier...................   300#
Un buste de Mr Chambrier le père........
Un buste de Me Chambrier la mère.......

[Mémoire de l'argent donné pour les copies faites pendant l'année] 1723.

LAPENAYE.

Un buste de Mr Eon, de St Malo.........   40
Un buste de Md^e Bossuet...............   40
Ébauchez le buste de Md^e Chambrier et re-
    peint la drapperie, deux jours et demi..   15
Une grande copie de M^r d'Argençon, garde
    des sceaux..........................   120
Ébauchez une tête de M^r le C^l Dubois, un
    jour..............................   6
Une copie en buste du même cardinal....   40
Ébauchez l'habillement de M^r l'évêque de
    Marseille.........................   6
Un autre buste de même de Md^e de la Jon-
    chère.............................   50

1724

Un buste de M^e la comtesse de Platen,
habillée à l'allemande ; entièrement ori-
ginal. P^r M^r le chevalier Seaube, *c'est*
Schaub[1] .... 1.000 #

Mr Paris l'ainé, en grand, *entièrement ori-*
ginal 3.000

Autre portrait de Mr Paris en grand[2] 3.000

Un buste de Mr Thiroux le conseiller[3] ....

Un buste de Me Legras, maitresse des requē.
Hab. rép.[4] 300

Copies de 1724.

Une copie de Mr Dodun, controlleur gen^l .. 1.000

Un buste du même pour un de ses amis .. 300

Autre buste du même pour un avocat au
conseil 300

---

[1] Peut-être Anne Ehrentraut de Klitzing, femme de Nicolas-Ernest de Platen et mère de Henri de Platen qui fut conseiller intime du roi de Prusse.

[2] Antoine Paris, comte de Sampigny. Voir à l'année 1715. Ce portrait est très probablement celui qui existe au musée de Cherbourg sous le titre de *portrait de Paris de Montmartel et de sa femme;* il ne peut s'agir de Paris-Montmartel, dont la première femme Marguerite-Françoise Meygret mourut en 1720 et qui se remaria en 1746 seulement avec Marie-Armande de Béthune. Antoine Paris, au contraire, se maria en 1706 avec Elisabeth-Jeanne de La Roche avec laquelle il se fit peindre en 1724.

[3] Claude Thiroux de Villersy, conseiller au parlement. Voir aux années 1709 et 1713.

[4] Marie-Françoise Lucas du Muyn, née en 1692, mariée en 1723 à François Legras, seigneur de Luart et des Loges, maître des requêtes, intendant en Roussillon, conseiller au grand conseil.

[Mémoire de l'argent donné pour les copies faites pendant l'année] 1724.

LAPENAYE.

Deux copies du buste de Mr Tessier ...... '80 [#]
Une copie en grand de M^r le controlleur
   général d'Odun........................ 120
Un buste du même.................... 40
Un buste de Md^e Chambrier............ 40

1725

M^r le comte de St Florentin, secréttaire
  d'Estat[1] . . . .
Mr Gabriel, des bâtiments, jusqu'aux ge-
  noux. Habillement répété[2] . . . .
Mr de Jean, ancien fermier général. Id.[3].
Mr Thélusson[4] . . . .

Copie de 1725.

Un buste de Mr Thélusson			100$^\#$

[Mémoire de l'argent donné pour les copies faites pendant l'année] 1725.

LAPANAYE.

Une copie du buste de M^r l'abbé Pucelle . .	40
L'habillement du portrait de Mr de Jean en grand	100
L'habillement du portrait de M. Gabriel en grand	100
L'habillement de Mr de Téluson, or le fond.	60
Ébauchez l'habillement de Mr Gachier	10

---

[1] Louis Phélypeaux, comte de Saint-Florentin, né en 1705, secrétaire d'Etat (1725), ministre d'Etat (1751), mort en 1777.

[2] Jacques Gabriel, père du célèbre architecte du roi, lui-même architecte du roi, né en 1667, mort en 1742.

[3] Charles de Jean, fermier général. Voir à l'année 1710.

[4] Isaac Thélusson, banquier. Voir à l'année 1722.

1726

Mr Gaschier. *Habillem. répété*[1]........... 600 #
Mr Bernard, en pied, *avec une marine. Tout*
original[2]............................ 7.200

Copies de 1726.

Une copie de Mr Bernard............... 300
Un dessein d'après son grand portrait..... 200

[Mémoire de l'argent donné pour les copies faites pendant l'année] 1726.

LAPANAYE.

Habillé le buste de Me Legras............ 20
Une copie de Mr d'Odun avec une main... 50
Un buste de Mr de Télusson............. 40
Une marine d'après le portrait de Mr Ber-
nard................................ 20

---

[1] Jean Gaschier, seigneur de Fontguine, conseiller du roi, lieutenant général criminel en la sénéchaussée et siège présidial d'Auvergne de 1687 à 1701.

[2] Samuel Bernard, comte de Coubert, célèbre banquier, né en 1651, mort en 1730. Existe en original chez M. le comte Forestier de Coubert à Paris. Une esquisse de ce tableau existait en 1859 chez M. Hédouin à Valenciennes. Une autre esquisse en grisaille attribuée à Rigaud fait partie de la galerie Lichtenstein à Vienne. Gravé en pied avec un fond de marine comme dans le tableau original par P. Drevet en 1729 et par F. Chéreau à la même date.

1727

M[r] l'abbé de Cytaux, *Citeaux*[1] .... 600#
M[r] Le Pelletier, *Le Peletier des Forts,*
controlleur général. *Entièrement origi-*
nal[2] 3.000
Mr de Savallet, fermier général. *Id*.[3] 3.000

Copies de 1727.

Une copie en grand de M[r] le Controlleur
général pour Mr Bernard.............. 1.500
Un buste de M[r] le Controlleur général pour
M[r] de La Live....................... 300

---

[1] Andoche Pernot, élu abbé de Citaux en 1727. Gravé par F. Chéreau en 1729.

[2] Michel le Pelletier des Forts, né en 1675, conseiller au parlement (1695), maître des requêtes, conseiller d'Etat, intendant en Languedoc (1698), contrôleur général (1726-1730), mort en 1740.

[3] Charles Savalette, seigneur de Magnauville et Hacourt, fermier général de 1718 à 1748, mort en 1750.

1728

M^r le Cardinal de Fleury[1]	3.000 ♯
M^r l'évêque de Dijon, *Bouhier*[2]	600
Me Roujault Menon[3]	600
Mr de Castagnier l'oncle	600
Mr de Castagnier, président *à mortier du parlem^t de Toulouze*[4]	600
Me de Castagnier, sa femme, fille de Mr Chauvelin, cons^r d'État	600

Copies de 1728.

Une copie de M^r l. C^l de Fleury pour Mr Bernard	300
Seconde copie de M^r l. C^l pour Bloüin	300
Troisième copie de M^r l. C^l pour le marquis de Pezé	300
Quatrième copie de M^r l. C^l p̄r. M^r l. premier	300

---

[1] André-Hercule de Fleury, premier ministre. Voir à l'année 1706. Gravé et imprimé en couleurs en 1738 par Leblond ; c'est l'un des premiers essais de la chromogravure en France.

[2] Jacques Bouhier, premier évêque de Dijon (1731-1743), frère du président Bouhier, de l'Académie française. Démissionnaire en 1743 et mort l'année suivante.

[3] Barbe-Madeleine Magnon, femme de Nicolas-Etienne Roujault, seigneur de Villeneuve, avocat du roi au Châtelet, conseiller au parlement (1689), maître des requêtes (1696), intendant à Bourges (1699), Maubeuge (1705), Rouen (1709), mort avant 1723.

[4] Jean-François de Castagner-Confoulans, conseiller, puis président à mortier au parlement de Toulouse (1723-1724).

Cinquiesme de Mr l. Cl pour Mr de Contade.   300#

Sixième copie de Mr l. Cl pour Mr d'Argenvillier, ministre de la guerre........   300

Septième copie de Mr l. Cl de Fleury pour Mr le comte de Zuisindorff.............   300

Huitième copie de Mr l. Cl pour Mr le marquis du Muy.......................   300

Neuviesme copie de Mr l. Cl pour Mr l'archevêque de Paris....................   300

Dixième pour Mr l'abbé Brissart..........   300

1729

Le Roy *en pié et debout; la tête fait en
1727*[1]..............................15.000#

M^r le comte de Suizendorff, chancelier de
l'empereur, *en habit de cérémonie de
chevalier de la Toison d'or*[2]........... 3.000

Copies de 1729.

Une copie de M^r le duc d'Antin p̄r. M. Adam.
Une de M^r le cardinal p̄r. m^r le comte de
Sinzendorff 300

---

[1] Voir à l'année 1715. Le musée de Versailles possède ce portrait de
Louis XV adolescent signé : *1730 peint par Rigaud.* Gravé par Chéreau à
mi-corps en 1729, par Daullé en buste en 1731. Lithographié par Gaitte pour
l'éditeur Furne vers 1850.

[2] Philippe-Louis, comte de Sinzendorf. Voir à l'année 1701.

1730

Mme de Blaminy de Lamoignon, *de Blanc-*
   mesnil. Habillement répété[1]............   600 #

Mr de Bologne, *Boullongne*, le père, *ec*^r
   premier peintre du roi[2]...............

Mr de Castagney et Mr Rigaud, peints dans
   le même tableau, *(Castagnier) pour des-*
   sus de porte. Composition originale[3]...   1.500

M^r Le Brun et Mr Mignard, peints dans le
   même tableau. *Id.*[4]....................   1.500

---

[1] Anne-Elisabeth Roujault qui épousa en 1715 Guillaume de Lamoignon, seigneur de Blancmesnil et de Malesherbes, chancelier de France. Voir aux années 1713 et 1716.

[2] Louis Boulogne, premier peintre du roi, né en 1654, mort en 1733. Gravé par P. Drevet sans date ; cette gravure n'ayant pas été acceptée n'a été tirée qu'à quelques exemplaires et est devenue fort rare ; puis par Lépicié en 1736.

[3] Guillaume ou François Castagnier. Voir aux années 1708, 1709, 1718, 1728. Ce tableau et le suivant étaient en 1789 entre les mains de Mme de Poulpry, née Castagnier, rue de l'Université à Paris. Confisqués comme bien d'émigré, ils font aujourd'hui partie du musée du Louvre. Celui qui représente Rigaud peignant Castagnier est attribué sans aucune raison au peintre Pierre Lebonteux. L'attribution à Rigaud a été démontrée par M. Furcy Raynaud (*Bulletin de la Soc. de l'histoire de l'art français*, 1913, p. 34).

[4] Charles Lebrun (1619-1690) et Pierre Mignard (1610-1695), premiers peintres du roi. Ce tableau existe, comme je viens de le dire, au musée du Louvre ; il est exactement de la même dimension que le précédent.

1731

M^r l'évêque de Lescard, *Hardouin de Chas-*
lon de Maison noble[1] .... 600 ♯
M^r le prince d'Escasel, *de Hesse-Cassel*[2]... 1.000
M^r l'archevêque de Paris, *Charles-Gaspar-*
Guillaume de Ventimille du Luc[3]...... 3.000
Mr *Savalette, fermier général, buste avec*
une main, tout original[4]............. 3.000

---

[1] Hardouin de Châlons de Maisonnoble, évêque de Lescar de 1730 à 1762, date de sa mort.

[2] Charles de Hesse, né en 1654, landgrave de Hesse-Cassel en 1670, mort en 1730.

[3] Charles-Gaspard-Guillaume de Ventimille du Luc, né en 1655, évêque de Marseille (1684-1708), archevêque d'Aix (1708-1729), enfin archevêque de Paris (1729-1746). Existe en original chez M. Allard du Chollet à Paris. Gravé par C. Drevet en 1736 d'après les *Mémoires des membres de l'Académie* et par J. Daullé en 1739.

[4] Charles Savalette, fermier général. Voir à l'année 1727.

1732

M^r l'archevêque de Vienne, *depuis cardinal d'Auvergne*[1]	3.000$^{\text{#}}$
M^r et Me de la Live, *receveur général. Elle hab. rép.*[2]	1.200
Mr de Vilarcy, *Thiroux de Villercy*, cons^r au Gr^d conseil[3]	600
Mr Loubert, receveur général des finances[4]	600
Mr Mazade, fermier général. *Entièrem^t original*[5]	600

---

[1] Henri-Oswald de La Tour d'Auvergne, archevêque de Vienne de 1721 à 1745, cardinal, mort en 1747.

[2] Louis-Denis de La Live de Bellegarde, né en 1679, fermier général de 1716 à 1752, mort en 1755. Il fut seigneur d'Ormesson, d'Epinay et épousa en 1720 Marie-Josephe Proueur.

[3] Claude Thiroux de Villercy, ou Pierre-Maurice, son fils, né en 1713, maître des requêtes, conseiller au grand conseil (1734), mort en 1789. Voir aux années 1709 et 1713.

[4] N. Loubert, receveur général des finances à Orléans, mort en 1732.

[5] Laurent Mazade, fermier général de 1716 à 1719, puis de 1721 à 1745, mort en 1745.

1733

M^r l'archevêque de Reims, *Armand-Jules de Rohan-Guiméné. Entièrement original*[1]	3.000 #
M^r de La Porte, fermier gñal. *Entièrem. original*[2]	600
Mr Dartus, fermier gñal. *Id.*[3]	600
Mr de la Porte du Plessis, fermier gñal. *Hab. orig*[4]	600
M^r le maréchal de Montmorency[5]	600
M^r le comte de Tessé[6]	600
Mme de la Regnière, *buste avec une main. Attitude répétée*[7]	600
Mr de Verneuil, *introducteur des ambassadeurs. Tout orig*[8]	600

---

[1] Armand-Jules de Rohan-Guéméné, archevêque de Reims de 1722 à 1762, date de sa mort. Gravé par Petit en 1739.

[2] François de La Porte-Féraucourt, fermier général de 1729 à 1731, date de sa mort. Il avait été caissier de Samuel Bernard, le célèbre banquier. Voir à l'année 1710.

[3] André-Guillaume Dartus ou Darlus, né en 1683, fermier général de 1727 à 1747, date de sa mort.

[4] Jean-François de la Porte du Plessis, fermier général de 1695 à 1744, mort en 1745.

[5] Chrétien-Louis de Montmorency-Luxembourg, prince de Tingry, maréchal de France en 1734, mort en 1746.

[6] René-Mans de Froulai, vicomte de Beaumont, comte de Tessé, marquis de Lavardin, né en 1681, brigadier des armées du roi, mort en 1746.

[7] Marie-Madeleine Mazade, née en 1726, qui épousa en 1731 Antoine-Gaspard Grimod de la Reynière, fermier général, et mourut en 1773.

[8] N... Ollier, marquis de Verneuil, né en 1691, introducteur des ambassadeurs.

M^r et Me Desvieux, fermier gñal. *Elle hab.*
rép.[1] .... 1.200 #

Copie de 1733.

Quatre copies de Mr de la Porte......... 1.200

---

[1] Louis-Philippe des Vieux, né en 1677, fermier général de 1716 à 1735, date de sa mort, et Bonne-Madeleine Le Couturier, sa femme, née en 1679, morte en 1758.

1734

Mr de Guédan, avocat ḡūal, *président à mortier du parlement de Provence*[1]..... 3.000 ♯

Mr de la Régnière, fermier ḡūal. *Entièrement original*[2]...................... 600

M^r le Controlleur ḡūal *Philibert Orry. Id.*[3] 3.000

Mr de Sénozan le fils, *cons^r au parlem^t, depuis pres^t. Hab. rép.*[4]............... 600

Mme Anisson, *femme du direct^r de l'Imprimerie royale; buste avec une main. Tout original*[5].......................... 600

Milord Waldegrave, ambassadeur d'Angleterre. Commencé sur toile de 4 francs, il n'y a jamais eu que la tête d'achevée[6].

Copies de 1734.

Une de M^r le cardinal de Fleury p̄r̄. Milord Waldegrave, ambassadeur d'Angleterre.. 300

Une de Mr Bernard...................... 300

---

[1] Pierre de Gueydan, avocat général à Aix. Voir à l'année 1719. En costume civil, existe au musée d'Aix en Provence.

[2] Antoine-Gaspard Grimod de la Reynière, né en 1690, fermier général de 1721 à 1756, date de sa mort.

[3] Philibert Orry, né en 1680, contrôleur général (1730), ministre (1736), disgracié en 1745, mort en 1747. Existe deux fois en répétition au musée de Versailles, une troisième a passé dans la vente La Ferronays en 1897 et, de là, dans la vente Charles Levêque en 1914. Photogravé dans le catalogue. Gravé par Lépicié en 1737, deux portraits différents; par Leclère pour la *Galerie historique de Versailles* (1838).

[4] Jean-Antoine Olivier de Sénozan, conseiller au Châtelet, puis au parlement de Paris. Voir aux années 1691, 1698, 1703, 1704 et 1709.

[5] Je n'ai pas retrouvé le nom de la femme de Jean Anisson, sieur de Hauteroche, érudit et directeur de l'imprimerie royale de 1690 à 1707.

[6] Jacques, comte Waldegrave, fut ambassadeur extraordinaire d'Angleterre en France en 1725 et ministre plénipotentiaire de 1730 à 1734.

1735

Mr de Bologne, *Boullongne,* premier coṁis
des finances [1]...................... 1.000 ₶

Mme de St Contest d'Esvieux, *des Vieux,*
depuis madame de St Contest [2]......... 600

M^r l'évêque de Lucon, *Bussy Rabutin. Est*
resté à demi achevé [3]................

Mr de Vanouy, *Van Hoey,* ambassadeur
de Hollande, *ambassadeur des États gé-*
néraux. Entièrem^t orig^l [4]............. 600

M^r l'évêque de Valence, *Alexandre Milon* [5] 600

M^r le marquis de Montbrun [6]............. 500

Mr de la Live de Bellegarde, *fermier gé-*
néral [7].............................. 600

---

[1] Jean-Louis de Boulogne, fils du peintre Louis Boulogne (voir à l'année 1730), né en 1690, premier commis des finances en 1724, contrôleur général de 1737 à 1759, mort en 1769. Existe en répétition chez M. Roman à Paris. Gravé par J.-G. Wille en 1758.

[2] Jeanne-Monique des Vieux; née en 1718, elle épousa François-Dominique Barberie de Saint-Contest et mourut en 1746.

[3] Michel-Roger-Celse de Bussy-Rabutin, évêque de Luçon de 1723 à 1736, date de sa mort.

[4] Abraham Van Hoë était ambassadeur de Hollande à la cour de France de 1727 à 1743, puis en 1747. Né en 1684, il mourut en 1766.

[5] Alexandre Milon, fils d'Alexandre Milon, maître des requêtes (voir aux années 1691, 1699, 1703 et 1706), fut évêque de Valence de 1726 à 1771. Existe en original à l'hôpital de Valence et en répétition à l'évêché de la même ville. Gravé par C. Drevet; certaines épreuves portent la date 17..., d'autres celles de 1740.

[6] Charles-René du Puy, dit le marquis de Montbrun, lieutenant général des armées du roi, ou Philibert d'Apchier, seigneur de Châteauneuf, baron dit le marquis de Montbrun, vivant en 1715.

[7] Louis-Denis de La Live de Bellegarde, fermier général. Voir à l'année 1732.

Copies dé 1735.

Une du Roy en pied pour Perpignan......
Deux de M^r le cardinal de Fleury p. milord
   Wualdegrave........................

1736[1]

L'évêque de Condom, Emmanuel-Henri-Thimoléon de Cossé de Brissac[2],.......	600 #
Mr Robion, de St Malo[3]................	600
M^r le chevalier Crosse, anglois..........	600
M^r le Tourneur, anglois[4]	600
*M^r le chevalier***, anglois*..............	600
*M^r***, aussi anglois*	600
Mr Bouchet (Louis-Paul), ancien juge et consul et secrétaire du roi depuis qu'il avoit quitté l'état de marchand de drap. La tête de ce portrait n'est pas tout à fait achevée, led^t Sr Bouchet étant venu à mourir subitement dans le cours des séances, le 13 7bre 1736. Habillement original...............................	

---

[1] A partir de cette année 1736, le manuscrit du *Livre de raison* est d'une autre main, de la même qui a fait au manuscrit primitif les additions, corrections et annotations imprimées en italiques.

[2] Il fut évêque de Condom de 1736 à 1757, date de sa mort.

[3] René Robion, seigneur de Lupin, de Saint-Malo, né en 1680, mort en 1752.

[4] Ou plutôt Turner.

1737

Mr Grimaudet, buste original[1]	600 ♯
Mme Grimaudet. Habillement répété, fille la dite dud^t L. P. Bouchet[2]	600
Mr Rousseau, chef de la manufacture des draps noirs de Sedan[3]	600
Mme Rousseau, sa femme, fille ainée dud^t L. P. Bouchet. H. r	600
Mr de Vin père, ancien garde de la drapperie et ancien conseul. Attitude originale[4]	600

---

[1] René-François Grimaudet, commissaire au régiment des gardes françaises.

[2] Marie-Catherine-Geneviève Boucher, femme du précédent. Elle était fille de Louis-Paul Boucher, marchand à Paris, puis secrétaire du roi, et vivait encore en 1780.

[3] Antoine Rousseau, fils de Denis Rousseau, échevin de Paris, qui fut envoyé à Sedan par Louvois pour y faire prospérer les manufactures de drap. Il en fonda lui-même une importante. Antoine Rousseau succéda à son père en 1709, fut créé chevalier de Saint-Michel et mourut en 1749.

[4] Jacques de Vin, échevin de Paris, seigneur de Fontenay-aux-Roses et de Saint-Germain de Garlande, marchand de draps à Paris, garde du corps de la draperie, commissaire des pauvres, mort en 1741.

1738

Mr *de Guédan, président à mortier du parlement de Provence, en habit champêtre et jouant de la musette ; figure jusqu'aux genoux, entièrement originale*[1]   3.000 ♯

Mr *du Pleix de Bacquencourt, fermier général. Buste tout original*[2]   600

Mr *Boucher (Étienne-Paul), fils ainé dud. L. P. Boucher, et comme lui secrétaire du roi après avoir quitté le commerce et le fonds de ses pères (1732). Buste tout original*[3]   600

M^r *le marquis de l'Hôpital*[4]   600

---

[1] Pierre de Gueydan, avocat général, puis président à mortier au parlement de Provence (voir aux années 1719 et 1734). Ce curieux portrait existe en original au musée d'Aix en Provence et en répétition chez Mme Miatler à Saint-Pétersbourg. Il a été héliogravé dans les *Chefs-d'œuvre des musées de France* par L. Gonsse.

[2] Claude-Charles-Ange du Pleix de Bacquemont, seigneur de Montrouge, né en 1696, fermier général de 1731 à 1745, mort en 1750.

[3] Voir à l'année 1736.

[4] Elie-Guillaume de l'Hôpital, comte de Saint-Même, dit le marquis de l'Hôpital, né en 1693, mort en 1722.

1739

M^r le marquis de Brignolle, envoyé de la
république de Gènes................... 600 [#]
Mme la marquise de Brignolle. Hab. rép.[1]. 600
M^r de St Amarand, recev^r gñl des finances.
Buste orig[2].......................... 600
Madame de St Amarand, sa femme.
Hab. rép.[3]........................... 600

---

[1] Gio-Francesco de Brignole et Bettina Raggi, sa femme. Voir à l'année 1704. Le portrait de la marquise de Brignole existe à Gênes au Palais rouge. Photogravé dans le catalogue de ce musée.

[2] Jean-Hyacinthe Davasse, seigneur de Saint-Amarant, né en 1692, fermier général de 1757 à 1770, date de sa mort.

[3] Louis-Charlotte Laffemant de Lévigneu, femme du précédent, qui l'épousa vers 1740.

1740

*M^r le prince de Lichtenstein, ambassadeur
de l'emp^r. En grand, figure jusqu'aux
genoux, habillement répété d'après celui
du portrait de M^r le duc d'Antin.*

*Autre en petit, figure en pié en habit de
cérémonie de l'ordre de la Toison d'or.
Entièrement original.*

*Ces deux portraits ont été paiés un grand
prix, et de plus le prince gratifia M^r
Rigaud d'une superbe tabatière d'or en-
richie de diamants estimée 5 à 6.000 l.*[1]

M^r le comte de Saxe[2] .... 600 ₶

---

[1] Joseph-Winceslas, prince de Lichtenstein, feld-maréchal en Autriche, ambassadeur en France de 1738 à 1741, né en 1696, mort en 1772. Existent dans
la galerie Lichtenstein à Vienne.

[2] Maurice de Saxe, prince de Courlande, fils naturel de Frédéric-Auguste.
roi de Pologne, né en 1696, maréchal de France en 1744, mort en 1750. Gravé
par J.-G. Wille en 1745 ; en contre-partie deux fois par Petit et une fois par
Sornique sans date ; une quatrième fois chez Odieuvre (ovale à droite), peut-
être par Dupin ; par Sintzenich ; par Haid, manière noire ; ces trois derniers
également sans date.

1741

Le père Eustache, bibliothécaire des augustins réformés de la place des Victoires. Entièrement original .... 600 #

Mr Sylva (Jean-Baptiste), docteur régent de la faculté de Paris, médecin consultant du roi, &. Peint et gravé aux frais de Mr de Boullogne[1] 600

Madame de Semonville, Thiroux en son nom de fille. Hab. rép.[2] 600

---

[1] Jean-Baptiste Silva, né en 1682, médecin du roi, mort en 1742. Existe en original chez M. le comte de Seckendorff à Berlin. Gravé par G.-F. Schmidt dans un bel encadrement en 1742 ; par Fisquet, par Petit et par un anonyme sans date.

[2] Catherine Thiroux de Lailly, née en 1711, épouse de Charles-François Huguet de Sémonville, seigneur d'Ardenet ; elle mourut en 1759.

1742

M^r le comte de Lautrec. lieut^t gén^l des armées du roi [1]	600 #
Mr de la Borde, fermier général; buste avec un bout des mains. entièrement original [2]	600
Mr Guénébaut, commis de Mr Denis, trésorier g$\overline{n}$al des bâtimens présent. Attitude originale [3]	600

---

[1] Bernard de Toulouse-Lautrec, comte de Lautrec, gentilhomme ordinaire du duc d'Orléans, lieutenant général des armées du roi, né en 1699.

[2] Jean-François de la Borde, seigneur de Mouillon, baron de la Brosse, fermier général de 1740 à 1758.

[3] Peut-être Jacques Guénébault, seigneur de Bunces et Darbois, financier, vivant en 1722. Existe en original au musée de Versailles sous le nom de comte de Gembaut.

1743

Mr de Vin fils, marchand drapier au Grand Louis[1]	600[#]
Mr Thiroux d'Arconville, cons^r au parlem^t. Hab. r.[2]	600
Mr de Paccard (Alexandre), sous-fermier. Buste or pour original.	600
M^r le président Rougeau; buste original. N'était pas tout à fait achevé à la mort de Mr Rigaud[3]	600

Mr de la Peyronnie (François), premier chirurgien. Il n'y a que la tête d'achevée de ce portrait qui devait être en figure jusqu'aux genoux[4].

En cette même année Mr Rigaud mit la dernière main à son tableau représentant la présentation de la Ste Vierge et lequel il légua par son testament au roi[5].

---

[1] Jacques-René de Vin, d'abord marchand drapier à l'enseigne du Grand-Louis, puis conseiller secrétaire du roi, administrateur de l'hôpital général, encore vivant en 1764. Voir à l'année 1738.

[2] Louis Thiroux, seigneur d'Arconville, conseiller au parlement de Paris (1732-1743).

[3] Vincent-Eustache Roujault, conseiller, puis président à mortier au parlement de Paris (1720-1743).

[4] François Gigot de la Peyronnie, né en 1678 à Montpellier, premier chirurgien du roi, mort en 1747. Existe en original chez M. le Dr Tusser à Berlin. Gravé par Daullé en 1755.

[5] Ce tableau existe au musée du Louvre.

*Il fit aussi l'esquisse d'après lequel a été
gravé par Daullé le portrait de Madame
la comtesse de Caylus[1].*

---

[1] Marthe-Marguerite Le Valois de Villette de Mursay, né en 1671, protestante convertie en 1680, protégée par Mme de Maintenon ; elle épousa en 1686 Jean-Aimé, comte, puis marquis de Caylus, écrivit des *Mémoires* qui jouissent d'une certaine célébrité et mourut en 1729. Gravé par J. Daullé en 1743 et par Ambroise Tardieu sans date.

INDEX

Index alphabétique des personnages peints par Rigaud.

Duras (Mar¹ de). 62.
Durazzo (Cte), Durasso (Cte). 164.
Duret (Prés¹). 51.
Duseaux, voy. : Sault (du).
Duxelle (Mar¹). (*D'Uxelles*). 159.

Ebert (Mme), voy. : Hébert.
Ebron (Mlle d'), voy. : Bron (de).
Ecquevilly (Mme d'), Decquevillier (Mme). 29.
Ellery (M^le d'), voy. : Dellery.
Enfreville (l'abbé d'), voy. : Anfreville (d').
Enin, voy. : Hénin.
Enrichemont (prince d'), Henrichemont (d'). 23.
Eon. 193, 197.
Epinat (Cte d'), Epinate (Cte d'). (*Epinac*). 71, 75, 77.
Equai (Mlle), voy. : Hecquet.
Erselin. 157.
Escasel (prince d'), voy. : Hesse-Cassel.
Espagne (le roi d'). 84, 85, 89, 90, 91, 95, 96, 97, 98, 105, 140, 143.
Espagne (l'ambassadeur d'), Patricio Laulès. 191.
Espagne de Torigny (l'abbesse d'). 171.
Esparre (d'), Espart (d'), voy. : Spaar.
Espinola (le bailli), voy. : Spinola
Esquet (Mlle), voy. : Hecquet.
Essars (des), Essarts (des), Descsartes. 35, 90.
Estaing (Cte d'), Estein (d'), Estin (d'). 37, 41.
Esteuil (M^r et Mme d'). (*D'Estieux*). 30.
Estin (d'), voy. : Estaing.
Estrées (Mar¹ d'), Estrée (d'), Estray (d'). 67, 92, 98.
Estrées (Cte d'), Destrez. 22.
Estrés (l'abbé d'). (*D'Estrées*). 71.
Eustache (le P.). 19.
Evreux (Cte d'). 101, 105, 106, 112, 113, 114, 119, 127, 135.

Fabry (Mme). 1.
Fagon (D^r). 40, 48.
Faÿ (du), Fey (du). 164.
Fayolle (l'abbé), Fajolle. 5.
Félix. 9.
Feriol, voy. : Ferriol.
Fermé. 27.
Fermé (Mlle). 93. 97.

Montrevel (Mar¹ de), Morver (de). 157, 173.
Montrouge (de). 143.
Montroux (de), évêque. (*Morozzo*). 182.
Montulet (de). (*Monthulé*). 109.
Monville (l'abbé de), Montville (de). 176, 180.
Moran de la Porte (Mᵐᵉ). 152.
Moreau. 80, 86, 155.
Moreau (Mᵐᵉ), Moreaux (Mᵐᵉ). 67, 93.
Moreau, de Saint-Malo. 146, 153.
Morel. 189, 190.
Morel du Meix. 109.
Morestein (Cᵗᵉ de), Morstein (de). (*Morstin*). 30, 57.
Moret. 27.
Moron (Mʳ et Mᵐᵉ). 161.
Morstein, voy. : Morestein.
Morver (Mar¹ de), voy. : Montravel.
Moscovie (Mʳ et Mᵐᵉ les ambassadeurs de). 123.
Moscovie (l'ambassadeur de). 127, 128.
Moscovie (l'ambassadrice de). 125.
Mouchy (de). 70.
Moutiers (de). 155.
Munier, voy. : Monier.
Murivault (de), voy. : Marivault (de).

Nairet, voy : Neyret.
Narcisse (Mᵐᵉ). 115, 128, 142.
Nemours (Dˢˢᵉ de). 116, 117, 125, 126, 129.
Néret, voy. : Neyret.
Nevers (l'évêque de). (*Edouard Vallot*). 87.
Neyret, Néret, Nairet. 38, 42.
Nicolaÿ (Prés¹). (*Nicolaï*). 169.
Nicolas (Mˡˡᵉ). 150, 155.
Nîmes (l'évêque de). (*Jean-Joseph Séguier*). 23, 24.
Nîmes (l'évêque de). (*Esprit Fléchier*). 146.
Nîmes (l'évêque de). (*Jules-César Rousseau de la Parisière*). 159, 162.
Noailles (Card¹ de). 56, 81, 82, 88, 90.
Noailles (Mˡˢ de). 25, 82.
Noailles (Mar¹ de), Nouailles (duc de). 26, 34, 41, 42, 76, 90, 91, 95, 160, 166, 188, 189.
Noailles (Duchˢˢᵉ Marˡˢ de). 29, 167.
Nogent (Cᵗᵉ de). 123, 127.

Liste des graveurs qui ont travaillé d'après Rigaud.

ALIX (JEAN-BAPTISTE).

Boileau, s. d.
La Fontaine, s. d.

ALIX (P.-M.).

Bossuet, s. d.
Fontenelle, s. d.

ANONYMES.

Albret (Duc d'), s. d.
Andrezel (d'), s. d., graveur allemand.
Argenson (Marc-René), s. d., à Augsbourg, chez Wolf.
Le même....., Galerie de Versailles, 1838. Calcographie [1].
Avaux (Cte d'), s. d.
Boileau, s. d.
Bossuet, trois portraits, un sur bois, s. d.
Boufflers (Mar^l de), s. d.
Bourgogne (Duc de), s. d.
Briconnet (Mlle), s. d.
Colbert, arch. de Rouen, 1699.
Corsini (M^ls), s. d.
Dangeau (M^ls de), s. d. Lithogr. Delpéch.
Dauphin (le Grand), *Galerie de Versailles*, 1838. Calcographie.
Fleury (Card^l de), s. d.
Le même....., s. d., chez Gauterot.
Le même....., Londres, 1740.
Le même pour Roffe, s. d.
Le même pour Kelly, 1830.
Follin (Mlle), s. d.

------

[1] Cette mention signifie que le cuivre original est conservé à la Calcographie du Louvre.

Fontenelle, s. d.
Gillet (Pierre), s. d. Calcographie.
Hozier (Charles d'), s. d. Gravure sur bois.
La Carbonnière (Mlle de), s. d.
La Fontaine, 1780.
La Live de Bellegarde, s. d.
Louville (Mis de), 1838, *Galerie de Versailles*. Calcographie.
Luxembourg (Mar^i de), vers 1870. Eau-forte.
Le même....., s. d. Manière noire.
Magnanis, s. d.
Mailly (Cte de), s. d.
Mignard, s. d.
Nemours (D^sse de), vers 1888. Phototypie.
Nollent (de), s. d.
Orléans (D^sse d'), s. d.
La même....., 1834. Lithographie, *Histoire du Palais-Royal*.
Orléans (Duc d'), régent, 1838, *Galerie de Versailles*. Calcographie.
Philippe V, roi d'Espagne, en buste, s. d.
Polignac (Card^i de), s. d. Gravure sur bois.
Pucelle (Abbé), s. d.
Le même....., après 1745.
Rébé (Mlle de), s. d.
Rigaud, s. d.
Le même....., s. d. Lithographie Delpéch.
Silva (D^r), s. d.
Sourches (Mis de), s. d.
Stuard (Charles-Edouard), s. d.
Tourton, s. d.
Vendôme (Duc de), s. d.

AUDRAN (JEAN).

Antin (Duc d'), 1716.
Clément d'Affincourt, 1706.
Coyzevox, 1708. Calcographie.
Estrées (d'), archev. de Cambrai, 1699 et 1704. Deux états.
Louvois (Abbé de), 1710.
Secousse (Abbé Robert), 1710.
Secousse (Jean-Léonard), 1710.

BABEL (LOUIS-HENRI).

Torcy (Cte de), s. d.
Vauban (Mar^i de), s. d.

BALÉCHOU (JEAN-JOSEPH-NICOLAS).

Saxe (Prince électoral de), 1747.

BAUDRAN (ETIENNE-LAROSE).

Dubois (Card¹), s. d. Lithographie.

BAZIN (NICOLAS).

Rancé (Abbé de), 1700.

BELLIARD (ZÉPHIRIN-FÉLIX-JEAN-MARIUS).

Bossuet, s. d.
Rigaud, s. d. Lithographie Delpéch.

BERNARDINI (LE CHEVALIER).

Jean-Bart, 1824. Fausse attribution.

BERTONNIER (J.-F.).

Bossuet, s. d.
Fléchier, vers 1813.
Vauban (Mar¹ de), 1813.

BICKHAM LE JEUNE (GEORGES).

Belleisle (Mar¹ de), s. d.

BLANCHARD (AUGUSTE-THOMAS-MARIE).

Dauphin (le Grand), 1838, *Galerie de Versailles.* Calcographie.
Orléans (D⁵⁵ d'), 1838, *ibid.*

BODENEHR (GABRIEL).

Belleisle (Mar¹ de), s. d.
Fleury (Card¹ de), s. d.

BOILLY (ALPHONSE).

Fleury (Card¹ de), s. d.

BOURLIER (MARIE-ANNE).

Fénelon, s. d.

BUSCH (GEORGES-PAUL).

Vauban (Mar¹ de), s. d.

CARS (JEAN-FRANÇOIS).

Arménonville (d'), 1714 ou 1720.
Fléchières (Bᵒⁿ de), 1706.
Polignac (Card¹ de), 1720.

CARS (LAURENT).

Anguier, sculpteur, 1733.
Bourdon (Sébastien), 1733. Calcographie.
Estrées (d'), archev. de Cambrai, 1700.
Louis XV enfant, après 1720.
Rohan (Card¹ de), s. d.

CATHELIN (JACQUES-LOUIS).

Bossuet, s. d.
Louis XIV, s. d.

CHASSEAU (NOEL).

Argenson (Marc-René d'), 1719.

CHÉREAU (FRANÇOIS).

Andrezel (d'), 1719.
Antin (Duc d'), 1724. Deux états.
Bernard (Samuel), 1729.
Boileau, 1710.
Le même....., s. d.
Bossuet, 1720.
Déhn (Cte de), 1730.
Le même....., s. d.
Fleury (Card¹ de), 1725. Calcographie.
Le même....., 1726.
Launay (de), 1719. Calcographie.
Louis XV, 1729.
Pernot (Abbé Andoche), 1729.
Polignac (Card¹ de), 1729. Deux états.
Taffoureau des Fontaines, évêque d'Alet, s. d.

CHÉREAU (JACQUES).

Harcourt (Mar¹ d'), 1727.

COELEMANS (JACQUES).

Boulbon (Prés¹ de), 1703.
Boyer d'Aiguilles, 1697.
Lebret père, 1709.
Lebret fils, 1706.
Mesgrigny (de), évêque de Grasse, 1714.
Vauvray (de), s. d.

COQUELET (PIERRE-CHARLES).

La Fontaine, s. d.

COROT (JEAN-BAPTISTE-CAMILLE).

Pradon, s. d. Fausse attribution.

CRÉPY (J.).

Rancé (Abbé de), s. d.
Beauvau (de), archev. de Toulouse, s. d. Chez Crépy.
Rohan (Card¹ de), s. d. Chez Crépy.

CUNDIER (JACQUES).

Lebret fils, 1727.
Luc (Cte du), 1722.

DARODES (LOUIS-AUGUSTE).

Louville (Mis de), 1838, *Galerie de Versailles.* Calcographie.

DAULLÉ (JEAN).

Boileau, s. d.
Caylus (C^sse de), 1743.
Gendron (des Hais), 1737.
La Peyronnie (D^r de), 1755.
Louis XV, 1737.
Polignac (Card¹ de), 1737. Trois états.
Rigaud, 1742. Calcographie.
Saint-Simon, évêque de Metz, 1744.
Stuard (Charles-Edouard), 1744.
Ventimille (de), archev. de Paris, 1739.

DAUTEL (P.).

Conti (Prince de), s. d.

DAVID (FRANÇOIS-ANNE).

La Fontaine, s. d. Avec Varin.

DECLOMESNIL (Mlle E.).

Bossuet, s. d.

DELAISTRE (LOUIS-JEAN-DÉSIRÉ).

Bourgogne (Duc de), 1862.

DELANNOYE (FERDINAND).

Fléchier, vers 1860.
La Fontaine, 1867.

DELVAUX (RÉMI-HENRI-JOSEPH).

Bossuet, 1797.
La Fontaine, s. d. Deux états.

DEQUEVAUVILLIERS (FRANÇOIS).

Aigrefeuille (Prés^t d'), 1811.
Bossuet, s. d.
Luxembourg (Mar^l de), s. d.

DERIVET.

Bertin, s. d.

DERODES.

Louville (M^{ls} de), 1838.

DESPLACES (LOUIS).

Rancé (Abbé de), s. d.

DESROCHERS (ETIENNE).

Argenson (Marc-René d'), s. d.
Armenonville (d'), s. d.
Avaux (Cte d'), s. d.
Belleisle (Mar^l de), s. d.
Bissy (Card^l de), s. d.
Boileau, s. d.
Bossuet, s. d.
Chevigny (le P. de), s. d.
Colbert, archev. de Rouen, s. d.
Conti (Prince de), 1698.
Estrées (d'), archev. de Cambrai, s. d.
Fleury (Card^l de), s. d.
La Fontaine, s. d.
Le Chambrier, 1736.
Orléans-Montpensier (Mlle d'), s. d.
Rancé (Abbé de), s. d.
Rigaud, s. d.
Saint-Albin (de), archev. de Cambrai, s. d.
Soanen, évêque de Senés, s. d.
Villars (Mar^l de), s. d.
Villeroy (Mar^l de), s. d.

DEVAUX (RENÉ).

Bossuet, s. d.
Louis XIV, s. d.

DIEN (MARIE-FRANÇOIS-CHARLES).

Boileau, s. d.

DOSSIER (MICHEL).

Fontenelle, 1709.

La Ravoye (Mme de), 1709.
Torcy (Mis de), 1711.

DREVET (CLAUDE).

Bouillon (Card^l de), 1749. Deux états.
Lebret (Mme), 1728.
Milon, évêque de Valence, 1740.
Sinzendorf (Cte de), 1728.
Ventimille (de), archev. de Paris, 1736.

DREVET (PIERRE).

Avaux (Cte d'), 1702.
Beauvau (de), archev. de Narbonne, 1727.
Bernard (Samuel), 1729.
Bertin, 1688.
Bethune (de), évêque de Verdun, 1697.
Bignon (Abbé), 1707.
Le même....., 1728. Deux états.
Boileau, 1706.
Bossuet, 1723.
Boulogne (Louis), s. d.
Bourgogne (Duc de), 1707.
Le même....., s. d.
Céreste (Mme de), 1728.
Chevalart (Abbé), 1708.
Colbert, archev. de Rouen, 1699.
Conti (Prince de), 1700.
Cotte (de), 1717. Calcographie.
Dangeau (Mis de), 1704.
Desjardins (Mme), 1689.
Dodun, 1726.
Dubois (Card^l), 1724.
Fay (du), 1728.
Finé (Abbé Oronce), 1699.
Fleury (Card^l de), 1730. Calcographie.
Fourcy (Abbé de), 1711.
Gillet (Pierre), 1713.
Guldenlew (Cte de), 1698.
Keller (Jean-Balthazard), 1699.
Keller (Mme), 1689.
Lamet (Abbé de), 1699 ou 1702.
Lesdiguières (Duc de Créquy), 1691.

Louis, le grand Dauphin, 1700.
Le même....., s. d.
Louis XIV, 1704.
Le même....., 1711.
Louis XV, 1718.
Le même....., 1723.
Mantoue (D᷂ de), s. d.
Nemours (D᷂ de), 1707.
Noailles (Card¹ de), 1721.
Orléans (D᷂ d'), s. d.
Philippe V, roi d'Espagne, en buste, 1703.
Le même....., après 1724.
Polignac (Card¹ de), 1718.
Le même....., 1724.
Pucelle (Abbé), 1739.
Rancé (Abbé de), 1702.
Rigaud, 1698. Calcographie.
Le même....., 1700.
Le même....., 1703.
Le même....., 1714.
Le même....., 1721.
Rohan (Card¹ de), 1716. Deux états.
Serre (Marie), 1702 ou 1706.
Titon du Tillet, 1690.
Toulouse (Cᵗᵉ de), 1714.
Le même....., s. d. ¹.
Villars (Mar¹ de), 1714.

DUCHANGE (GASPARD).

Girardon, sculpteur, 1707. Calcographie.
La Fosse (de), peintre, 1707. Calcographie.

DUFLOS (CLAUDE).

Argenson (Marc-René d'), 1711.
Le même....., 1718.
Bégon (Michel), 1708.
Bignon (l'Abbé), 1709.
Chavigny (de), évêque de Troyes, 1706.

---

¹ Cette planche a été copiée en petit par un graveur inconnu et le personnage transformé dans l'inscription en duc de Lauzun, mais le nom de Rigaud a été conservé pour donner à ce faux portrait un caractère d'authenticité.

La Broue (de), évêque de Mirepoux, 1707 et 1720. Deux états.
Mesnil (Pierre du)?, s. d.
Prior, 1712.

DUFLOS LE JEUNE (PIERRE).

Boileau, s. d.
Bossuet, s. d.
Fléchier, s. d.

DUMONT (G.).

Bouillon (Card¹ de), vers 1860.

DUPIN (PIERRE).

Argenson (Marc-René d'), s. d.
Desjardins, s. d. Deux états.
Girardon, s. d.
La Fontaine, s. d.
Le même....., s. d.
Polignac (Card¹ de), s. d.
Rohan (Card¹ de), s. d.
Saxe (Maurice de), s. d.?
Simonneau, 1741.
Vendôme (Duc de), s. d.

DUPREEL (J.-B.-M.).

Bossuet en pied, avec le graveur Pauquet, 1811.
La Fontaine, s. d.

DUPUIS (CHARLES).

Coustou, 1730.
Vauban (Mar¹ de), 1738.

EARLON (RICHARD).

Cipriani (le peintre J.-B.), 1789. Fausse attribution.

EDÉLINCK (GÉRARD).

Bossuet, s. d.
Colbert de Croissy, 1691.
Colbert de Croissy (Chev¹), 1691.
Desjardins, 1698. Calcographie.
Du Metz (Prés¹), 1700 ou 1702.
Fagon (D¹), 1695 ou 1702.
Fléchier, s. d.
Le même....., s. d.
Gourville (de), 1705.

Hozier (Charles d'), 1691. Calcographie.
La Fontaine, 1696. Deux états.
Léonard (Frédéric), 1689.
Louis XIV, s. d.
Luxembourg (Mar¹ de), 1697 ou 1698.
Mansart, 1704 ou 1706.
Noailles (Card¹ de), 1699.
Noailles (Mar¹ de), 1695 ou 1699.
Quinault (le poète), s. d. Fausse attribution.
Rigaud, 1698.
Saint-Remy (Surirey de), 1697.
Sillery (Brulart de), évêque de Soissons, 1698.
Villeroy (Mar¹ de), 1705 ou 1712. Deux états.

ERTINGER (FRANÇOIS).

Bertin, s. d.
Serroni, archev. de Narbonne, 1688.

ESBRARD.

Bossuet, s. d., vers 1820.

FESSARD (ETIENNE).

Lussan (Mᶫᶫᵉ de), 1768. Fausse attribution.

FILLEUL (GILBERT).

Orléans-Montpensier (Mᶫᶫᵉ d'), s. d. Deux états.
Rancé (Abbé de), s. d.

FIQUET, FICQUET OU FISQUET (ETIENNE).

Fagon (Dʳ), s. d.
La Fontaine, s. d.
Le même...., s. d.
Mignard, s. d.
Pucelle (Abbé), s. d.
Régnard (le poète), 1776. Fausse attribution.
Rigaud, s. d. Deux états.
Silva (Dʳ), s. d.
Toulouse (Cᵗᵉ de), s. d. Deux états.

FOUQUIER (VALENTIN).

Bossuet, vers 1840.

GAILLARD (RENÉ).

Clermont-Lodève (François Castagner, Cᵗᵉ de), 1751.
Louis, le Grand Dauphin, s. d. Deux états.

GAITTE.

Bossuet, s. d. Avec Henriquel-Dupont.
Louis XV, vers 1850. Lithographie.

GARNIER (FRANÇOIS).

Bossuet, s. d.

GAUCHER (CHARLES-ETIENNE).

Bossuet, s. d.

GEILLE.

Louis XIV, 1838, *Galerie historique de Versailles*. Calcographie.

GENTIL.

Chevigny (le P. de), s. d.

GIFFART (PIERRE).

Rancé (Abbé de), s. d.

GILBERT.

Lesdiguières (Duc de Créquy), 1871. Gravure sur bois.

GONTREL (ETIENNE).

Barentin (de), s. d.

GRATELOUP (JEAN-BAPTISTE).

Bossuet, s. d.
Le même...., s. d.

GUÉMIED.

Rigaud, 1838, *Galerie historique de Versailles*. Calcographie.

GUÉTARD (CHARLES-JEAN).

Rousseau de la Parisière, évêque de Nîmes, s. d.

GUIBERT (FRANÇOIS).

Orléans (D^{sse} d'), s. d.

HABERT (NICOLAS).

Argenson (Marc-René d'), s. d. Deux états.
Bossuet, 1698.
Colbert, archev. de Rouen, s. d.

HAID (JEAN-JACOB).

Saxe (Maurice de), s. d. Manière noire.

HEIDEGGER (JEAN-ULRICH).

Fleury (Card' de), s. d.

HENRIQUEL-DUPONT (LOUIS-PIERRE).

Bossuet, s. d. Avec Gaitte.

HENRIQUEZ (BENOIT-LOUIS).

Louis XIV, 1771.

HOPWOOD (JAMES).

Bossuet, s. d. Avec Lalaisse.
La Fontaine, s. d.
Le même....., s. d.

HORTEMELS (MARIE-HYACINTHE).

Bissy (Card' de), s. d.
Orléans (D^{sse} d'), s. d.
Rohan (Card' de), s. d.

HORTEMELS (MARIE-NICOLLE).

Bissy (Card' de), s. d.

HOUBRAKEN (JACOB).

Fleury (Card' de), s. d.

HUBERT LE JEUNE (FRANÇOIS).

Bourgogne (Duc de), s. d.

INGOUF LE JEUNE (FRANÇOIS-ROBERT).

Boileau, s. d.
La Fontaine, s. d.
Reguard (le poète), s. d. Deux états. Fausse attribution.

JACOB (NICOLAS-HENRI).

Colbert, s. d.
Herbelot (d'), s. d. Fausse attribution.
Orléans (Philippe, Duc d'), s. d.

JANS (H.).

Aquin (D^r d'), s. d.
Avaux (Cte d'), s. d.?
Mesmes (de), s. d.

JULIEN (R.).

Bossuet, s. d.

KLEINSCHMIDT (JEAN-JACQUES).

Keller (Jean-Balthazard), s. d.
Rigaud, s. d.

LALAISSE.

Bossuet, s. d. Avec Hopwood.

LA LIVE DE JUILLY (ANGE-LAURENT).

La Live de Bellegarde, s. d.

LANDON (CHARLES-PAUL).

Belleisle (Mar¹ de), vers 1820.
Boileau, vers 1820.
Boufflers (Mar¹ de), vers 1820.
Colbert de Croissy, vers 1820.
Desjardins, sculpteur, vers 1820.
Fléchier, vers 1820.
Fleury (Card¹ de), vers 1820.
Keller (Jean-Balthazard), vers 1820.
Lulli (le musicien), vers 1820. Mauvaise attribution.
Orléans-Montpensier (Dᵐᵉ d'), vers 1820.
Rigaud, vers 1820.
Villars (Mar¹ de), vers 1820.

LANGLOIS (JEAN).

Villars (Mar¹ de), 1708.

LARMESSIN (NICOLAS DE).

Louis XV, après 1720.
Polignac (Card¹ de), s. d.

LEBLOND (JEAN-CHRISTOPHE).

Fleury (Card¹ de), 1738. Gravure en couleur.

LECLÈRE (JEAN-EUGÈNE).

Orry, 1838, *Galerie historique de Versailles.*
Philippe V, roi d'Espagne, 1838. Même publication.

LÉPICIÉ (BERNARD).

Boulogne (Louis), 1736. Deux états.
Orry, 1737.
Le même......, 1737.

LEROUX.

Bossuet, 1815.

LEROY (P.).

Berthier, évêque de Blois, s. d., 1709?

LÉVY (GUSTAVE).

Edelinck, s. d. Deux états. Pour l'édit' Gavard. Fausse attribution.

LOIR (ALEXIS).

Secousse (Jean-Léonard), 1708.

LONGUEIL (JOSEPH DE).

Bossuet, vers 1780.

LUBIN (PIERRE).

Bégon (Michel), s. d.

MALBOURÉ (C.).

Verthamont (Présᵗ de), 1703. Avec Trouvain.

MARCENAY DE GHUY (ANTOINE DE).

Villars (Marˡ de), 1773.

MARCHI (A.).

Rigaud, s. d.

MARLIÉ-LEPICIÉ (ELISABETH).

Fléchier, s. d.

MASSI (GASPARD).

Fleury (Cardˡ de), s. d.

MASSON (HIPPOLYTE).

Bossuet, 1838, *Galerie historique de Versailles*. Calcographie.

MATTHEY OU DE MATTEIS (PAOLO-ANTONIO).

Coyzevox, s. d.

MAURIN.

Villars (Marˡ de), s. d.

MICIOL (PIERRE).

Drevet (Pierre), vers 1870. Fausse attribution.

MIDY (ADOLPHE).

Mignard, 1839.

MOLLARD (JOSEPH-GABRIEL-HIPPOLYTE).

Torcy (Mˡˢ de), vers 1870. Eau-forte. Deux états.

MORSE (AUGUSTE-ACHILLE).

Hoym (Cᵗˢ de), s. d.

MOUGEOT (JEAN-JOSEPH).

Bourgogne (Duc de), s. d.

MOYREAU (JEAN).

Arménonville (d'), évêque d'Orléans, 1727.

PAUQUET (LOUIS-EMILE).

Bossuet, 1811. Avec Dupréel.
Dangeau (Mˡˢ de), s. d.

PEDRETTI.

Fleury (Cardˡ de), 1838, *Galerie historique de Versailles*.

PERROT (JEAN-SIMON-NARCISSE).

Jean Bart, 1814. Fausse attribution.

PETIT (GILLES-EDME).

Argenson (Marc-René d'), s. d.
Boileau, s. d.
Bossuet, s. d.
Le même......, s. d. Pour Desrochers.
Mignard, s. d.
Rohan (de), archev. de Reims, 1739.
Saxe (Maurice de), s. d.
Le même....., s. d.
Silva (D^r), s. d.

PETIT.

Coyzevox, s. d. Gravure sur bois d'après Audran.

PICARD (BERNARD).

Boileau, 1719.
Le même....., 1724.
Fontenelle, 1727.
La Fontaine,, 1727.
Louis XIV, 1726.
Noailles (Mar^l de), s. d.
Sinzendorf (Cte de), 1713.

PICARD (N.).

Bignon (Jean-Paul), s. d.

PIGEOT (CLAUDE-HILAIRE).

Bossuet, vers 1850.

PINEL.

Fleury (Card^l de), s. d.

PINSSIO (SÉBASTIEN).

Fleury (Card^l de), s. d.
La Fontaine, s. d.

PITAU (NICOLAS).

Bignon (Jean-Paul), s. d.
Bossuet, s. d.
Léonard (Charles-Frédéric), s. d.
Vendôme (Duc de), s. d.

POOL (ALEXANDRE).

Fleury (Card^l de), s. d.

PREISLER (JEAN-MARTIN).

Bouillon (Card¹ de), 1744.

RAVENET (SIMON-FRANÇOIS).

Boileau, 1740.

RÉGNIER (ISIDORE-DÉSIRÉ).

Rigaud, s. d. Gravure sur bois.

RIBAULT (JEAN-FRANÇOIS).

La Fontaine, 1812.

ROBERT (B.).

Louis XIV, s. d.

ROBERT (LÉOPOLD).

Nemours (Dᵉˢˢᵉ de), 1811. Inachevé.

ROCHEFORT (PIERRE DE).

Chevigny (le P. de), s. d.
Villars (Mar¹ de), 1712.

ROGER (BARTHÉLEMY).

Bossuet, s. d.
Bourgogne (Duc de), s. d.
Conti (Prince de), s. d.
Louis, le Grand Dauphin, s. d.
Louis XIV, s. d.
Toulouse (Cᵗᵉ de), s. d.

ROUARGUE (EMILE).

Bossuet, s. d.

ROULLET (JEAN-LOUIS).

Luxembourg (Mar¹ de), s. d.

ROY (C.).

Boileau, s. d.
Bossuet, s. d. Deux états.
Dubois (Card¹), s. d. Deux états.
Fleury (Card¹ de), s. d. Deux états.
Le même....., s. d.

RULMANN.

Bossuet, s. d.
Chaulieu, s. d. Fausse attribution.
La Fontaine, s. d.

SAIGNES.

Rigaud. Lithographie, *Album Roussillonnais,* 1840.

SARRABAT (ISAAC).

Basan de Flamenville, évêque de Perpignan, 1701.
Bossuet, s. d.
Choiseul-Praslin (M^le de), 1695 ou 1699 [1]. Manière noire.
Coislin (Card^l de), 1700.

SAVART (PIERRE).

Boileau, 1769. Deux états.
Le même....., s. d.
Bossuet, 1773. Deux états.
La Fontaine, 1769.
Louis XIV, 1771. Deux états.

SCHENECK OU SCHENK (PIERRE).

Noailles (Mar^l de), s. d.

SCHMIDT (GEORGES-FRÉDÉRIC).

Beauvau (de), archev. de Narbonne, s. d.
Bignon (Abbé), 1737. Deux états.
Evreux (Cte d'), 1739.
Law, contrôleur général, 1738.
Le Chambrier, 1741.
Luxembourg (Mar^l de), avant 1756.
Mignard, 1744. Calcographie.
Parrocel, 1737.
Le même......, s. d.
Saint-Albin, archev. de Cambrai, 1741. Deux états.
Silva (D^r), 1742.
Villars (Mar^l de), s. d.

SCRIVERS (EDOUARD).

La Fontaine, s. d.

SELLIER (LOUIS).

Dangeau (M^le de), vers 1870. Eau-forte.

SICHLING.

Keller (Jean-Balthazard), 1838, *Galerie de Versailles*. Calcographie.
Keller (Jean-Jacques), 1838, *ibid.*

---

[1] Cette planche a été retravaillée postérieurement, et la tête de Choiseul remplacée par celle du Grand Dauphin.

SIMON (PIERRE).

Serroni, archev. d'Albi, s. d.

SIMONET JEUNE (ADRIEN-JACQUES).

Bossuet, 1822.

SIMONNEAU (CHARLES).

Anselme (le P.), s. d. Fausse attribution.
Bignon (Abbé), 1695.
Bourgogne (Duc de), 1712?
Coffin (Charles), après 1749. Fausse attribution.
Louis, le Grand Dauphin, s. d.
Mesnager, 1715.
Orléans (D^{me} d'), 1714.
Philippe V, roi d'Espagne, s. d.
Villeroy (Mar¹ de), 1705.
Le même....., 1712.

SINTZENICH (HENRICH).

Saxe (Maurice de), s. d.

SOLIMAN.

Boileau, s. d. Deux états.
La Fontaine, s. d.

SORNIQUE (DOMINIQUE).

La Fosse, 1738.
Le même....., s. d.
Mesnager, s. d.
Saxe (Maurice de), s. d.

SYLVESTRE-LEMOINE (SUZANNE).

Berry (Duc de), s. d.

TARDIEU (AMBROISE).

Caylus (C^{sse} de), s. d.
La Fontaine, s. d.

TARDIEU (JACQUES-NICOLAS).

Bourgogne (Duc de), 1746.
Conti (Prince de), s. d.
Luxembourg (Mar¹ de), s. d.
Tessé (Mar¹ de), s. d.

TARDIEU (NICOLAS-HENRI).

Antin (Duc d'), 1720. Calcographie.
Argenson (Marc-René d'), 1719.

Bissy (Card' de), 1716.
Bourgogne (Duc de), s. d.
Le Camus, 1714 ou 1715. Deux états.
Louis, le Grand Dauphin, s. d.

TARDIEU (PIERRE-ALEXANDRE).

Régnard (le poète), 1788. Fausse attribution.

THOMASSIN (SIMON-HENRI).

Baluze (Abbé), 1714.
Barentin (de), 1701. Signé S. T.
Bignon (Abbé), 1709.
Boufflers (Mar' de), 1701 et 1707. Deux états.
Bourgogne (Duc de), s. d.
Fleury (Card' de), s. d. Calcographie.
Le Camus, 1708.
Louis XIV, 1705 et 1708. Deux états.
Noailles (Mar' de), s. d.
Rancé (Abbé de), s. d.
Saint-Aignan (Duc de), 1695 et s. d. Deux états.

TOURNELLES (JEAN).

La Broue (de), évêque de Mirepoix, 1741.

TROUVAIN (ANTOINE).

Verthamont (Prés' de), 1703. Avec Malbouré.

VALÉE (JÉRÔME).

Parabère (Mme de), après 1713.
Pécoil (Mme), 1702 ou 1709.

VANGELISTY (VINCENT).

Argenson (Marc-René d'), 1775.
Argenville-Dezallier (d'), 1775. Deux états.
Luxembourg (Mar' de), s. d.

VARIN (CLAUDE-NICOLAS).

La Fontaine, s. d. Avec David.

VERDEIL (PIERRE).

Cotte (de), s. d. Gravure sur bois.

VERMEULEN (CORNEILLE).

Boyer d'Aiguilles, s. d.
Broglie (Duc de), comte de Revel, 1691.

Brunenc (de), 1689.
Clermont (de), évêque de Laon, 1696 ou 1698.
Léonard (Frédéric), 1693.
Luxembourg (Mar¹ de), 1694.
Meyercrone (Cᵗᵉ de), 1694.
Orléans-Montpensier (Dˢˢᵉ d'), 1690 ou 1691.

WILLE (JEAN-GEORGES).

Belleisle (Mar¹ de), 1743.
Boulogne (Jean de), 1758.
Gouy (Elisabeth de), femme de Rigaud, 1743.
Parrocel, 1744.
Saxe (Maurice de), 1745.

Collections publiques et privées
renfermant des portraits peints par Rigaud.

ABBEVILLE (MUSÉE D').

Louis XIV à mi-corps (1701).

AIX EN PROVENCE (EXPOSITION D') EN 1860.

La Roque (M'' de) (1701).

AIX EN PROVENCE (MUSÉE D').

Collandre (M' de) (1713).
Gueydan (M'' de) (1719).
Le même (1734).
Le même en berger (1738).
Menaceuse (la) (1708).
Montesquiou (M' de) (1715).

ALBI (ARCHEVÊCHÉ D').

Serroni (Mgr), archevêque d'Albi (1685).

ALBON (M' LE M'' D'), CHATEAU D'AVAUGES (RHÔNE).

Louis XIV cuirassé à mi-corps (1694).

ALLARD DU CHOLLET (M'), A PARIS.

Ventimille (Mgr de), archevêque de Paris (1731).

ALLARD (M'), A PARIS.

Vendôme (Philippe de)? (1690).

ARRAS (MUSÉE D').

Artagnan (Mar' d') (1699).

AUXERRE (MUSÉE D').

Louis Dauphin à mi-corps (1697).

BALE (MUSÉE DE).

Schaub (Luc) (1721).

Bar-le-Duc (Musée de).

Vaudémont (Charles-Henri de Lorraine, prince de) (1707).

Beauffremont (Duc de), a Paris.

Rohan (Card¹ de) (1710).

Beaurecueil (Cᵉˢˢᵉ de), chateau de Surville.

Léonard (Frédéric) (1688).
Léonard (Pierre-Frédéric) (1690).

Bellaud-Dessalles (Mᵐᵉ), a Béziers.

Fléchier (Mᵍʳ), évêque de Nîmes (1709).
Magnanis, secrétaire du duc de Vendôme (1709).

Bellefonds (Mʳ), a Paris.

Baluze (l'Abbé) (1705).

Berlin (Musée de).

Desjardins, sculpteur (1683).

Bertier (Cᵗᵉ de), chateau de Bonrepos (Hᵗᵉ-Garonne).

Bertier (le Premier Président), esquisse (1703).

Bertier de Sauvigny (Cᵗᵉ de), a Paris.

Bellisle (Mar¹ de) (1713).

Besançon (Musée de).

Bouillon (Duc de) (1708).
Coyzevaux, sculpteur (avant 1708).
Polignac (Card¹ de) (1715).
Rigaud (1692).

Bibliothèque nationale (cabinet des médailles de la).

Louis XIV en pied (1701).

Blois (évêché de).

Bertier (Mᵍʳ), évêque de Blois (1702).

Blois (musée de).

Conti (Prince de) (1697).

Boisgelin (Mˡˢ de), a Aix.

Mailly (François de), archevêque d'Arles? (1705).

Boubers (Mˡˢ de), a Amiens.

Louis XV enfant (1715).

BOUCHUT (M^r), A PARIS.

Louis XIV à mi-corps (1701).

BOURGEOT (M^r), A LYON.

Brunenc (M^r de) (1687).

BOURGES (MUSÉE DE).

La Chapelle (Lullier, sieur de) (1693).

BRINQUANT (M^r), A PARIS.

Boufflers (Mar¹ de) (1694).

BRUNSWICK (MUSÉE DE).

Detlev von Dehn (Conrad) (1723).
Jourdain, maréchal de camp (1699).
Louis XIV à mi-corps (1701).
Le même en buste (1701).
Louis XV en buste (1715).
Orléans (D^{sse} douairière d') (1713).
Schulenbourg (Mar¹ de) (1698).

BUDA-PEST (MUSÉE DE).

Fleury (Card¹ de) à mi-corps (1728).
Orléans (D^{sse} douairière d') (1713).
Rigaud (1692).

BURAT (AUTREFOIS CHEZ M^r), A PARIS.

Louis XV (1730).

CAEN (MUSÉE DE).

Argenson (d'), lieutenant de police, buste (1694).
Desjardins (Mme) (1684).
Gacé (Cte de), lieutenant général (1691).
Louis XV enfant (1715).
Polignac (Card¹ de) en buste (1715).

CALAIS (MUSÉE DE).

Louis XV à mi-corps (1730).

CAMBRAI (ARCHEVÊCHÉ DE).

Saint-Albin (Mgr de), archevêque de Cambrai (1723).

CAMBRAI (MUSÉE DE).

Louis XIV en buste (1701).
Saint-Albin (Mgr de), archevêque de Cambrai (1723).

CARLSRHUE (MUSÉE DE).

Louis XIV (1694).
Rigaud (1692).

CARPENTRAS (MUSÉE-BIBLIOTHÈQUE DE).

Rigaud (1692).
Rancé (l'Abbé de) (1697).

CARS (DUC DES), A PARIS.

Monsoreau (Cᵗᵉ de), marquis de Sourches (1706).
Monsoreau (Cˢˢᵉ de), marquise de Sourches (1708).

CASSEL (MUSÉE DE).

Rigaud (1692).

CASTÉJA (Cˢˢᵉ DE), A PARIS.

Castéja (le Chevʳ de) (1712).

CASTERA (Bⁿᵉ DE).

La Vieuville (le Mⁱˢ de) (1697).

CHAMPFLEURY (AUTREFOIS CHEZ Mʳ), A PARIS.

La Fontaine (1690).

CHANTILLY (MUSÉE DE).

Louis XIV (1701).
Mansard (1685).
Rancé (l'Abbé de) (1697).

CHATEAUROUX (MUSÉE DE).

Antin (Duc d') (1710).

CHERBOURG (MUSÉE DE).

Paris l'aîné, banquier, et sa femme (1724).

CHÉRÉMÉTIEV (Cᵗᵉ SERGE), A SAINT-PÉTERSBOURG.

Matvieev (Cˢˢʳ), ambassadrice en France (1706).

CHEVILLON (Mᵐᵉ), A PARIS.

Bourgogne (le Duc de) (1703).

CLERMONT-FERRAND (MUSÉE DE).

Rigaud (1692).

CLIFDEN (AUTREFOIS CHEZ Mʳ), A LONDRES.

Louis, le Grand Dauphin (1697).

COLLIN DE VERMONT (AUTREFOIS CHEZ), A PARIS (1771).
Louis XV, esquisse (1715).
Mantoue (Duc de) (1708).

COLOGNE (MUSÉE DE).
Jabach, banquier (1688).

COMPIÈGNE (MUSÉE DE).
Louis XV enfant (1715).

COPENHAGUE (MUSÉE DE).
Frédéric, prince royal de Danemark (1691).
Louis XIV (1701).

CORSINI (PRINCE), PALAIS CORSINI, FLORENCE.
Corsini (M¹ˢ) (1710).

CYPIERRE (AUTREFOIS CHEZ Mʳ), A PARIS.
Bourgogne (le Duc de) (1701).
La Fontaine (1690).

DARMSTADT (MUSÉE DE).
Fleury (Card¹ de) (1728).

DELAMARCHE (AUTREFOIS CHEZ Mʳ), A DIJON (1860).
Baron, comédien (1698).

DEVERRE (AUTREFOIS CHEZ Mʳ), A PARIS.
Luxembourg (Mar¹ de) (1693).

DIEPPE (MUSÉE DE).
Polignac (Card¹ de) en buste (1715).

DIJON (MUSÉE DE).
Barbezy (Prés¹ de) (1719).
Girardon, sculpteur (1705).

DOUDEAUVILLE (Mʳ LE DUC DE LA ROCHEFOUCAULD).
Villecerf (Edouard-Colbert, M¹ˢ de) (1701).

DOURNOVO (Mʳ P.), A OKHTA (RUSSIE).
Matvieev (Cᵗᵉ), ambassadeur de Moscovie en France (1706).

DRESDE (MUSÉE DE).
Saxe (Prince Frédéric-Auguste de) (1715).

DULWICH (GALERIE), ANGLETERRE.
Boileau (1704).

DUNKERQUE (MUSÉE DE).

Roullet (Claude Leblanc, s^r du) (1689).

ECOLE DES BEAUX-ARTS (BIBLIOTHÈQUE DE L'), A PARIS.

Louis XIV en pied (1701).

ESCALLE (M^r), A GRENOBLE.

Fontenelle (1702).
Rigaud (1692).

ESPINOY (AUTREFOIS CHEZ LE GÉNÉRAL D').

Gourville (Hérault de) (1702).

ESSINGH (AUTREFOIS CHEZ M^r), A PARIS.

Jabach (1688).

ESTERHAZY (GALERIE), A VIENNE (AUTRICHE).

Rigaud (1692).

FLERS (Mme LA M^{ise} DE), CHATEAU DE SAINT-GERVAIS, PRÈS BLOIS.

Bertier (Mgr), évêque de Blois (1702).

FLORENCE (MUSÉE DES OFFICES A).

Bossuet (1698).
Rigaud (1716).

FONTENAY (Cte DE), A PARIS.

Vauban (Mar^l de) (1704).

FORESTIER DE COUBERT (Cte), A PARIS.

Bernard (Samuel) (1726).

FRANCFORT (VENTE ANONYME A), BANGEL, EXPERT (1913).

Bourgogne (Duc de) (1703).
Louis, le Grand Dauphin (1697).
Louis XIV (1701).

GATTAUX (AUTREFOIS CHEZ M^r), A PARIS.

Léonard père (1688). Brûlé pendant la Commune.

GELLINARD (AUTREFOIS CHEZ M^r), A PARIS.

Conti (Princesse de) (1691).
Nemours (Duchesse de) (1705).

GÊNES (PALAIS ROUGE A).

Brignole (Mis de) (1704).
Raggi (Bettina), M^{ise} de Brignole (1739).

GENÈVE (MUSÉE DE).

Orléans (Duchesse d') (1713).
Rigaud (1692).

GILLET DE LA RENOMMIÈRE (M^r), CHATEAU DE VIGNEULLES.
Gillet (François-Pierre) (1698).
Gillet (Pierre) (1702).

GIRAL DE SALANCIERS (Mme), A PERPIGNAN.
Orléans (Philippe, duc d') (1689).

GRANDE-TRAPPE (ABBAYE DE LA).
Rancé (l'Abbé de) (1697).

GRÉAU (M^r), A TROYES.
Girardon, sculpteur (1705).
La Fontaine (1696).
Louis XIV en buste (1701).

GRENOBLE (MUSÉE DE).
Noailles (Maréchal de) (1691).
Saint-Simon (Mgr), évêque de Metz (1733-1743).

GUILLIBERT (B^{on}), A AIX.
Lebret (Cardin) (1710).

HAIS-GENDRON (M^r DES), A PARIS.
Hais-Gendron (M^r des) (1704).

HAMPTON-CURT (GALERIE DE).
Louis XV enfant (1715).

HARCOURT (Vte D'), A PARIS.
Harcourt (Maréchal d') (1694).

HÉDOUIN (AUTREFOIS CHEZ M^r), A VALENCIENNES.
Bernard (Samuel), esquisse (1726).

HÉRICART DE THURY (Vte), A PARIS.
La Fontaine (1690).

HUGUES (D^r), A ANDUZE.
Laffite, beau-frère de Rigaud, sa femme et sa fille (vers 1695).

HUNOLSTEIN (Cte D'), A PARIS.

Aligre (d') (1683).

HYRVOIX DE LANDOSLE (M^r), A PARIS.

Bossuet (1698).

ISOARD (Mme), A EMBRUN.

Belleisle (Maréchal de) (1713).

JUIGNÉ (AUTREFOIS CHEZ LE Cte DE).

Rigaud (1692).

KANN (Mr EDOUARD), A BERLIN.

Dubois (Cardinal) (1723).

LA BÉRAUDIÈRE (AUTREFOIS CHEZ LE Cte DE).

Louis XIV (1701).
Rigaud (1692).

LE BRETON (Mr GASTON), A ROUEN.

Frenelle (le Chevalier de) (1715).
Mansard (1685).

LEMPEREUR (AUTREFOIS (1773) CHEZ M^r).

Bouillon (Cardinal de), esquisse (1708).

LENFANT (M^r), A PARIS.

Philippe V, roi d'Espagne (1701).

LÉVESQUE (VENTE CHARLES), MARS 1914.

Orry, contrôleur général (1734).

LICHTENSTEIN (PRINCE DE), A VIENNE (AUTRICHE).

Bernard (Samuel), esquisse (1726).
Lichtenstein (Joseph-Winceslas, prince de) (1740).
Le même, petite figure (1740).

LISBONNE (MUSÉE DE).

Polignac (Card¹ de) (1715).

LONDRES (MUSÉE WALLACE).

Fleury (Card¹ de) (1706).

LONDRES (NATIONAL GALLERY).

Fleury (Card¹ de) (1706).

LOUVRE (MUSÉE DU).

Bérulle (Prést de) (1705).
Bossuet, évêque de Meaux (1705).
Castagner (de) et Rigaud (1730).
Cotte (de) père (1713).
Créquy-Lesdiguières (Duc de) (1691).
Desjardins, sculpteur (1683).
Lafflte, sa femme et sa fille (vers 1695).
Lebrun et Mignard (1730).
Léonard fils, sa femme et sa fille (1692).
Louis XIV en pied (1701).
Mansard (1685).
Philippe V, roi d'Espagne (1701).
Polignac (Card¹ de) (1715).
Présentation de la Vierge (1743).
Rigaud (1692).
Serra (Marie), mère de Rigaud (1695).

LUYNES (Mʳ LE DUC DE), A DAMPIERRE.

Chaulnes (le Duc de), vidame d'Amiens (1707).
Chevreuse (le Duc de) (1707).
Montfort (le Duc de) (1694 et 1722).
Nemours (la Duchˢˢᵉ de) (1705).

LYNE-STÉPHENS (AUTREFOIS GALERIE), A LONDRES.

Louis XIV en cuirasse (1694).

LYON (MUSÉE DE).

Lamet (Abbé de) (1695).
Rigaud (1692).
Serousse (Abbé) (1696).

MADRID (MUSÉE DU PRADO A).

Louis XIV en pied, en cuirasse (1694).

MADRID (PALAIS ROYAL A).

Philippe V, roi d'Espagne (1701).

MALFAIT (AUTREFOIS A Mʳ), A LILLE.

Rigaud (1692).

MAGALLON (Mʳ XAVIER DE), A MARSEILLE.

Aiguilles (Jean-Baptiste Boyer d') (1690).

MARCILLE (AUTREFOIS A MM^rs).

Antin (Duc d') (1710).
Coyzevox, sculpteur (avant 1718).
Fontenelle (1702).
La Fontaine (1690).
Mansard (1685).

MARSEILLE (MUSÉE DE).

Villars (Mar^l de) (1704).

MAVROCORDATO (PRINCE).

Nemours (D^sse de) (1705).

MÉNARS (M^r DE), A PARIS.

La Fontaine (1690).

MENDE (MUSÉE DE).

Serroni (Mgr), archevêque d'Albi (1685).

METZ (MUSÉE DE).

Belleisle (Mar^l de) (1713).
Fleury (Card^l de) (1706).
Louis XIV en buste (1701).

MIATLER (Mme), A SAINT-PÉTERSBOURG.

Gueydan (M^ll de) (1735).

MICHEL (M^r), A GRIGNY.

Rigaud (1692).

MILLIN (GALERIE EMERSON), A NEW-YORK.

Noailles (Duch^sse de) (1692).

MONACO (PALAIS DE).

Monaco (le Prince de) (1706).

MONNAIE (MUSÉE DE LA), A PARIS.

Launay (de), directeur de la Monnaie (1712).

MONTPELLIER (MUSÉE DE).

Fontenelle (1702).

MOUCHY (D^sse DE), CHATEAU DE MOUCHY.

Louis XIV (1694).
Mouchy (André, M^ll de) (1699).
Noailles (Card^l de) (1697).
Noailles (Mar^l de) (1691).
Rigaud (1692).

MUNICH (MUSÉE DE).

Bavière (Christian de), duc de Deux-Ponts (1695).
Conti (le Prince de) (1697).

NANTES (MUSÉE DE).

Dodun, contrôleur général (1723).

NANCY (MUSÉE DE).

Rohan (Card¹ de) (1710).

NARBONNE (MUSÉE DE).

Rigaud (1692).

NOAILLES (DUC DE), A PARIS.

Noailles (Card¹ de) (1697).

NUGENT (Mʳ DE), CHATEAU DES MENUS, PRÈS MONTFORT-L'AMAURY.

Villars (Marˡ de), la tête seule (1704).

ORLÉANS (MUSÉE D').

Louis XIV (1701).

ORLÉANS (Mᵍʳ LE DUC D').

Orléans (Duchˢˢᵉ d') (1713).

ORLÉANS (AUTREFOIS GALERIE DU DUC D').

Villeroy (Marˡ de) (1691).

PARME (Mᵍʳ LE DUC DE).

Bourgogne (Duc de) (1703).

PÉGAT (Mʳ), LA CROIX-DE-L'ORNE (ALLIER).

Louis XIV à mi-corps (1694).

PÉRONNE (MUSÉE DE).

Le Dieu (l'Abbé) (1701).

PERPIGNAN (MUSÉE DE).

Baron, comédien (1698).
Bouillon (Card¹ de) (1708).
Fleury (Card¹ de) (1706).
Rigaud (1692).
Villeroy (Marˡ de) (1698).

PIPER (Cᵗᵉ), ANGSO (SUÈDE).

Bielke (Cᵗᵉ de) (1692).

PITTET (AUTREFOIS A Mᵉ), A PARIS.
Louis XIV à mi-corps (1704).

POLIGNAC (Cᵗᵉ DE), A PARIS.
Polignac (Card¹ de) (1715).

PORTLAND (DUC DE), ANGLETERRE.
Portland (Henri Iᵉʳ, Duc de) (1698).

POTARDIÈRE (CHATEAU DE LA), PRÈS LA FLÈCHE.
Lebret (Pierre-Cardin) (1712).

PUY (MUSÉE DU).
Polignac (Card¹ de) en buste (1715).

QUIMPER (MUSÉE DE).
Fleury (Card¹ de) en buste (1728).

RAMEL (BARON), OVERDSKLOTER (SUÈDE).
Horn (Bita de), femme du Cᵗᵉ Bielke (1710).

RÉCAMIER (Dʳ), A PARIS.
Titon du Plessis (1703).
Titon du Tillet (1688).

REIMS (MUSÉE DE).
Louis XV enfant (1715).
Polignac (Card¹ de) (1715).
Rigaud (1692).

RODEZ (MUSÉE DE).
Belleisle (Mar¹ de) (1735).

ROMAN (Mʳ), A PARIS.
Boulogne (de), contrôleur général (1735).

ROTHAN (AUTREFOIS CHEZ Mʳ), A PARIS.
Jabach (1688).
Orléans (Philippe d'), régent (1689).

ROTSCHILD (Bᵒⁿ DE), A FERRIÈRES.
Orléans (Dᵉˢˢᵉ d') (1713).

ROUEN (MUSÉE DE).
Bigot (Jacques-Jean), donné en 1830 à Mʳ de Martainville (1715?).
Fontenelle (1702).

ROUSSEL (AUTREFOIS CHEZ M^r), A PARIS.

Louis XIV, la tête seule (1701).

SAINT-CLAIR (M^r), A PARIS.

Louis XIV en pied (1701).

SAINTES (MUSÉE DE).

Vauban (Mar^l de) (1704).

SAINT-PÉTERSBOURG (MUSÉE DE L'ERMITAGE A).

Fontenelle (1702).
Lamet (Mlle de) (1696).

SANCY DE PARABÈRE (Mme DE), CHATEAU DE BORAN (OISE).

Parabère (Cte de) (1711).
Parabère (C^{sse} de) (1711).

SAPORTA (M^r DE), A MONTPELLIER.

Aigrefeuille (le Prés^t d') (1723).

SECKENDORFF (Cte DE), BERLIN.

Silva (D^r) (1741).

SÉGUR-LAMOIGNON (Cte DE), A PARIS.

Lamoignon (le Prés^t de) (1713).

SELLIÈRE (B^{on}), A PARIS.

Neuville (François de) (1690).

SIRVIN (M^r), A BÉZIERS.

Mailly (Cte de) (1710).

SOLEURE (MUSÉE DE).

Simonneau, graveur (1681).

SOUTY (AUTREFOIS CHEZ M^r), A PARIS.

Louis XIV (1701).

STAFFORT-HOUSE (GALERIE DE), ANGLETERRE.

Mansard (1685).
Polignac (Card^l de) (1715).

STOCKHOLM (MUSÉE DE).

Charles XII, roi de Suède (1715).
Fleury (Card^l de) (1706).

TALLEYRAND (VENTE DU DUC DE), 1899.

Beauvilliers (le Duc de) (1693).

TARADE (AUTREFOIS CHEZ M^r DE), A POITIERS.

Evreux (Cte d') (1703).

TASTU (AUTREFOIS CHEZ M^r), A PERPIGNAN.

Orry, contrôleur général (1734).
Serra (Marie), mère de Rigaud (1695).

THORIGNY (CHATEAU DE).

Matignon (Mar¹ de) (1715).

TONDU (AUTREFOIS CHEZ M^r), A PARIS.

Evreux (Cte d') (1703).

TOULOUSE (MUSÉE DE).

Orléans (Philippe, Duc d'), régent (1689).

TOULOUSE (PALAIS DE JUSTICE A).

Bertier (le Premier Président), la tête seule (1703).

TOURNAY (MUSÉE DE).

Saint-Albin (Mgr de), archevêque de Cambrai (1723).

TOURS (MUSÉE DE).

Destouches (le Chev^r) (1707).
Evreux (Cte d') (1703).
La Ravoye (Mme Neyret de) (1703).
Louis XIV en buste (1701).

TRACY (Mis DE), A PARIS.

Saulx-Tavannes (C^{sse} de) (1690).

TUSSER (D^r), A BERLIN.

La Peyronnie (D^r) (1743).

VALENCE (ÉVÊCHÉ DE).

Catelan (Mgr de), évêque de Valence (1706).
Milon (Mgr), évêque de Valence (1735).

VALENCE (HÔPITAL DE).

Milon (Mgr), évêque de Valence (1735).

VERSAILLES (MUSÉE DE).

Antin (Duc d') (1710). Deux portraits.

Argenson (le Chancelier d') (1694).
Arménonville (le Chancelier d') (1722).
Bissy (le Card¹ de) (1715).
Boileau (1704).
Bossuet (1698, 1705). Deux portraits.
Bourgogne (le Duc de) (1697).
Le même (1703). Quatre portraits.
Chaulnes (le Duc de), vidame d'Amiens (1707).
Chauvelin (le Chancelier de) (1702).
Condé (le Duc de Bourbon, Prince de) (1690).
Conti (le Prince de) (1697).
Dangeau (Mˡˢ de) (1702).
Desjardins (Mathieu), sculpteur (1683).
Desjardins (Jacques) fils (1692).
Evreux (Cᵗᵉ d') (1703).
Fleury (Card¹ de) (1706).
Guénébaud (1742).
Keller (Jean-Balthazard) (1685).
Keller (Jean-Jacques) (1693).
Louis XIV (1701).
Louis XIV (1704).
Louis XV enfant (1715).
Louis XV en buste (1715).
Louis XV adolescent (1730).
Louis, le Grand Dauphin (1697).
Le même (1700).
Le même (1703).
Mansard (1685).
Matignon (Mar¹ de) (1709).
Ménager (1698).
Mignard (1691).
Noailles (le Duc de) (1691).
Orléans (Dᵐᵉ d') (1713).
Orléans (Philippe, Duc d'), régent (1689).
Orry, contrôleur général (1734). Deux portraits.
Philippe V, roi d'Espagne (1701). Deux portraits.
Rigaud (1692).
Rohan (Card¹ de) (1710).
Toulouse (Cᵗᵉ de) (1690 ou 1708).
Villars (Mar¹ de) (1704).

VIENNE (MUSÉE DU BELVÉDÈRE A).

Deux-Ponts (Duc de) (1695).
Gualterio (Card¹)? (1706).
Orléans (D*** d') (1713).

VOGUÉ (M^r LE M^{ıs} DE), A PARIS.

Villars (Mar¹ de) (1704).
Villars (M^{ıs} de)? (1715).

ZURICH (MUSÉE DE).

Keller (Jean-Jacques) (1693).
Keller (Mme) (1686).

Portraits attribués à Rigaud,
mais dont l'attribution n'est pas certaine.

Aguesseau (le Chancelier d'). *Musées de Genève et de Marseille.*
Amphernet (René d'), vicomte de Vire. *M^{ıs} d'Amphernet, à Versailles.*
Antrechaus (Jean d'), maire de Toulon. *Musée de Toulon.*
Bielenska (C***) et sa fille. *M^{ıs} de Bezenval, à Paris.*
Bigot de Sommesnil (Nicolas). *M^{ıss} d'Iquelon, chât. de Sommesnil.*
Biron (Mar¹ de). *M^{ıs} de Biron, à Paris.*
Bonnier de La Moisson, trésorier des Etats de Languedoc. *Hôpital de Montpellier.*
Bourgogne (D*** de). *Musée de Versailles et Palais Madama, à Turin.*
Broglie (Mar¹ de). *Duc de Broglie, à Paris.*
Castries (Mar¹ de). *Mme Atgé, à Montpellier.*
Catinat (Mar¹ de). *Vente Marcille, 1857.*
Condé (le Grand). *Vente de Chambrun, 1900.*
Croï (M^{ıs} de). *Vente Baudot, 1894.*
Destouches (le poète Néricault). *Musée de Tours.*
Drevet, graveur. *Musée de Lyon et Mr Poulot, à Lyon.*
Duperrond, subdélégué à Candiès. *Cte de Saint-Jean, à Candiès.*
Dupuy, gentilhomme du duc d'Orléans. *Musée de Toulouse.*
Erlach (Jérôme d'), avoyer de Berne. *Musée de Berne.*
Fénelon, archevêque de Cambrai. *Cte de Verdonnet et Mr Fénelon-Tesne, notaire, à Paris.*

Forbin (Président de). *Cte de Forbin, au château de La Barben.*

Holstein (D^{sse} de). *Galerie d'Albe et Berwick, à Madrid.*

Ille (Jean-Baptiste Genteaume d'), trésorier de Provence. *Cte d'Ille, à Aix-en-Provence.*

Kniestück (Walter), conseiller secret. *Musée de Brunswick.*

Larcher (Michel), intendant de Champagne. *Bon de Baye, à Paris.*

La Quintinie (Jean de) et sa femme. *Musée de Chartres.*

Le Nôtre (André). *C^{sse} de Pourtalès, à Paris.*

Maine (Duc du). *Tribunal de Trévoux.*

Maine (Mlle du). *Musée d'Orléans.*

Marie-Thérèse, reine de France. *Musée de Meiningen.*

Marlboroug (Duc de). *Musée du Puy.*

Médavy-Grancey (Mar^l de Rouxel de). *Mis de Ouillamson, à Paris.*

Montbazon (D^{sse} de Rohan). *Musée de Quimper.*

Phélyppeaux (le Chancelier de). *Vente Baudot, 1894, et Musée Jacquemart (André).*

Pierre le Grand (le Tsar). *Quartier des Cadets, à Pultawa (Russie).*

Pignard, sculpteur. *Musée de Berlin.*

Prie (M^{ise} de). *Mr Philip Sassoon, à Londres.*

Puget (Pierre), sculpteur. *Musées d'Amiens et de Clermont.*

Racine (le poète). *Musée de Toulouse.*

Troy (de), peintre. *Musée de Mulhouse.*

Ursins (Mme des). *Bibliothèque de Versailles.*

Vidal de Montferrier, syndic des Etats de Languedoc. *Mis de Montferrier, à Paris.*

ERRATA ET ADDENDA

P. 22, notes, l. 14, ajouter : c'est peut-être ce portrait qui appartient à M. le
duc de Broglie, à Paris, et est considéré comme celui du maréchal de
Broglie.

P. 24, l. 8 : Boyer d'Aiguilles. Ce portrait appartient à M. Xavier de Magallon, à Marseille.

P. 26, notes, l. 26, ajouter : et au musée de Versailles.

P. 43, notes, l. 3 : ajouter : et en répétition au musée du Belvédère, à Vienne.

P. 85, notes, l. 18, par B. Picard en 1706, lisez : en 1726.

P. 86, notes, l. 24, par Vallée, lisez : par Valée.

P. 107, notes, l. 11, par Ingoul, lisez : par Ingoull.

P. 116, note 11 : ajouter l'indication d'un portrait en buste gravé par Leroux
sur le dessin de Desenne pour l'édition des œuvres de Bossuet de Versailles en 1815.

P. 117, notes, l. 2, ajouter : et en répétition au musée du Belvédère, à Vienne.

P. 133, l. 4, Versure, lisez : Verzune.

COMMENCÉ D'IMPRIMER EN JUIN 1914

ACHEVÉ D'IMPRIMER EN DÉCEMBRE 1919